2066

DISCOVRS
SOMMAIRE
DE LA
NAVIGATION
ET
DV COMMERCE,
IVGEMENTS ET PRATI-
QVE D'ICEVX.

PAR THOMAS LE FEVRE ESCVYER SIEVR
du Grand-Hamel Conseiller du Roy, Maistre des Requestes
de Monsieur le Duc d'Orleans, & cy-deuant Lieutenant en l'Admirauté de France au Siege General
de la Table de Marbre du Pallais à Roüen.

DEDIE' A LA REYNE.

A ROVEN,

Chez IVLIEN COVRANT, derriere le Pallais pres la
Bastille à l'Image Sainct Nicollas.

M. DC. L.

AVEC PERMISSION.

CONGÉ OU AVANT DISCOVRS,

A LA REYNE

REGENTE MERE DV ROY, SVR-INTEN-DANTE DE LA NAVIGATION ET DV COMMERCE, POVR auoir congé d'icelle.

PAR THOMAS LE FEVRE ESCVYER Sieur du Grand-hamel Conseiller du Roy, Maistre des Reque-stes de l'Hostel de Monseigneur le Duc d'Orleans, & cy-deuant Lieutenant en l'Admirauté de France, au Siege General de la Table de Marbre du Pallais à Roüen.

MADAME,

Ayant remarqué sous le Regne du feu Roy vostre Espoux & de vôtre Majesté, tant dedans que dehors le Royaume, reussir glorieusement par vostre ayde & bon Conseil, en peu de temps, les plus hau-

tes entreprifes & heureux effects de l'Vniuers , & d'abondant, quand i'en ay veu vn redoublement auec des victoires
& Triomphes fi grands & admirables , depuis voftre heu-
reufe Regence,& que voftre Majefté à daigné prendre cefte
grande & importate charge de la Sur-Intendance de la Nauigation & du Commerce. Puis pour comble, & de nouueau
pour perfection, d'auoir heureufement appaifé la plus grande & perilleufe Emotion qu'il y eut iamais à la Tefte de la
France & des plus grands , par la paix que vous y auez vertueufement donnée, vous vainquant vous mefme pour vaincre tout le monde. Tout cela m'à hardiment faict mettre la
plume au vent glorieux de vos Triomphes, quelques lignes
de ce que i'auois conçeu il y a long-temps en ma profeffion,
de la Marine, pour faire recognoiftre plus loing vos merueilles,& a prendre aux fubiets du Royaume, d'y feruir mieux,
par ce moyen pour fon augmentation & pour fa gloire, n'y
ayant rien de plus propre pour cét effect , que la Nauigation & le Commerce , où il eft à propos de les nourrir , in-
ftruire & former les François, pour faire & executer mieux
en peu de temps les plus grands effects du monde.

Quand Iulles Cæfar voulut introduire l'Eftat Royal, ou
celuy de l'Empire à Rome, le plus parfaict Gouuernement
de tous, il y fift venir des Philofophes d'Athenes, pour l'En-
feigner a la ieuneffe , afin que tout fuft vn iour reglé &
refpondift fous ce grand Empire , que Dieu par ce myftere
a permis apres eftre faict pour la conftruction & augmentation de l'Eglife , & en auoir enfin faict le Siege pour la
gouuerner & porter fa parolle par tout le monde , qui ne
le peut eftre que par le moyen de la Nauigation & des Nauires, dont vous auez meritoirement auiourd'huy la plus
grande & digne Sur-Intendance qu'il y eut iamais Reyne
ny Princeffe en l'vniuers.

                                                    Princeffe

C'eſt pourquoy, MADAME, il vous plaiſa me donᵉ
ner voſtre congé & ſauf conduit à la nef de mon petit diſcours, en François, compoſé d'vn bon François, pour la faire aborder ſaufuement en tous Havres, que par le transport la lecture & pratiques de ſes lignes par diuerſes perſonnes, & en pluſieurs lieux bien qu'elles ne ſoyent que ſur du
papier, on deſire paſſer celles qui meſurent le Ciel, en remarquer les eſtoilles, la Cynozure & les Polles ſur la mer.
Puis en fin par ſon cours emouuoir, & tranſporter vn chacun a contribuer ou faire glorieuſement de loingtains voyages par la mer, a l'honneur de la France, au voſtre, & au
port de ſalut de tout le monde. Aſſurant voſtre Maieſté,
que par la viſite laquelle en ſera faicte, au bord & au dedans, il ne s'y trouuera aucuns effects, que pour cét effect,
aucune marchandiſe de contre-bande, ny rien qui fauoriſe
le Commerce des eſtrangers, ny des ennemis du Roy & de
l'Eſtat.

Mais, MADAME, le Gouuernement du Ciel & de
la Terre appartenant à Dieu, lequel tient le cœur des Roys
en ſa main, pour celuy de ce monde, vous ayant inſpirée
de prendre en la voſtre, celuy de la Nauigation & du Commerce, pour y gouuerner plus puiſſamment, tant par mer
que par terre, & en faire reſſentir les heureux effects au
Roy, au Royaume & a vn chacun, puis en fin à l'Egliſe, ou
toutes nos actions doiuent tendre, comme toutes les lignes
de la circonference a leur centre : Et vous ayant faict Mere
Regente de noſtre ieune Roy, de ſi grande eſperance,
qui merite mieux par vn bon augure, d'eſtre appellé Dieu-
Donné qu'aucun qu'il y eut iamais. Semblant que les de-
ſtins les propheties, le temps & toutes choſes s'approchent,
& ſe preparent par voſtre moyen en ſa perſonne, pour l'eſ

leuation & la gloire du plus grand & puiſſant Roy Tres-
Chreſtien qu'il y eut iamais au monde, dont vous aurez vne
bonne partie du merite & de la gloire eternelle.

A quoy, MADAME, pour paruenir & le meriter,
il ne ſe faut deſdaigner des peines & trauaux des mortels.

Quand il falut equipper pour la conqueſte de la Toiſon
d'Or, par les Argonautes, ſoubs la conduitte du Roy Iaſon,
la Deeſſe Mimerue y trauailla elle meſme & ſua grandement en la conſtruction & baſtiment de la grande Nauire
d'Argos, laquelle s'y arrouta , & ou entr'autres du nombre
des Heros, fils des Dieux & des Roys, & des principaux de la
Nobleſſe Grecque eſtoit ce grand Herculle , qui accraſa
les monſtres, & vainquit tout le monde, lequel y tiroit a la
Rame en ſon ordre comme vn ſimple compagnon. Eſtant
bien plus a propos, a cet exemple, que la Nobleſſe & les
grands de France , aillent reſſentir le bray & la poudre a
canon, en telle profeſſion d'armement & equipage de Guerre dans des Nauires que de languir & ſouſpirer mollement,
parmy le Muſc & la Ciuette en peché & oiſiueté en la Cour
auec les Dames, en la pompe & vanité d'icelle.

Les premiers & plus grands Roys de la terre, ayans exercé la Nauigation premierement , apres leur mort ont eſté
eſleuez au Ciel, & mis en l'ordre des plus grands Dieux.
Saturne , Iupiter & Neptune, qui auoient durant leur vie
trauaillé & vacqué à la Nauigation & au commerce maritime en leurs Iſles , deſquelles ils s'en rendirent maiſtres, en
ce faiſant, & apres Roys, pour les grands biens qu'ils y a-
uoient apportez. En fin apres leur mort ont eſté referez au
nombre des Aſtres les plus luyſans & des Dieux les plus
puiſſans qui y gouuernent encor ſur la mer, & ont pouuoir
ſur la terre , des puantes vapeurs de laquelle on tient qu'ils

yviuent encor ; pour monstrer aussi que les choses les plus
hautes, ne doiuent negliger les plus basses, pour leur conseruation.

Le Roy Erythra mit le premier des Nauires sur la mer
Rouge. Apres le Roy Salomon & Hyeramus Roy de Thir,
s'associerent ensemble, pour la Nauigation & le Commerce aux Indes Orientalles. Au moyen dequoy & de ceux qui
les y seruirent, ils s'acquirent les plus grands honneurs, richesses & puissances de leur temps.

Puis les Egiptiens & les Grecs, a l'ayde de leurs Nauires
trafic & Nauigation, se sont grandement accrus & mainte-
nus en leurs estats. Et les Gaulois comme le mot Gallin
le signifie aussi furent grands Nauigateurs, ayans passé des
y a long temps, auec plus de six cents mille hommes soubs
la conduite de Bellonaze & Cygoneze en l'Orient, & en la
Gillogrece, laquelle en fut ainsi appellée de leur nom, y in-
troduisans leur langage : & on remarque que les Romains
ont plus conquis en cinquante ans, voire presque tout le
monde, depuis qu'ils eurent pris l'vsage des Nauires, qu'ils
n'auoient fait en trois cents.

Ayant esté à la Bataille Actiacque sur la mer, contre
Marc-Anthoine, qu'Octaue Cæsar depuis appellé Auguste
se fist Empereur du monde. Et iamais luy ny son successeur
Thybere ne peurent acheuer de vaincre, & d'assuietir l'Allemagne à l'Empire, iusques à ce que cestuy-cy y enuoya Germanicus, lequel y entra par les deux emboucheures du Rhin, auec mille Nauires de toutes sortes qu'il auoit
faictes bastir à la coste d'Italie, feignant que c'estoit pour
l'Orient.

Puis enfin l'Empire Romain conquis par ce moyen,
commençant a se vieillir & deslabrer en diuerses parties.

L'Empereur Conſtantin pour le reſtablir & cōſeruer, fût contrainct de quitter Rome, & d'en transferer le Siege Imperial a Bizance Ville Maritime, depuis appellée à cauſe de ſon nom Conſtantinople : pour le retenir Gouuerner & ſeruir plus promptement par la Mer & par les Navires qu'il en auoit faict mettre & eſtablir en certains Ports & Havres, comme par des lignes de Communication, des Eſtacades, digues & retenuës de ceux qui s'en vouloient détacher, ou qui y voudroient faire irruption & entrepriſe.

Pourquoy Charles V. dit le Sage ayant entretenu & recueilly pluſieurs Navires aux Ports & Havres de ce Royaume, durant la Guerre contre les Anglois, & entr'autres en celuy de Dieppe il y fiſt promptement compoſer & equipper vne forte Armée Naualle, commandée par l'Admiral Ambroize de Bouchenoire Eſpagnol que luy auoit uoyé Henry Roy d'Eſpagne, auec laquelle il alla promptement de droicte routte au deuant de celle d'Angleterre, laquelle venoit auec vn grand apareil pour ſeruir & faire leuer le ſiege de la Rochelle laquelle tenoit pour les Anglois: mais ayant eſté courageuſement attaquée par la noſtre, elle fut entierement deffaicte & coulée bas. Au moyen de quoy cette grande & importante Ville Maritime fût priſe & reduicte à la France, comme elle la encor eſté de nos iours auec l'Iſle de Ré, par la force des Armes & des Navires du feu Roy voſtre Eſpoux & des voſtres, contre les meſmes Anglois qui les auoient ſurpriſes & entrepriſes de voſtre regne touſiours Victorieux. Auſſi monſieur le Cardinal d'Oſſat recommande ſur toutes choſes que nous ayons des Armées Navalles touſiours entretenuës en l'vne & en l'autre mer.

Pourquoy Anthonio Peires autresfois principal Secretaire

taire d'Eſtat du feu Roy Philippes ſecond Roy d'Eſpagne voſtre ayeul durant ſa diſgrace, eſtant refugié en France dit pluſieurs fois à Henry I V. qu'il ny auoit rien au monde que le Roy d'Eſpagne apprehendaſt d'auantage, que l'armement de ſa Majeſté Tres-Chreſtienne, en l'vne & en l'autre Mer; qui luy pourroit empeſcher facilement, le pouuoir le credit, la communication & l'intelligence qu'il auoit en Italie, à Rome au cœur de la Chreſtienté & en l'Europe. Puis en fin ruiner ſes flottes des Indes Occidentalles , en quoy conſiſtoit la vie & la vigueur du corps de ſon Eſtat lequel en eſtoit entretenu, comme de la veine caue d'iceluy ; pourquoy elles ont touſiours eſté entretenuës fort ſoigneuſement iuſques a preſent, depuis Ferdinand d'Arragon, & cette grande Yſabelle de Caſtille ſon eſpouſe, laquelle fiſt faire premierement la deſcouuerte par Collomb Italien des Iſles du Peru & de la Mexique. Depuis lequel temps elles ont eſté ſi bien entretenuës par leurs ſucceſſeurs, que le Royaume d'Eſpagne, s'en eſt rendu ſi puiſſant, qu'il n'a ceſſé de conquerir, & d'entreprendre ambitieuſement ſur les autres. Pourquoy afin de s'en deffendre, & en auoir ſa part. Il faut que la nobleſſe, en laquelle conſiſte la force de la France y ſoit employée & conduitte ſoubs voſtre commandement.

A ce propos ie rapporteray ce que i'ay entendu dire pluſieurs fois à feu Monſieur de Roſny Duc de Sully Sur-Intendant des Finances de France & grand Maiſtre de l'Artillerie, lequel paſſionnoit les intherefts du Roy & de l'Eſtat; que ſa Majeſté ne ſeroit iamais bien ſeruie & n'entreprendroit ſi auantageuſement ſur ſes enuieux & ennemis de ſa Couronne, iuſques a ce qu'il permiſt à ſa nobleſſe de trafiquer au pays eſtranges ſur la mer, ſans deſroger à ſa qualité, pour auoir les moyens & estre tousiours prests de monter a chéual pour le seruir promptement aux occasions, ou equiper des Nauires, & rendre le Royaume riche, puissant, & redouté.

Pourquoy aussi Aristote dit que le trafic maritime estoit tres-noble, & Ciceron apres luy en pareil, par ce qu'il en faisoit viure plusieurs, & enrichissoit l'Estat, & les subjets du Prince ou il l'exerçoit. Aussi les Venitiens entretiennent la grandeur & puissance de leur Republique, par la Mer & le Commerce, comme faict aussi le grãd Duc de Florence son Estat, & comme faisoit le Roy d'Angleterre en sa plus grande prosperité, lequel estoit des principalles societez du commerce maritime de son Royaume.

De sorte que soit pour conquerir promptement, ou se deffendre, & secourir les amis & alliez, ou viure seurement riche & a son ayse; il est besoin de Nauires de la Nauigation & du Commerce, comme des principalles parties du Gouuernement & de l'estat. Car quiconque est Maistre de la mer, l'est aussi de la terre. Pourquoy anciennement on faisoit deux sacrifices à Neptune & on n'en faisoit qu'vn aux autres Dieux.

Mais l'entretenement de Nauires de la Nauigation & du Commerce n'est pas seulement necessaire, pour ce que i'ay remarqué cy dessus, ains pour le credit seruice & intelligence de plusieurs Marchands notables, qui y sont tousiours necessairement employez, & qui les font mouuoir, principallement par les grandes commoditez & richesses, qu'ils en tirent & attirent mesme par leurs aduis, pour descouurir tout ce qui se passe aux pays estranges, & en aduertir certainement & a propos au nostre. Ce qu'ils font souuent & mieux que des Ambassadeurs, leur interest particulier estant

eſtant touſiours meſlé auec çeluy du public. Pourquoy le
Roy Salomon & l'Empereur Auguſte , auoient touſiours
pres d'eux en leur Cour de notables Marchands trafiquant
par mer aux pays eſtranges, dont ils tiroient de bons aduis
& effects pour le gouuernement de leurs Eſtats & de leurs
ſujets. Auſſi le meſme Empereur Auguſte portoit touſiours
ſur luy, vn memoire & eſtat de ſes flottes, Navires & gens
entretenus pour la garde & conſeruation de l'Empire. Afin
de les faire bien payer & entretenir, recognoiſſant le bien
& vtilité d'iceux, & que par le moyen des Navires eſtant
deuenu maiſtre de l'Empire il le conſerueroit.

Quand le Roy Charles huictieſme paſſa en Italie auec
vne puiſſante Armée : Il n'y pûſt iamais trouuer d'argent a
preſter pour l'execution de ſon deſſein : quoy qu'il offrit de
bailler pour cautions des plus grands Princes de ſon Royaume, & des principaux & riches Officiers de la Couronne : Mais les Venitiens luy ayans ſeulement demandé au
lieu de ces grands & riches Seigneurs, vne lettre de change de ce qu'il auoit beſoin , d'vn appellé Iacques le Peltier marchand de Roüen traficquant ſur la mer, leur ayant
baillée ils luy deliurerent incontinent tout ce qu'il demanda ſur icelle. Au moyen de quoy auec ſon Armée, il
conquiſt en ſix mois toute l'Italie , & fiſt faire Iuſtice dans
Rome.

L'Empereur Charles V. voſtre Bizayeul eſtant à Paris,
ſi informa curieuſement en quoy conſiſtoit la force du
Roy en ce Royaume , on luy diſt que c'eſtoit en grande
quantité de genereuſe Nobleſſe & de vaillans hommes, de
bonnes Villes & de fortes places auec vn grand reuenu de
ſon Domaine, de Tailles & ſubſides pour les entretenir,
& par deſſus tout cela en la bonne volonté de tous ſes ſub-

jeƈs dont il difpofoit, coupoit & tailloit comme dans va
pray, aux occafions felon le befoin. A quoy il refpódit pour
le reuenu, que les Flottes des Indes Occidétalles luy en raportoient dauantage. Et qu'enfin le peuple fe laffoit de da-
cer & de fournir toujours à l'apoinƈtemét. Surquoy on luy
repartit qu'il y auoit encor vne autre force en ce Royaume, qui eftoit de plufieurs riches & notables Marchans qui
traficquoient par mer aux païs eftranges, lefquels feroient
tenir fans bruit par leur credit tant de milliós d'argent quo
fa Majefté Tres-Chreftienne auroit de befoin par lettres
de change: voire iufques dans Madry, ou Seuille, luy ayant
efté amplemét verifié par des Efpagnols mefme : Il aduouë
que ce Royaume eftoit le plus puiffant du monde , pourueu qu'il reconneuft fa force, & fe fçeuft bien gouuerner.

C'eft pourquoy (MADAME) voftre Majefté en ayant
comme du Ciel le Gouuernement abfolu, tant par Mer que
par terre, ou vous vous comportez fi vertueufemét par vos
armes glorieufes. Et par les Confeils de ces deux tres-Illu-
ftres & Religieux perfonnages de l'Eglife & du Royaume
Meffieurs le Cardinal Mazarin & le Chancelier Seguier.

C'eft pour nous faire veoir le Royaume de Dieu, de l'E-
glife & du Roy Tres-Chreftien , fous les noms mifterieux
de l'Aigle du Coq & du Lyon , dont il eft parlé en cette
grande Epiftre Liminaire a Henry III. au commencé-
ment du nouueau Teftament par ce fçauant perfonnage
Guy le Févre fieur de la Boderie.

I'ay eftimé que le temps & ma capacité, ne m'ayans permis
de vacquer & de traiƈter de fi hauts faints & facrez myfte-
res & ouurages comme ce mien parent, neantmoins puis
qu'ils demeurent tous d'accord, que la nauigation & le có-
merce y font grandemét neceffaires, comme organes hu-
maíos

mains & naturels, pour en faire la communication par tout
le monde.

Voſtre Majeſté me permettra s'il luy plaiſt d'en eſcrire
quelque excuſe, & me donnera congé pour mettre hors à ceſte fin ma petite Barque, laquelle encor qu'elle ne ſoit que
de papier remplie de lignes, leſquelles ny eſtans tirées que
pour voſtre ſeruice & de la France à l'honneur du Roy de
l'Egliſe & de Dieu, qui a faict toutes choſes de rien, & qui
permet des moindres les plus grandes eſtre faictes, i'eſpere
neantmoins qu'elle ne laiſſera de voguer & d'arborer heureuſement de France, ſous l'authorité de voſtre glorieuſe
Sur-intendance, & par le zele de ma deuotion à voſtre Majeſté Royalle, de faire bon voyage, & d'aider à émouuoir
encor plus à l'honneur de Dieu & du Roy que ceſte grande D'argos cy deuant baſtie par Minerue, laquelle n'eſtoit
arriuée & ne portoit que de l'eſprit des faux Dieux, vn
temps du Paganiſme.

Eſtant le plus grand merite que nous puiſſions acquerir
enuers Dieu, que de trauailler a ce qui ſert d'auantage à
l'auancement de ce grand œuure Chreſtien & de l'Egliſe
proprement appellée la Nef de Sainct Pierre. Pourquoy
nous deuons tous Religieuſement nous employer auec courage & ſeruice & grandeur de ceſte Nef ancrées à Rome,
& faire que toutes les autres qui en deſpendent, & arbo-
rent ſurgiſſent heureuſement à ſon Port, comme à leur dernier reſte.

Semblant que myſterieuſement, & de tout temps, les
antiens Gaullois portaſſent en leurs armes, vne Nef, ſur laquelle, il y auoit vn Neſtune repreſenté, arriuant ſauſue-
ment en Italie : eſtant encor maintenant les meſmes armes
de leur Ville Capitalle, & Eternelle de Paris; où il eſt à croi-

ſi

re, fut cauſe de la Réligion Chreſtienne, elle y eſt demeurée toute ſeule, & qu'on en a oſté leur faux Dieu, pour faire
adorer le vray, par la Nauigation & le Commerce, lequel
eſtant tres-bon, nous ayant faicts ſemblables a luy, & hu-
maniſant auec nous, a voulu que par les grands biens ter-
riens qui en prouiennent, nous fuſſions organes d'y porter
ſa parole, & planter ſon Egliſe, pour en joüir des apreſent
comme par anticipation, de ceux d'icelle à l'aduenir.

Qui me faict eſperer, MADAME, par voſtre bonté
& Religion, que ne me denirez voſtre congé, pour la Nauigation & le Commerce qui va non ſeulement à l'augmentation & richeſſe du Roy & du Royaume, mais a l'honneur
de Dieu & de l'Egliſe.

MADAME,

                    Voſtre tres-humble & tres-
                      obeyſſant ſeruiteür,
                    T. LE FEVRE.

ELEGIE A L'AVTHEVR.

E n'estoit point assez que dans les Bibles Sainctes
Imprimées par Plantin en la Ville d'Anuers,
On y vist publié, par tout cét vniuers
L'honneur de tes parens, & les Rudes atteintes,
Que genereusement ils ont portées au Cœur.
Et faict veoir en tous lieux leur pieuse valeur,
Contre les Heretiques en faueur de l'Eglise,
Y ayans recueilly la parolle de Dieu,
Le Cyrocaldyaque, le lang ge Hebreu
Ou purement on à sa volonté aprise,
Par Guy & Nicollas le Feure tres-sçauans
Pour dissiper l'Erreur de tous les mescreans,
Ayans pour y vaquer laissé vn temps le Louure
Qu'ils auoient habité pour y seruir le Roy :
Et au lieu transportez pour seruir à la Foy,
Où Dieu par leur moyen nous l'aprend & descoure,
Estans les plus sçauans qu'ayent iamais esté,
Parquoy auoient esté meus par sa Saincteté :
Entre les plus hauts faicts de Philippes Second,
Fust celuy-là d'auoir, attiré & semond
Ces deux si sçauans freres à faire cét ouurage,
Pour lequel Imprimer & le porter par tout,
Mesmes à tous les Roys du monde iusques au bout,
Il luy cousta bien plus de huict cens mille liures,
Sans en auoir iamais donné vn seul Escu,
A ces deux Pieux Feures, ayans tousiours vescu
Tout le temps de leur vie, au milieu des Saincts Liures
Cette grande Elegie, en plusieurs vers François

Faicte à la Boderie en l'honneur de nos Roys ,
Y negligeans l'Espagne & honorans la France,
Y aduoüent qu'ils ont faict cét œuure à leur despens ,
Sans en auoir eu Or myrre ny Encens ,
De ce Roy Catholique en sa grande despence ,
Mais bien l'honneur du Pape, leur ayant ennoyé
Pour les gratifier de leur temps employé ,
De Rome vn Nonce exprès pour leur Saincte deffense.
Et quelque temps depuis l'Historien la Croix
En sa Bibliotheque vouée à Henry Trois
Des Autheurs signalez qui ont escrit en France ,
Depuis cinq cens années ceux là ont eu l'honneur
De trois Fevres desquels aussi as le bon-heur,
D'estre cogneu parent en telle despendance ,
Nicollas Guy Anthoine y sont si fort louez
Qu'il y est dict qu'il faut que nostre Normandie ,
Ne soit plus enuiée des autres Nations ,
Leur tres-grande vertu & leurs diuins Rayons
Ayans faict qu'elle n'est plus d'icelles huye
Mais pour perfection il falloit que les Mers ,
Transportassent par tout en ce Grand Vniuers.
La gloire de ton nom comme de ta famille
Afin que l'on y vist honorer en tout lieu ,
Les Saincts commandemens de l'Eglise & de Dieu,
Qui nous faict la faueur en cette vie Ciuille ,
D'y faire refleurir en tout temps & saison,
Les fruicts tres vertueux de ta docte maison ,
Afin qu'on voye porter auant la fin du monde,
La parolle de Dieu , par la Terre & par l'Onde.

Par Guillaume le Preuost Escuyer sieur & Patron de
Fourches & du Marais de Fallaise Cousin Germain de l'Autheur.

DE LA NAVIGATION ANTIENNE.

CHAPITRE PREMIER.

N lit au commencement du Geneze , par les premieres paroles de l'Efcriture Saincte,que l'efprit de Dieu,
auant la creation du Monde fe pourmenoit fur les
eaux , entre lefquelles apres auoir faict la lumiere , il
eftablit le Firmament : & ayant ramaffé la partie inferieure
d'icell elle fut appellée mer , & l'autre Ciel chriftalin , ou
Ciel d'Eau. Pierre de Medine Efpagnol au Traicté de la Nauigation Chap. 1. femblant que par le contentement de cefte
pourmenade , & le facré myftere , de la feparation de cét element , l'vn au Ciel , & l'autre en la terre ; il nous ayent voulu
figniffier, que par la Nauigation entre ces deux extremitez : on
porteroit pour fa gloire , à l'aide du S. Efprit la lumiere de fa
parole , fur les aifles des vents , & des Nauires , par tout l'vniuers ; & que pour cét effect , des le commencement de toutes
chofes , il l'aye infpiré aux hommes : mefme pour l'habitation de la terre, laquelle il leur a donnée , non feulement pour
y multiplier , fe l'affubietir , & en eftre les dominateurs , mais

A

pour faire que ſa parole fuſt recogneuë, & ſes loüanges preſ-
chez, aux Indes Orientalles & Occidentalles, au Perou, au Brezil, en la nouuelle France, & par tout le monde, auant la fin
d'iceluy.

Pourquoy faire, il a eſté beſoin d'auoir eu des Nauires pour
trauerſer l'Ocean, & habiter en tant de regions, Iſles & diuerſes parties de la terre enuironnees & entrecouppees d'Eaux, de
Fleuues & de Mers. Autrement il auroit falu creer & faire naiſ-
ſtre les hommes, aɓec des aiſles, comme les Oyſeaux, ou auec
des nageoires comme les Poiſſons pour ſe communiquer. Mais
le Createur de toutes choſes, ne l'ayant ainſi voulu, il leur a donné celles de l'eſprit, leſquelles par la cognoiſſance, des Arts,
des Sciences, & de ſa parole, les faiɔt voller bien plus loin, &
atteindre plus hault: les rendans capables d'habiter non ſeule-
lement la terre: mais le Royaume des Cieux, duquel il leur a
voulu enſeigner le chemin, par les plus hauts Sainɔts, & ſacrez
myſteres & miracles de l'eſcriture Sainɔte, faiɔts meſme par
les eaux & en la mer.

Car le genre humain ayant eſté ſubmergé par le deluge, fut
reſtituë dans l'Arche de Noé, laquelle vogua quarante iours ſur
les eaux, & Moyſe par lequel on receut premierement les Loix
de la bouche de Dieu, fut ſauué miraculeuſement, eſtant encor enfant dans vne petite Nacelle, au courant des eaux, lequel ne fiſt pas ſeulement miracle, lors qu'il trauerſa, & fiſt paſſer a pied ſec le peuple d'Iſraël, par la mer rouge: mais lors qu'il
trouua de ſa verge les eaux au deſert, & ſurquoy Ieſus Chriſt
fiſt ſon premier miracle changeant l'eau en vin.

Auſſi les Apoſtres qui eſtoient de ſimples Peſcheurs de poiſſons auec de petits bateaux, furent choiſis de Dieu, pour les faire Peſcheurs d'hommes, les enuoyant preſcher ſon Euangille
par mer & par terre en tout l'vniuers, ou pour y monſtrer le
chemin de Ieſus-Chriſt, meſme marcha ſur la mer: nous ſigni-

fiant qu'il y falloit aller pour enseigner sa parolle:& misterieu-
sement voulut de l'eau elementaire, faire & instituer ce grand
Sacrement de Baptesme,pour nous recueillir par iceluy & em-
barquer en l'Eglise , laquelle aussi d'vn nom mysterieux,est appellée Nacelle de Pierre.

Mais pour reuenir à l'antiquité de la Nauigation. Il est cro-
yable par raison humaine, qu'il y auoit eu des Bateaux ou Nauires, tost apres le commencement du monde : Et que la construction de cette grande Arche de Noé , appellee Nauire par
Beroze Caldeen , Iosephe , & autres auoit esté faicte à l'e-
xemple & au modelle d'autres moindres : mais bastie ainsi
grande en la necessité publicque, & pressante du Deluge, pour
conseruer le genre humain & les especes: ou bié qu'ayant ainsi
esté construicte par reuelation diuine, pour cet effet,l'on en ait
depuis basty d'autres moindres à l'imitation d'icelle, pour habiter la terre. Les descouuertes de laquelle depuis 160. ans,&
de tant d'Isles ou plustost nouueaux modes, peuplez & habitez
d'hommes sauuages , en font foy indubitable. Autrement on
iugeroit que chasque terre auroit produit ses hommes & ses especes, comme croyoient les Ægyptiens, estimans l'auoir esté
du limon de leur Nil , qui seroit contreuenir à la parolle de
Dieu , & creance de l'Eglise.

Mais il est certain qu'apres le Deluge,les hommes qui estoient
en petit nombre espartis dans les terres , au commencement
plus que suffisantes pour y viure inocemment & à leur aise,sans
les partager, s'y estans acreus & multipliez , puis ayant diuisé
leurs possessions entr'eux, & trouué en plusieurs endroicts d'i-
celles, qu'elles ne les pouuoient nourrir & entretenir, si com-
modement, comme ils pourroient faire ailleurs. Enfin s'entre-
poussans les vns les autres, & ce besoin & enuie ioints à l'ambition insatiable des humains,leur ont fait faire voille & penetrer
la mer comme à representé le Poëte en ces vers *virg. 2. æneid.*

Ante Iouem nulli subigebant arua Coloni.
Nec signare quidem aut partiri limite Campûm
Fas erat. In medium quærebant, ipsaque Tellus,
Liberius omnia ferebat.
Sed cum ille malum virus serpentibus. addidit atris,
Prædarique luppos iussit, pontumque moueri.

Cela a faict recognoistre que l'Isle de Thule, les Colomnes
de Herculle, & les Paluts Meothides, n'estoyent les dernieres
bornes de la Terre, & qu'il y auoit des Antipodes : Car l'homme animé d'vn grand cœur ; n'a pas seulement volé comme vn
Oyseau faict dans l'air. Mais porté par la mer ; comme vn esprit mouuant en tous les Elements, a penetré par tout fuyant
la pauureté par mer, Rochers & feux a rapporté ensemble &
faict communiquer les commoditez de diuerses partyes du
monde & assubiety la mer.

Benè discepti fœdera mundi,
Traxit in vnum Thessala Pinus,
Iussitque pati verbera portum.

Tellement qu'on peut dire la Nauigation estre tres-antien-
ne ; auoir produict des le commencement des plus grands effects du monde, & faict que ceux qui s'en sont seruis en ont
remporté de plus grandes recompenses. C'est ce qui fist &
Couronna premierement Saturne, Iupiter, & Mynos Roys en
leurs Isles, qui les a fait referer apres leurs mort au nombre des
plus grands Dieux,& esclairer au Ciel, par les Astres les plus
luysans, & qui a faict remarquer les premiers signes, & plus
apparentes Estoilles, des noms & qualitez des plus antiens Nauigateurs, qui ont premierement gouuerné sur la terre, & qui
conduisent encor estant au Ciel pour aller sur la mer & se gouuerner au monde.

Ainsi ceux qui se veulent acquerir des honneurs inmortels,
ne se doiuent desdaigner des trauaux des mortels, lesquels estans

tans plus perilleux, font auſſi plus glorieux. Les Heros fils des
Roys, & la flœur de la Nobleſſe Gregeoiſe, qui s'embarque-
rent pour ce grand & long voyage à la conqueſte de la Toiſon
d'Or, mirent tous la main à l'auiron: & ce vaillant Herculle qui
depuis à debellé les monſtres & dominé au monde, n'y eſtoit
qu'vn ſimple compagnon qui tiroit a la Rame ; chacun des plus
grands y trauaillant en ſon ordre.

> *Dant remos ſua quiſque, dant nomina tranſtris,*
> *Hinc lænum Thalamon Pelagius tenet altior inde,*
> *Occupat Alcides aliud mare, cætera pubes,*

Diuiditur. On tient auſſi que Minerue trauailla elle·meſme
à la conſtruction de ce diuin vaiſſeau.

> *Ipſamuſque ſecandis Argois neuib. jactent ſudaſſe minerum,*
> *Caſo monitu iouis augere loco,*
> *Arbore preſaga tabulas animaſſe locaces.*

Eſtant ſi diuinement baſty de ſa main, qu'il preſageoit & parloit d'vne voix humaine, pourquoy Cicer on l'appelloit *diuinum*
argonatarum vehiculum.

Inuen-
teurs de
la naui
gation.
Strabö
l. 10.
de la
Gcogra
phie.

Diodore liure 6. dit que Saturne, Iupiter, & Neptune, ont
des premiers mis en repuration l'art de nauiger, par les puiſſan-
tes Armées Naualles qu'ils firent equipper & voguer ſur la
mer. Toutesfois Strabon afferme que Minos commença, &
Æſchille maintient que Promethee en dreſſa de grandes, & s'en
voulut eſleuer à leur imitation, dont la fable en donne quelque cognoiſſance : Semblant que la punition qu'il receut d'e-
ſtre attaché eternellement ſur le mont de Caucaſe, pour auoir
voulu tirer le feu caché de Iupiter ne fuſt autre choſe que l'art &
le ſecret, de la nauigation qu'il reſeruoit à luy ſeul, pour la conſeruation & extenduë de ſon Royaume, ſur lequel on ne pouuoit entreprendre plus auantageuſement, que par la cognoiſſance & praticque de ce dit in ſecret d'Eſtat & d'Empire.

On dit que Pyſeus inuenta le bec de la Nauire appellé Ro-

B

ſtrum , les Thiriens l'Ancre, Thiphis le Gouuernail, Anacar-
ſis les Agraffes & diuerſes parties d'iceux , tellement que par
ces inuentions diuerſes raportées enſemble , on ſe hazarde
d'aller ſur la mer pourquoy Pline & pluſieurs autres diſent que
les Phœniciens & le Roy Erithra, ayans trouué l'inuention de
petits bateaux ainſi baſtis & apareillez nauigoiët ſur la mer rouge. Quintillian maintiét que ſe furét les Meſſiens & Troyés ſur
la mer de l'Heleſpont lors qu'ils faiſoient la Guerre aux Thra-
ces, Polidore, Virgille, Mont-Chreſtien & pluſieurs autres ont
eſcrit que les premiers Bateaux ou Nauires ont eſté inuentez,
faicts & conſus de cuir en la mer de Bretagne , qui en ſeroit
donner l'inuention aux Gaullois de la petite Bretagne , ou aux
Anglois proche les vns des autres ayans meſme mer , & ſeulement ſeparez d'vn petit brac d'icelle , vulgairement appellé la
manche entre les gens de Marine. Le meſme Pline eſcrit que
Danaus fut des premiers qui amenerent des Nauires d'Ægypte
en la Grece, Euſebe tient que ſe furent les Samocrattes, les autres en donnent l'honneur aux d'Ardanes , tranſportans leurs
Eſpiceries d'Orient par la mer d'Ægypte : Et Beroze recite
qu'enuiron 650. ans apres le Deluge , Heſperus Roy d'Eſpagne nauigeant ſur la mer Oceane , paſſa iuſques au Capdeverd
& deſcouurit pluſieurs Iſles. Il ſe trouue auſſi que Hanno &
Hymilco freres Carthaginois paſſerent outre , firent de loingtains voyages & de grandes deſcouuertes , comme l'on peut
recueillir du liure des merueilles attribuez à Ariſtote , auquel
entr'autres il eſt fait mention de la deſcouuerte d'vne grande
Iſle eſlongnee de terre ferme, toute verdoyante , arrouſée de
grands fleuues , couuerte de bois & ſi fertille & plantureuſe
qu'atirant les Carthaginois on leur deffendit d'y aller. Les Nauigations loingtaines de Mænetaus & Ænées apres la deſtruction de Troye , font voir auſſi comme elles eſtoient en vogue
des ce temps-là.

Plin.
617.

Quin-
til. lib.
10.

Euſebe
7. de
Prap.
Euang.

Xenophon en ſes æquiuocques ; dit auſſi que nos antiens
Gaulois qui n'ont iamais craint, ſinon que le Ciel leur tombaſt
ſur la teſte , ont des premiers equippé & conduit plus loin & a-
uentureuſement des Vaiſſeaux ſur la mer , qui a faict donner
à pluſieurs d'iceux les noms de Galeres, Galions, Galiaces, Ga-
liottes & Gallin , auſſi en langage Hebrayque ſigniffie Nauigateur. Pauzanias dit qu'a la conduite de Candaules ils obtin-
drent la victoire d'vne grande Bataille Naualle contre les Car-
taginois ; en recognoiſſance de laquelle ils baſtirent vne Sta-
tuë & firent pluſieurs ſacrifices. Strabon recite auſſi que l'inuenteur des Nauires eſtoit Gaulois : Ce qui eſt pareillement
rapporté par Athenes , & qu'ils auoient vne ſorte de monnoye
nommée As, où ils auoient vne Nef empreinte, ſur laquelle
Saturne eſtoit repreſenté à border ſauuement en Italie : Ou on
ſçait combien de fois les antiens Gaulois ont paſſé, pris Rome
& aſſiegé le Capitolle à la conduite de Brannus & en Ambigat
Gaulois auant la domination des Romains, enuoya ſix cens mil
hommes par mer & par terre qui firent de grandes conqueſtes,
tant en Italie qu'en Alemagne & iuſques aux monts Riffées,
ſous la conduite de Belloueze & de Sigoueze ſes nepueux.
Il ſe trouue auſſi qu'vne autre fois ils paſſerent iuſques en Aſie,
en conquirent vne grande partie , ruinerent le Temple d'A-
pollon , prindrent & habiterent la Gallogre , laquelle ils ne ce
nommerent pas ſeulement de leur nom : mais y introduirent
tellement leur langage que comme dit Sainct Hieroſme , on y
parloit encor de ſon temps comme l'on faiſoit en la Gaulle Belgique. La pàrtie d'Eſpagne antiennement appellee Luzitanie
à eſté depuis nommée Portugal , *quaſi portus Galliæ* , & d'autant que les Gaullois partirent ordinairement de Lisbonne ou
Liſlebonne ſur la riuiere de Seine & proche de l'emboucheure
d'icelle , ils en donnerent le nom au principal port & principalle Ville de Portugal , & pour pareille raiſon ils le baillerent au

pays de Galice ou eſtoient auſſi leurs plus freqentes nauigations retraictes & deſcentes. Se fut pourquoy les Empereurs,
qui conſeruoient l'Empire par garniſons & Citadelles, & principalement par celles des paſſages, Haures, deſtroits , emboucheures , coſtes & riuages des mers auoient eſtably contre les
François vne puiſſante garde & ſtation de Nauires & gens de
guerre vers le deſtroict de Gilbatar , nommement au lieu appellé Septa pres d'Eſpagne pour leur empeſcher le paſſage en la
mer Mediterranée, & les retenir d'aller en Italie & en Affricque
nouellement recouurez par Belliſſaire , ce qui ſe void plus amplement par le commandement expres qu'en fiſt l'Empereur
Iuſtinian eſcriuant au meſme Belliſſaire , ne ſe trouuant auparauant en aucun endroict de l'antiquité que les Gaulois euſſent
eſté appellez François qu'en ladite loy , parce que les François
ayans chaſſé les Romains des Gaules le nom de François
leur demeura au lieu de Gaulois, Homere, Virgille & les plus
anciens Poëtes Grecs & Latins font meſme foy de l'antiquité
de la Nauigation , & comme elle à eſté practiquée & en eſtime
entre les plus grands qui ont des premiers dominé ſur la terre,
leſquels s'en font ſeruis auantageuſement à la conqueſte, & aux
plus hautes entrepriſes de leurs Eſtats , & bien qu'ils ne l'ayent
exprimée que par des fables entremeſlées de couleurs & d'arti-
fices ; on ne laiſſe d'en aprendre la verité de l'hiſtoire à trauers
les nuages d'iceux, comme l'on fait la realité du Corps par l'om-
bre d'iceluy, l'vn n'eſtant iamais ſans l'autre.

Neantmoins il ne ſe trouue qu'aucuns ayent iamais entrepris
de ſi loingtains voyages que ceux qu'on faict a preſent.

Car du commencement les Nauigateurs n'alloient que de iour,
durant lequel ils rangeoient ſeulement les coſtes de la mer, ſans
perdre la terre de veuë, à la conduicte du Soleil, lequel auſſi-toſt
qu'il eſtoit couché ſe retiroient au plus prochain riuage , ou ils
prenoient leur refection, & s'y repoſoient durant la nuict comme

me le reprefente Virgille en ces vers.

Sol ruit interea, & montes umbrantur oppaci
Sternimur optata gremio tellaris ad undam,
Sortiti remos, paffimque in littore ficco
Corpora curamus feffos fopor occupat artus.

Et quand le mefme Poëte reprefente en vn autre endroict comme Ænée & fes Compagnons repaiffoient en faifant leur Nauigation, il dit qu'ils fe couchoient fur l'herbe, ou ils fe remploient de venaifon grace & de bon vieil vin.

Fufique per herbam
Implentur tunc veteris Bacchi pinguifque ferina.

Et apres auoir fait bonne chere fe ermbarquoient en leurs nauires.

Depuis les Æthiopiens à caufe de leurs frequentes nauigations & tranfports de marchandifes par la mer ayans remarqué les fignes & Eftoilles du Ciel, par le moyen defquels fe pourroient conduire à faire leurs voyages de droicte route fans tenir ny relafcher qu'à leurs reftes, s'enhardirent à voguer plus auant en haute mer, & aller de nuict regardant les Eftoilles pour les conduire.

Felix ftellis qui fegnibus ufum,
Et dedit æquoreos cælo duce tendere curfus.

Qui fift que les Grecs apres, & autres nations ayans apris cette fcience, s'en font feruis auffi auantageufement, & les ont bien remarquées, tant l'Ourfe, la Cynozure, que les autres Eftoilles.

Effe duas arctos, quarum Cynofura petatur
Sidoniis Helicem, Graja carina notet.

Ce qui aprift & enhardit à nauiger encor bien plus outre, non feulement en la mer Mediterranée & autres du Leuant, mais au grand Ocean. Pourquoy vn chacun defireux de voir & de gaigner au hazard de fa vie & fans aucune confideration

de la rigueur du mauuais temps, de l'aſpreté de l'Hiuer & impetuoſité de cét element , ſe tranſportant intempeſtiuement aux
voyages de la mer , les Romains furent contraints à l'exemple
des Grecs de l'imiter vn temps pour la nauigation, & de deffendre de l'entreprendre en hyuer depuis les Ides de Nouembre,
iuſqu'au ſix de celles de Mars pour euiter à la perte des hommes & des vaiſſeaux qui y arriue ordinairement en ce temps-
là, au detriment de la choſe publique, & auſſi qu'en telle ſaiſon
la nauigation eſt faſcheuſe pour la briefueté des iours, longueur
des nuits , obſcurité de l'air, impetuoſité des vents & la rigueur
du froid & des neiges. C'eſt pourquoy Didon appelle Ænee
cruel de s'eſtre embarqué en ce temps-là pour s'arrouter en
Italie.

Quinetiam hyberno molliris ſidere claſſem.
Et medijs properas Aquilonibus ire per altum,
Crudelis Quid ?

Mais depuis qu'on a trouué l'inuention de l'aiguille marine
touchée de l'aimant , adiuſté le compas & remarqué les Rums
des vents ; on peut dire que cela à faict faire vne autre nauigation qui eſt la nouuelle & moderne , plus loingtaine, plus har-
die & aſſeurée que l'antienne : Ayant apris à meſurer le Ciel &
les mers, meſpriſer les Aſtres & deſcouurir de nouueaux
Mondes par la cognoiſſance du ſecret, d'vne des moindres choſes de la terre qui en a faict recognoiſtre toute la circonference,
& augmenter les deux parts du Globe , & continent d'icelle,
ſuiuant ce qui à eſté fort nayfuement predit, des y a long-temps
par le Poëte Senecque en la Tragedie de Medée.

Veniens annis ſæcula ſeris ,
Quibus Oceanas vincula rerum ;
Laxet : & ingens pateat Tellus
Thiphiſque nouos detegat Orbes
Nic ſit terris vltima Thule.

Or puis que ç'a esté par la cognoissance du secret occulte &
proprieté admirable de l'aimant, qu'on a ozé entreprendre cette importante & grande nauigation moderne, laquelle faict nos
traictes des Indes Orientalles, Occidentalles, Brezil & Canadas, descouurant ce qui est de plus caché, plus riche, rare & merueilleux en l'vniuers, il ne seroit a propos de parler de si grands
effects, & taire le nom & l'honneur d'vn principe si noble, si excellent & admirable.

Il y a fort long-temps que les antiens ont recognu & fait estat
des vertus admirables de cét aimant, mais il n'y a pas plus de
quatre cens ans qu'on en a apris la proprieté & le secret émer-
ueillable de l'adapter & aproprier pour la nauigation, il est ap-
pelé *Magnes* par quelques-vns & par les autres *Herculeus* duquel
& de sa vertu atractiue Platon faict mention au dialogue nommé Io. Car il n'a pas dit il, la vertu d'attirer seulement le fer,
& d'en conioindre ensemble vne longue chaisne d'aneaux,
mais le fer mesme touché d'iceluy à pareille efficace, d'attirer
l'autre fer. Pline dict des merueilles de cette petite Pierre la fait *Plin. l.*
la premiere & plus excellente de toutes afferme, mesme en a- *36.c.6*
uoir veu, ouy parler & respondre aux hommes, qu'elle donne le sentiment aux Pierres & le mouuement au fer, mais
on ne seroit parler de sa vertu, & l'exprimer en meilleurs
termes qu'a fait Claudian en vn long Poëme qu'il en a composé exprez.

Quisquis solicita mundum ratione secutus
Semina rimatur rerum Quo luna laborat,
Deffectu, qua causa iubet palescere Solem
Vnde fluant venti, Trepida quis viscera terra,
Commoueat motus, qua fulgura ducat Origo.
Vnde tenens nuba, quo lumine fulgeat arcus.
Hoc mihi quarenti, si quid deprendere veri
Meus valet expediat. Lapsis cognomine magnes

Decolor obscurus villis.

Ex ferro meruit vitam ferrique vigore vescitur.

Le mesme Pline en suitte de son discours de l'aimant recite
que sa vertu attractiue du fer fut descouuerte par vn berger appellé Magnes en Ide où il s'en trouue ordinairement des Pierres, lequel ayant remarqué les cloux de ses souliers conioints au
fer du bout de son baston qui en auoit esté touché en recognut
la proprieté. Les autres disent que Iean Gira ou Goya la trouua

Blou-
dus & à Melphie il y a pres de quatre cens ans. On l'appelle aussi
Marinette a cause de sa proprieté pour voyager sur la mer.
On dit que les Amalsitains là descouurirent enuiron l'an mil six

Iacque
di Vi- cens vingt.
trybist. Les autres tiennent que Marc Polle Venitien en aprist le se-
Orient. cret en la Chine, ou il s'en trouue quantité de tres-bonnes, com-
l. 1. me aussi aux mines de Bengalle & plusieurs autres parties des
Indes Orientalles ou l'on en sçauoit l'vsage long-temps auant

Merca-
tur Pier- qu'en l'Europpe : dont il est constant que les Italiens se sont ser-
re de uis des premiers, comme plus proches, : puis les François, Espa-
Medi-
ne, Al- gnols, Portugais, Anglois, Hollandois, Danois, Suedois & au-
leaume tres peuples du Nord.
& au- Mais c'est vne chose estrange que l'on n'a iamais peu sçauoir,
tres. le nom, le pays, ny la nation de celuy qui à enseigné presque
toutes celle de la terre : Ayant trouué le grand secret & proprieté admirable de cette æguille touchee de l'aimant, qui luy a
fait remarquer les Polles du monde & en tenir la pointe droict
en ligne paralelle vers le Nord, au moyen de quoy il a esté aisé
par apres de nuict comme de iour & sans l'ayde du Soleil,
ny des Estoilles de nauiger en toutes les mers & sçauoir de quel
costé, & en quel Rums il falloit faire voille & adresser sa
route.

Nec te spectare Bootem
Aut Helicem Iubeo strictumque Orionis ensem,

Hac

Hàc duci carpe viam.

Le compas Marin y a pareillement beaucoup apporté, dont les vns en attribuent l'inuention à Goya, Citoyen d'vne petite ville maritime d'entre Naples & Salerne des l'an 1300. les autres aux Flamens, ou Gaulois Belgiques, dont est d'aduis Becanus & la plufpart : ce qui est le plus vray semblables attendu que les pilottes Europpeens, tant François Espagnols qu'autres nomment encor les trente deux Rums de vents de noms Flamens.

L'vfage de l'aftrolabe y est auffi neceffaire, que Maffée *Maffée* dit des y a long temps auoir esté en vsage fur la terre, voi- *l. 3.* re des le temps de Ptolomée, & que depuis les Arabes s'en font feruis. Mais que les Portugais des premiers le tranfporterent fur la mer, pour la recognoiffance des Polles & des Eftoilles.

De forte que fi maintenant vn Pilotte veut nauiger, il n'a qu'à bien confiderer fa route, & eflire iuftement le Rumb ou Rumbs des vents propres & neceffaires, & les plus conformes que faire fe peut à icelle, & remarquer en fa Carte marine le lieu où il eft & celuy où il veut aller ; puis chercher de Rûb qui va le plus droict, & l'ayant trouué faut mettre vers luy la proüe de fon Nauire comme cefte Efguille l'enfeignera, & par tel vent fuiure fa route & faire fon voyage : durant lequel s'il ne trouue le Rûb droict, doibt chercher au Compas celuy qui s'eloignera moins du lieu ou il veut aller, & faire par tel rumb les degrés tant qu'il en ait trouué vn autre plus droict : puis afin de ne fe tromper tenir bon comte du chemin qu'il aura faict; iufques à ce qu'il ait trouué Rumb qui le mene droictemét ou il veut aborder, ne fe deuant iamais tant arrefter dû commencemét aux Rumbs plus voifins d'où il eft, qu'à ceux d'où il approche plus au lieu ou il va : eftant befoin de punctuer fouuent & de recognoiftre précifement le meridien auquel il fe trouue,

D

pour eſlire la vraye route. Il doibt auſſi bien prendre garde que la Carte ſoit vraye & iuſte, tant es Rums qu'en l'aſſiette de la coſte : mais ſur tout il ne faut vſer ou ſe ſeruir de Carte à deux graduations differentes, ains d'vne ſeule comme il fut arreſté expreſſement au Conſeil de l'Empereur Charles 5. ordonné & eſtably pour les Indes : par ce qu'elles ſont abuziſues, & pour la faute d'vn petit poinct font faire de grandes deſrouttes en la nauigation, ce qui ſe peut voir plus au long par le diſcours ex-pres qu'en a faict Pierre de Medine Eſpagnol, lequel eſtoit Conſeiller au meſme Conſeil, & qui a pertinemment eſcrit de l'art de nauiger.

Pierre de Medine Chap. 11. & 13. de l'art de Nauiger.

    Ainſi Dieu ayant baſty le monde de rien s'eſt touſiours pleu à faire les plus grandes choſes des moindres, à permis le grand ſecret de l'aymant eſtre tiré d'vne petite pierre obſcure, & par la remarque de petits poincts, en vne Carte deſcouurir la meilleure & plus grande partie de la terre, les merueilles du Ciel, & les plus grands threſors & richeſſes cachées de l'v-niuers.

    C'eſt pourquoy par le moyen de la Nauigation moderne, on ſe doibt efforcer d'aller genereuſement conquerir ceſte ri-che Toiſon d'Or, ou d'en auoir ſa part eſtant contre les Loix de Dieu, de nature & des gens, que les plus grands biens & thre-ſors de la terre qui doiuent eſtre communs à tous les hommes, ſoyent poſſedez par la monopolle, & l'entrepriſe d'vne ſeulle nation.

    S'y la pomme d'or repreſentée par les Fables, fut bien cau-ſe autresfois, d'auoir émeu de grandes Guerres entre les Dieux, & ſi les Heros, les Roys, les Princes, & la fleur de la Nobleſ-ſe Grecque s'embarquerét iadis au hazard, ſur l'opinion qu'ils auoient de ceſte riche deſpoüille pour la conquerir, à plus forte raiſon nous le deuons faire, puis que nous ſçauons certainement & par experience, qu'elle eſt ou elle eſt, & ce qu'elle vaut qui la poſſede, & la rauit, & comme l'on en vze, & abuze à la ruine & entreprife des Eſtats & Royaumes Chreſtiens.

Les François ſi hazardeux de leur vie, & ambitieux d'hôneur, deuroient porter pluſtoſt leurs courages magnanimes, à telles conqueſtes heureuſes, pleines de bien & d'honneur, qu'à la vanité ou pluſtoſt furies enragées & diaboliques, de leurs duels ou combats particuliers, troubles & guerres Ciuilles, qui ne vont qu'à la damnation de leurs ames, & à la ruine d'eux-meſme & du Royaume. Semblant que Dieu pour les en diuertir, leur ait ouuert le beau riche & large champ, de la vraye gloire en cette conqueſte : Eſtant irrité que les François ſubiets legitimes du Roy Tres-Chreſtien fils aiſné de l'Egliſe, faute d'occupation eſtrangere ſe fiſſent ainſi la guerre, au detriment de leur ame & ruine de l'Eſtat : faiſant ſouffrir gemir & ſouſpirer le pauure peuple, ſoubs le peſant fardeau que tels mal-heurs luy chargent.

Mais cette nauigation Moderne aux Indes Orientalles, Occidentales, Peru, Brezil & Canada ou nouuelle France, de laquelle nous parlerons cy-apres, nous en apprendra les routtes, tiendra les Ports & paſſages libres & ouuerts, & en aſſeurera les Haures pour ſeruir de refuge & de retraicte aux miſerables, ſoulager le peuple, augmenter le Royaume & la Foy Catholique : & rompre les deſſeins de celuy qui pour ſon ambition à voulu faire vne ſocieté anſeatique, deſpendante de Ciuille & de Madry.

Tellement qu'il ſe trouuerra aux ſiecles aduenir que les François qui auront trauaillé, & ſe feront hazardez à telles conqueſtes & entrepriſes Sainctes & glorieuſes auront acquis plus de honneur ſelon Dieu, & les hommes, que les plus grands qui auront commandé, & faict des merueilles aux Guerres Ciuilles de leur pays, & plus ſanglantes batailles de la Chreſtienté, pour remporter à la fin au Ciel la gloire Eternelle de vrays Cheualiers du Sainct Esprit, & sejoüir en ce monde, de celle de la Toison d'Or, pour y acquerir non seulement des richesses des terres & des hommes : mais des Royaumes & des ames à l'honneur de Dieu, du Roy, d'eux-mesmes & de leur posterité.

DES
NAVIRES ANTIENS
ET MODERNES, DV
BESOIN, CONSTRVCTION,
Armément d'iceux & du Guet.

CHAPITRE. II.

VIS que nous auons touché de la *Nauigation* antienne, il ne fera mal propos de parler des Nauires, fans lefquels elle ne fe peut faire, defquels fans nous arrefter à difcourir de l'inuention d'iceux pour en auoir parlé au premier chapitre. Nous dirons que les vns ont efté pour la guerre, les autres pour la charge & marchandife, les autres pour le plaifir ou paffage, & les autres pour la pefche. Ceux qu'on faifoit faire & baftir pour la Guerre, eftoient longs & ainfi appellez par les Grecs μακρα; defquels ceux *l. 2. de* qui les conduifoient pour le feruice du public s'efioüiffoient du *cap. &* droiſt de *Poftliminium* & autres Priuileges, tant en Athenes qu'a *remer.* Romme: dont il y en auoit vn bon nombre en l'Empire, pour la conferuation de Scilicie, de Sardaigne, de Cicille, d'Æ-

E

gypte, d'Italie, des Gaulles, d'Alemagne & diuerſes autres parties maritimes de l'Empire qui en deſpendoient : Ainſi que autrefois il y auoit auſſi aux ports de Pyree en Athenes, en Egypte, Alexandrie, Carthage, & autres puiſſances qui ont dominé au monde par mer & par terre, dont nous parlerons cy-apres & commencerons par quelques-vns des plus grandes en l'antiquité.

La premiere & plus grande Nauire qu'on celebre en l'Eſcriture Saincte eſt l'Arche de Noé appellée Nauire par Beroze Caldeen & pluſieurs autres, laquelle fut faicte par la permiſſion & inſpiration diuine, pour la conſeruation du genre humain & des eſpeces lors du Deluge vniuerſel dont nous ne parlerons pour en auoir touché au premier chapitre.

La ſeconde auſſi fort renommée & celebre en l'antiquité eſt celle de Iazon, laquelle fuſt baſtie prez du Roy Pelias plus grande & mieux equippée en Guerre, qu'aucune autre qui euſt auparauant vogué ſur la mer, comme il eſt rapporté par Diodoze Sicilien, ce qui eſt auſſi teſmoigné au recit de Philoſtephanus rapporté par Pline au liure 7. c. 6. de l'hiſtoire naturelle : & fut appelee Argo du nom de celuy qu'il l'auoit baſtie premierement, & qui la radouboit lors qu'il y manquoit quelque choſe.

Cic. 1.
Tuſcul.
Herodotus
in Κλειώ. Ciceron, dict qu'elle eſtoit ainſi appellee à cauſe des Argiues, qui eſtoient dedans pour la conqueſte de la Toiſon d'Or. Ce qui eſt auſſi recité par Herodote, elle eſtoit auſſi appellee Legere, quoy qu'elle fuſt fort grande parce qu'elle eſtoit baſtie de tres-bon boys, bien ſec, & bien appareillé, & que plus les Nauires ſont legeres & bons de voille, ils ſont plus propres à la Nauigation & aux combats de mer. L'Antiquité tient que la Quille en fut faicte d'vn Cheſne de la foreſt de Dodone, de l'inuention de Iunon, les autres diſent de Minerue & qu'elle y trauailla elle-meſme la faiſant parler d'vne voix humaine, qu

en a faict appeller le Vaisseau diuin par Ciceron & plusieurs autres : Au recit de Plutarque elle estoit a trente Rames ou il entra 450. Argonautes, les Heros, Roys, fils de Roys, & la fleur
de la Noblesse Grecque : pour les grands effects & excellence
de laquelle les Atheniens la conserueront iusques au temps de
Demetrius, Phalereus ostant les vieilles Tables d'icelle, & la
radoubant de nouuelles dont elle se trouua à la fin toute re-
bastie, tellement qu'on douta s'y c'estoit elle mesme, & s'y on
la deuoit encor appeller de son nom : Mais il fut resolu qu'elle
n'en deuoit changer, & que par la destination s'estoit encor elle mesme, suiuant la disposition du droict Ciuil.

   Apres cette celebre Nauire d'Argo fut construite celle de
Ptolomee Philopator Roy d'Ægypte, laquelle estoit de grandeur immense & presque incroyable : dont ie ne parlerois, de
peur d'estre reputé fabuleux, si ie n'en auois le tesmoignage
de plusieurs celebres Autheurs : Entr'autres celuy d'Athence
& de Plutarque qui l'ont descrite, & faict plusieurs pages &
longs discours d'icelle, & de son haut & somptueux appareil :
rapportans qu'elle estoit à quarante ordres de Rames, qu'elle
auoit deux cens quatre vingt coudées de long, cinquante deux
de hauteur, trente-huict de banc en banc, & du haut de la
Pouppe iusques en bas cinquante trois, à la construction de
laquelle auoit entré le boys de soixante & dix Nauires à trois
rames. Pour le gouuernement & conduitte de laquelle, il y
auoit quatre cens Nautonniers & quatre mille compagnons ti-
rants à la rame, & sur le plancher & aduenuës du combat,
deux mil huict cens cinquante soldats, en outre vne grande
multitude d'hommes & de viures qui estoiét en diuers endroits,
mais elle a este plus celeb e pour sa grandeur que pour ses effects. Herodote aussi in   dit que les Phocenses lesquels ont
des premiers nauigé sur la mer Adriatique & Tyrrene en ont
eu iusques a cinquante ordres de rames, par le moyen desquel-

lès ils occupperent. Hybberie & Tartese : mais se n'estoient Nauires longues : Ains de celles appellées (*Attuaria*) lesquelles
seruoient pour la Guerre & Marchandise comme aussi faisoit
cette grande & celebre Nauire de Hyeron Roy de Syracuze,
à la construction de laquelle presida ce grand Mathematicien
Archimedes, lequel y fist employer le bois & la matiere de soixante Nauires a trois ordres de rames appellées Triremes, &
ou il y eut trois cens hommes qui trauaillerent tous les iours
vne longue espace de temps, en outre les principaux maistres
conducteurs de l'ouurage ; dans laquelle il y auoit place chacun
apart pour ceux qui trauailloient a la rame, pour les Nautonniers, Soldats, Capitaines, Maistres, & conducteurs, Chambres pour prendre le repas & le repos Iardins pour se prome-
ner, viuier a poisson, escuries, lieux de passe-temps, & d'exercice, vn temple de Venus, des bains, des fours, cuisines, meul-
les a moudre du bled, & plusieurs autres choses au dedans, outre ce qui estoit au dessus ou elles estoit enuironnées d'vn ram-
part de fer auec huict tours, deux à la pouppe & deux à la prouë,
les autres aux deux costez & sur le dehors & haut du Nauire, y
auoit vn mur auec des deffenses & des machines de Guerre par
tout, mesme à la hune du grand masts, dont entr'autres y en
auoit vne laquelle l'ançoit vne pierre du poids de trois cens liures, & vne flesche de douze coudées iusques à six cens pieds
de loing. Elle n'estoit qu'a vingt ordres de rames, neantmoins elle contenoit dauantage que celle de Philopator, &
fut donnée & enuoyée chargée de froment par les Syracusains
à Ptolomée Roy d'Ægipte. Ce qui est rapporté tant par Athenee que par Melchion qui en a faict vn liure exprez, & diuers
Autheurs qui en ont parlé.

La plus grande difficulté qu'on faict en ces discours & ou de
doctes hommes ont doubté, est au grand nombre d'ordres
de rames iusques a trente, quarante & cinquante, ne pou-
uans

ūans imaginer que les Compagnons du plus haut ordre du Nauire appellez Tramites peuſſent manier les auirons pour ſeur
exceſſiue longueur, qui leur a faict donner des interpretations
a leur fantaſie. Entr'autres Lazare Baif au traicté qu'il a faict
des Nauires ſur la *L. 2. C. de Cap. & poſthumilo reuerſit*, a
voulu diuiſer le Nauire en trois parties, & repartir en chacune ce grand nombre d'Ordres de rames, & les autres
les ont voulu eſtendre & conter en long, & non en aſcendant.

Ce docte & ſçauant perſonnage Ioſeph Scaliger meſme,
s'eſt admiré comme il ſe pouuoit faire qu'on peut manier vn ſi
long auiron de ſi haut, ſans touteſfois auoir eſté d'aduis de la
repartition de Baif, n'y de conter les ordres en long : attendu
qu'il n'y a aucuns Autheurs de leur opinion. Mais au contraire
il eſt certain qu'il faut conter cet ordre en aſcendant, comme il
ſe void meſme par ces vers de Virgille.

Triplici pubes quam Dardana verſu
Impellis, triplici conſurgunt ordine remi.

Ce qui ſe remarque encor plus clairement expliqué par Lucian.

Quolque quater ſurgens extructi remigis ordo
Commouet & terno conſurgunt ordine remi.

Mais Athenee en ſuitte de la deſcription de cette grande
Nauire de Philopator, nous le faict voir encor plus apercete-
tement, & meſme reſoud la difficulté, que les vns & les autres en ont voulu faire. Car il dict que pour l'extreſme hauteur du quarantieſme ordre de rames des Tranites, iuſques
à celuy des Thalamites qui trauailloient à fleur de l'eau,
au bas du Nauire, les auirons eſtoient de trente-huict coudées
de long, chargez de plomb en droict la poignée, pour les
rendre en balance & plus maniables : à chacun deſquels on
pouuoit mettre deux hommes pour s'en ſeruir & les ma-

F

nier plus à leur aise, lesquels aussi auoient dauantage de loyer
que les Thalamites.

Marc Anthoine pour vuider le different de l'Empire Rom-
main à la bataille Artiacque contre Octaue Cæsar composa vne
grosse armée Naualle de ces grands & prodigieux vaisseaux,
dont vray semblablement il en auoit fait venir vne bonne partie d'Egipte par le moyen de Cleopatra, lesquels estoient d'v-
ne si excessiue & immense grandeur qu'il sembloit que se fussent des Villes & Chasteaux ou des Isles, & Montagnes flo-
tantes en la mer, comme rapporte Virgille qui estoit de ce
temps-là.

Pelago credas innarer cuulsas
Cyclada, aut montes concurrere montibus altos
Tanta mole viri turritis pupibus instant,

Celles que l'Empereur fist faire pour apporter les Obe-
lisques du port d'Alexandrie en celuy d'Ostie, estoient pareillement d'vne prodigieuse grandeur, & telles qu'elles furent
inutilles sur la mer, dont l'vne fut vouée par Auguste aux
Fontaines & Puits Marins, desquelles Pline parle amplement.

Plin.
lib. 16
c. 9.

Ce fust aussi vn grand magnifique & sompteux Nauire,
que Charles six au commencement de son regne fist bastir en
Flandres à l'instigation de l'Admiral Iean de Vienne qui luy
persuada d'y dresser & equipper vne puissante armée Naualle
pour conquerir l'Angleterre comme auoit fait autresfois Guillaume le Bastard Duc de Normandie.

Mais il ne se trouue qu'aux Batailles Naualles, de si grands
& monstrueux vaisseaux ayent rendu de grands effects, ne se
pouuant tourner ny manier en la mer pour leur pesanteur extresme, comme les autres plus legers, & la perte de ces deux
grandes batailles sur la mer du Roy Attalus contre Philippes
Roy de Macedone & de Marc Anthoine entre Octaue n'arri-

ua que de la grandeur immenſe & peſanteur extreſme de leurs
vaiſſeaux qui ſe trouuant embarraſſez & attaquez viuement
des autres plus legers & meilleurs de voille furent vaincus bruſ-
lez & coulez bas. Auſſi ces grands Gallions de prodigieuſe
grandeur de Philippes II. Roy d'Eſpagne lors qu'il penſa enuahir l'Angleterre en mil cinq cens quatre-vingt ſix de ceſte armée
naualle qu'il diſoit inuincible, ne rendirent aucun effect & en
vn inſtant ceux qu'ils penſoient engloutir en la terre, ſe perdi-
rent en la mer.

On ſçait auſſi que nos Capitaines & Maiſtres de Nauire
François qui vont à l'amont & à l'aual auec leurs Nauires &
Corauelles du port de cent, cent cinquante, & de deux cens
tonneaux bien armez & equippez en guerre ſuiuant les ordonnances, ne font que rechercher les occaſions eſtans au dela de la
ligne & des amitiez de rencontrer & deſcouurir en telles routes, quelque Carracque ou Gallion a l'eſcart pour luy faire la
chaſſe l'attaquer ou le prendre, quoy que les vns ſoient du port
de dix huict cens ou deux mil tonneaux & les autres de cent ou
mil, la grande Nauire de charge ou eſtoient les meubles richeſſes & ſomptueux equipage de Mitridates fut rudement attaquée & faillit à eſtre priſe & depredée par vne petite Nauire
Rhodienne a deux rames, & Ciceron raporte que les Ambaſſadeurs de Dolabella abandonnerent les grandes Nauires de
charge pour ſe ſauuer en de longues & moyennes, pour y eſtre
plus ſeurement & eſchaper plus viſte.

Mais puis que tels grands & monſtrueux vaiſſeaux ne ſont ſi
propres pour la guerre que les autres longs & plus legers, nous
ceſſerons d'en parler pour toucher de ceux-cy.

Theucidide dict que des Nauires longues pour la Guerre, *Theu-*
Amocles Corinthien inuenta celle à trois rames, Ariſtote *cidides*
attribua celle à quatre aux Carthaginois, & celle à cinq à *lib. 1.*
Nizicheton, dont les Romains & Hannibal ſe ſeruirent ſort

Polibins lib. 1. Iul. Cesar 3. comen. Quib. de rebus aſarcersior faſins a Craſſo quod il le aberat lõgius naues inuenirent longas edificari in fulmine ligeri quod aſſuit in Ocea uü remiges ex Prouincia Iuſtieni

naxtas gubernatoreſ que cõparari iubentur. Appiã Allexādrin l. 4. de la guerre Ciuile. Titl.4.

les vns contre les autres en Italie , lors de la Guerre Punique comme le rapporte Polybe, Iulle Cæſar s'en ſeruit auſſi, meſme en fiſt faire & baſtir grand nombre de cette ſorte. ſur l'emboucheure de la riuiere de Loyre en Bretagne , contre les Gaullois , leſquels y auoient recueilly & ramaſſé leurs principalles forces ſur la mer où ils luy firent courir plus de hazard a ſa perſonne & en ſes affaires qu'ils euſſent point encor faict. Mais enfin par cette ſorte de Nauires de Guerre, & pour la diuerſe façon d'iceux, & des combats inuſitez aux Gaullois, il les combatit & abatit entierement , qui fut cauſe que par ce moyen les ayant domptez, par le meſme , les retint en la ſubiection & obeiſſance des Romains. Pourquoy des ce temps-là, il y eſtablit vn grand nombre de Nauires de Guerre entretenus aux deſpens des Prouinciaux.

Ce qui y a eſté depuis ſoigneuſement maintenu par les autres Empereurs ſes ſucceſſeurs , iuſques à ce que les Bretons des premiers des Gaullois ſecoüerent le ioug de leur obeyſſance , par la negligence de cét entretenement comme le recite plus au long Iornandes, qui donna occaſion toſt apres aux autres Gaullois fauoriſez des François qui gardoient le Rhin, les frontieres & Coſtes maritimes de l'Empire , de faire le ſemblable.

On s'eſt auſſi depuis ſeruy d'autres Nauires à ſix rames appellez, *Hexeres* , En laquelle ſorte fut porté Pompée , Polybbe recite que M. Attilius & L. Mantius faiſoient pareillement porter , & Lucian liure 3. deſcriuant la Nauire Pretoriane ou eſtoit Brutus repreſente fort bien la Nauire *Hexeres*. Il y auoit auſſi la Nauire (*Hepteres*) a ſept rames de laquelle parle Tite Liue : mais il s'en eſt faict & baſty depuis , leſquelles ont bien ſurpaſſé voire iuſques a trente ordres de rames, & ſe void que Agathocles en fiſt faire deux de cette grandeur , deſquelles il en enuoya vne pour la garde de Syracuze: dont

ze : dont nous ne parlerons pour auoir touché des autres plus
grandes cy-deſſus.

Xenophon dict que de ces Nauires longues il y en auoit à
deux ordres de rames, les autres a vn & quelques autres alloient
ſans avirons leſquelles eſtoient appellées μοιμιχςτι∾, ce que teſ-
moigne auſſi Strabon.

Il y auoit auſſi d'autres Nauires allans à la voille ſans rames
appellez *Oneraria* pour la charge : ce que nous appellons communement Nauires Marchands , a la difference des autres
qui vont en traicte & ſont armez & equippez en guerre
pour Lamont ou pour Laual. Telles Nauires de charge
pour la marchandiſe eſtoient appellées φυςτικω∾ Polidore virgille
que Hippius inuenta la Nauire Marchande appellées *Onera-*
rie & Ciceron la nommant ainſi dit qu'vn Senateur Romain
fut propoſé à en faire baſtir & conſtruire vne grande de cette
ſorte pour cet effect, ſur le port de Miſſene, aux deſpens du public.

Cæſar ſe ſeruit fort auantageuſement des Nauires couuerts
contre les Gaullois pour garantir du coup de dard les compagnons qui tiroient à la rame , deſquelles on attribuë l'inuention aux Traſſiens, Pline dict qu'il y en auoit ſoixante & dix de cette façon du nombre de cent equippées en guerre que les Romains auoient enuoyée a Phicea.

Titte Liue rapporte qu'il y auoit des Nauires, leſquelles por-
toyent ordinairement les Cheualiers François & des Cheuaux,
eſtant faictes & conſtruites pour cet effect, leſquelles ſeruoient
auſſi à la Guerre & eſtoient appellées Hypagines ou Hypago-
gas, & les autres leſquelles ne ſeruoient qu'à porter les gens de
pied , eſtoient appellez Pontones ou Ponti par Cæſar, en ſes
Commentaires d'vn vieil mot Gaulois , nos Iuriſconſultes les
rapportent à vn autre vſage de paſſage: Mais Diodore maintient qu'ils ne ſeruirent que pour porter les gens de pied.

dec.
lib. 7.
Dyodo-
rus in
2. de
ſucceſſ.
Alexan-
dand.
Strabo
lib. 7.
Nani-
res mar
chans.

Cicero.
4. &
6. in
verr.
Tit. l. l.
3. dec.
Tit. l.
4. dec.
li. 6.
Cæſar
2. &
3. com.

Ti. Li-
nes. de
ca l. 4.

Diod.
lib. 20

G

Naui-
respour
la guer
re &
mar-
e'ā life Les Phocenſes ſe ſeruirent premierement des Nauires appellées, *Actuaria*, pour la Guerre & marchandiſe ſur la mer
Adriaticque, & Thyrrene, dont ils occuperent Hybberie &
Tarteſe, c'eſt trouué qu'ils en eurent iuſques à cinquante ordres de Rames, leſquelles eſtoient fort propres au combat,
comme il eſt rapporté plus au long par Herodotte, & en pareil
Lazare Baif en ſes doctes Commentaires, ſur la *l. 2. de cap. &
poſt. reuerſ.* Diodore au 2. liure des Succeſſeurs d'Allexandre,
dict que pour preuenir quelques incurſions qui menaſſoient
ceux de Cicille, on en fiſt conſtruire & équipper cinquante à
Rames, de ceſte ſorte pour les aſſurer. Et Aulus Hyrtius au li-

Tarta
mole vi
ri turri
ritprg-
I b. in
l'ā hinc
virgin.
mira-
bile mō
ſtrum
Reddūt
ſe toti-
dem ſa-
cies tō-
toq. ſe-
ra illuy
Virgil.
8. æ-
neid. ure de la Guerre, Alexandrine dit qu'il y en auoit vn grand
nombre de meſme en l'armée d'Octaue Cæſar, & en celle de
Marc Anthoine auſquelles on bailla des grands Becs, appellez
Roſtra eſleuez au bout d'icelles comme de hautes Tours, auec
des repreſentations de monſtres & de faces eſtranges, pour les
rendre plus affreux & formidables au combat.

Les Antiens auoyent auſſi des Nauires appellez *voluptuaria*,
& les autres *vinariæ*, les premieres pour le plaiſir, & celles-cy
pour porter du vin, pour leſquelles il s'enſuyuit autresfois deffenſes à Rome, d'en auoir qui portaſſent en plus outre qu'vn
certain nombre de Bouteilles, n'eſtant permis aux particuliers
d'y auoir des Nauires, de quelque port & qualité qu'ils fuſſent,
que par authorité publicque, pour l'importance d'icelle par ce

Naui-
respour
le plai
ſir &
pour
porter
du vin. qu'on les peut appliquer facilement, & s'en ſeruir a l'vſage de
la Guerre, & pour l'execution plus prompte des entrepriſes,
pourquoy il n'y euſt iamais rien qui rendiſt le Grand Pompée
plus ſuſpect à Rome que la Commiſſion qu'il priſt des Nauires
qui releuoit infiniement & rendoit ſa puiſſance redoutable en
la republique.

Cicero
is ver-
rē act. Les Nauires appellez *Myoparons* eſtoient en vſage des ce
temps la, eſtoient de bien plus grande importance, pourquoy

Plutarque recite que Cæſar penſa auoir faict vne grande faueur
à Octauia d'en auoir donné vingt à ſa priere. Il y en auoit
touſiours bon nombre de telle ſorte au port de Syracuze, pour
la guerre, & pour porter du bled, & autres commoditez
eſtoient auſſi appellez, Pyrates, parce que les Pyrates & eſcu-
meures de mer ſe ſeruoient ordinairement de ſemblables aux
depredations qu'ils faiſoient ſur la mer. La forme de tels Nauires eſtoit en partie de Nauire longue & en partie de Nauire
de charge: Se raportant fort à celle des Gallions que François
I. fiſt baſtir en Bretagne ainſi qu'a remarqué Lazare Baif au-
treſfois ſon Ambaſſadeur à Veniſe.

L'on vze encor de ces Nauires à rames dont nous auons parlé aux Coſtes de Prouence & Languedoc ſur la mer Mediterranée, comme il ſe veoid principalement au port de Marſeille
ou ſont les Galeres du Roy. Les Italiens, Venitiens, Genois,
Neapolitains, Rhodiens, Cheualiers de Malthe, Trace, Per-
ſans & autres qui habitent les terres & coſtes des mers de Leuant s'en ſeruent auſſi pareillement ce qu'on ne peut pas ainſi
faire, ſur la mer Oceane, à cauſe du flux & reflux d'icelle.

Mais ce ſeroit vne choſe infinie que de repreſenter & raporter les diuerſes ſortes de Nauires donc on s'eſt ſeruy en l'antiquité, leſquelles on a augmentées, faictes, baſties & appareil-
lées, ſelon les mers, les occaſions, & le beſoin comme il fut
pratiqué par Iulle Cæſar contre les Gaullois qui s'eſtoient re-
cueillis & retirez auec leurs forces en la baſſe Bretagne & coſtes
d'icelle: & par ceux de Marſeille, qui firent incontinent baſtir des Nauires couuerts à ſon exemple contre luy meſme, &
comme fiſt Auguſte lequel ayant recognu la viteſſe & les effects
des petits Nauires Liburniens appellez *Liburnicæ* & quelques
fois *Spectatoriæ* a pourſuiure, incommoder & attacquer les
grands Nauires d'Anthoine, quoy qu'ils ne fuſſent deſtinez
pour le combat & pour cela appellez *Spectatoriæ*. Il les miſt en

reputation & s'en feruit comme fift Monfieur le Cardinal dø Richelieu, lequel s'eftant heureufement feruy des Pinaces pour la Rochelle & chaffer les Anglois de l'Ifle de Ré, les a depuis mifes en eftime pour la guerre : bien qu'auparauant elle ne fuffent en aucune confideration que pour la voicture & marchandife : Car maintenant les François, Efpagnols, Anglois & Hollandois ont de toutes fortes de Nauires legers, plats, & couuerts en leurs embarquements, pour defcouurir, combattre, & faire leurs abordages en tous lieux comme le pratiquerent les Anglois *la defcente de l'Ifle de Ré.* Mondit fieur le Cardinal à la reprife d'icelle, les Hollandois a celle de Fernanbuc & la flotte Efpagnolle à la defcente en *l'Ifle Sainct Chriftophle* au Peru, auffi-toft *reprife par le Capitaine Giron François.* Ie raporteray a ce propos comme par vne Armée Naualle faicte, & compofée en la plufpart de diuerfes fortes de Nauires propre pour l'abordage, l'Allemagne fut acheuée de conquerir, & d'eftre vaincuë du temps de l'Empereur Tybere. Germanicus ayant efté enuoyé pour combattre les Allemans qu'on n'auoit encor peu vaincre, Silicius & Cecinna furent commis pour faire faire & baftir mille Nauires de diuerfes fortes & dreffer leur equippage aux Ports & Haures d'Italie, dont les vnes eftoient courtes, & auoient la pouppe, & la prouë eftroicte, & le ventre large & ample, afin que facilement elles refiftaffent aux vagues & flots de la mer, les autres auoient la Carene & le fonds plat, afin que fans danger elles peuffent aborder & prendre terre, plus ils auoient des thimons des deux coftez, afin que les rames foudainement retournées peuffent à l'inftant aborder à terre, par vn bout ou par autre, il y en eut auffi plufieurs fur lefquelles on dreffa des planches pour paffer les engins & machines de guerre, lefquelles feruoient auffi pour porter Cheuaux & viures eftans legers à la voille, & propres à la rame, lefquelles fembloient encor plus

magnifiques

L'Ifle de Ré.

Ifle S. Chriftophle.

Cornel, Tacit. Annal. lib. 2. cap. 2.

magnifiques à caufe de l'Antiquité & gayeté des Soldats frais
& en bon point qui eftoient dedans, lefquels fans eftre haraf-
fez, ny fatiguez de la longueur & difficultez d'vn long chemin,
deftours paffages & embufches, qu'on y dreffe ordinairement
& qui aprend aux ennemis à fe tenir fur leurs gardes : furent
tranfportez ainfi fans bruit en diligence au lieu deftiné pour a-
border, qui eftoit en la terre des Bataues, qu'ils appelloient
Ifles, maintenant appellez Hollande proche du lieu ou ils vouloient entrer & faire la guerre, a montants a mont le Rhin:par
les deux emboucheures, duquel les foldats eftans paruenus
bien auant auec leurs Nauires, en fortirent frais bien armez &
equipez en bon ordre & bonne refolution, qui donna d'autant
plus de terreur & efpouuente aux ennemis qu'ils ne les attendoient & ne s'en donnoient de garde : eftant vne furprife & vn abord, par où ils n'eftoient iamais venus. Au moyen de quoy les Romains fe rendirent maiftres de l'Alemagne, qu'ils n'auoient encor peu vaincre, & pour en retenir les
habitans en leur obeyffance, firent conftruire & baftir de
fortes places, & eftablirent de bonnes garnifons par où ils
eftoient entrez:qui font des plus belles & meilleures villes d'A-
lemagne qu'on void fur le Rhin.

Il n'y eut rien auffi qui feruit tant à Hannibal lors qu'il alla
en Italie que des Bateaux & Ponts portatifs pour paffer les fleuues & riuieres : comme on void qu'il fift le Rhofne, auec
fon armée, tout fon grand attirail, fes machines & Elephants.

Et lors que le Duc Guillemme conquift l'Angleterre, il fut
principalement foigneux, d'auoir & faire baftir des Nauii-
res de toutes fortes pour le tranfport de fon Armée auec
quantité de Charpentiers & de Charpenterie pour camper
fon armée eftant à terre, & pour paffer & repaffer les riuieres.

H

Nos Capitaines & maiſtres de Nauires qui vont à Lamont
& à Laual ne manquent iamais d'auoir des Charpentiers & de
faire porter en leurs grands Nauires des bateaux ou barques en
fagot pour les faire dreſſer incontinent ſelon les lieux , ou ils
veulent terrir & aborder , au moyen de quoy ils peuuent
ſe rafraiſchir, trocquer, traiſter, recognoiſtre & entreprendre
toutes terres.

Il ſe trouue des meilleurs Charpentiers du monde pour baſtir & conſtruire des Nauires de toutes ſortes, en prendre bien
le fonds , tant pour la marchandiſe que pour la Guerre, à Dieppe Honnefleur & au Haure, & de fort bon bois pour cet effect
aux Foreſts prochaines auec tout ce qui y eſt neceſſaire , d'ailleurs pour les equipper , appareiller & mette hors, & deſquels
le ſalaire, le trauail & les ouurages ſont reglez & moderez par
les Ordonnances , & entr'autres par l'Ordonnance de Henry
III. de l'an mil cinq cens quatre vingt quatre , lors que monſieur de Ioyeuſe priſt poſſeſſion de la charge d'Admiral ,
& generallement pour tout ce qui deſpendoit de l'Admirauté.

Car les premieres plus grandes & celebres dominations qui
ont commandé au monde ne ſe ſont pas ſeulement ſeruis puiſſamment de Nauires pour les entrepriſes : mais pour la deffenſe
& augmentation de leurs eſtats, à l'exemple des plus grands
Dieux qu'ils reueroient de leur temps leſquels en auoient a pris
l'vſage, l'art & le ſecret a leurs ſucceſſeurs; par le moyen duquel ils s'eſtoient eſleuez icy bas. C'eſt pour quoy antiennement
on ne faiſoit qu'vn ſacrifice au Dieu de la terre, & deux a celuy
de la mer : par ce que quiconque eſt maiſtre de la mer , l'eſt
auſſi de la terre : Pourquoy Ciceron loüa & approuua grandement la reſolution de Pompée de ſe fortiffier principalement
par la mer, & d'auoir quantité de bons Nauires, à l'exemple de
Themiſthocle, lequel reſtitua par ce moyen la Republicque

d'Athenes, & la rendit plus redoutable à ſes voiſins qu'elle euſt iamais eſté, comme nous le dirons cy apres.

Les Aſſiriens, Egiptiens, Perſes & Grecs, qui ſont les premiers Empires & Royaumes qui ont plus puiſſament commandé auant les Romains, ont couuert & planché de Nauires les mers, Ports & Havres de leurs eſtats pour le maintien & augmentation d'iceux: ſe remarquant qu'ils n'ont duré qu'autant de temps qu'ils les ont entretenus: dont les Roys d'Egipte entr'autres en ayant eſté les plus ſoigneux ont conſerué leur Royaume plus longuement. Cette grande Nauire de Philopator l'vn d'iceux, dont nous auons parlé cy deſſus eſt vne marque, euidente du ſoin qu'ils auoient de c eſt entretenement & du plaiſir qu'ils y prenoient, pour la conſeruation de leur Royaumes, Ptolomee Philadelphe ne le fut pas moins auſſi, lequel comme dit Athenee ſurpaſſa pluſieurs Roys en richeſſes & eſtoit fort ambitieux d'honneur & de toutes ſortes de hauts apareils. Il entretenoit de ſon temps deux grands Nauires chacun à trente ordres de rames vne a vingt, quatorze a treze, deux a douze, quatorze a vnze, trente a neuf, trente ſept a huict appellez Hepteres, cinq a ſix ordres de rames appellez Hexeres, & dix ſept a cinq appellez Quinquieremes, & des Nauires depuis quatre iuſque a trois ordres de rames, y en auoit le double, pour eſtre proches & les accompagner puis outre toutes celles cy, il y en auoit plus de quatre mille en Lybies, & aux villes pays de ſon obeiſſance toutes entretenuës, & vne flocte toute preſte aux coſtes du Royaume ſi d'auenture il ſe preſentoit quelque armée naualle comme raporte Herodote, iamais le peuple d'Iſraël n'a eſté plus puiſſant plus riche & en honneur que du regne de Salomon lors qu'il enuoya par mer, querir de l'or d'Ophir pourquoy il fiſt conſtruire & baſtir des Nauires au Golphe appellé Azion Gaber en Egipte.

Et iuſques à ce que les Romains en ayent faict faire & s'en

Herodotus. ἐπήρκεσαν, ὡς ἀκριβῶς ἐπιδεῖξαι dixit ἀπ' ἀκριβεῖ πλόον ἀσαρᾶ.

soient seruis ils ont esté plus de trois cents ans sans auoir poussé
leurs conquestes hors d'Italie : combien que leurs fondateurs
apres la destruction de Troyes y fussent premierement venus
dans les vaisseaux d'Ænee.

Mais enfin ayans apris l'vsage , & recogneu l'importance,
ils s'en seruirent & conquirent bien-tost la meilleure partie du
monde, y esleuerent leur Empire , & l'asseurerent par l'entretenement d'iceux : On en transfera mesme le Siege à Constantinople ville maritime pour le conseruer plus facilement & a-
uec plus d'auantage & de correspondance par cét ordre , qui le
fist aussi durer & subsister iusqu'à ce qu'il y manqua comme
nous dirons cy-apres.

C'est pourquoy il est necessaire en tout estat maritime, d'a-
uoir, entretenir & faire bastir des Nauires pour le maintien &
augmentation d'iceluy.

Themistocle voulant asseurer l'Estat de la republique d'A-
thenes, & preuenir les ressentimens que les Perses auoient contre les Grecs, qui les auoient fort battus & mal-menez, instiga
les Atheniens à faire ce grand Port de Pyrées , pour y poser à
l'ancre & faire plusieurs stations de Nauires de Guerre , y en
construire , & equipper vn bon nombre , & pour cét effect y
employer le plus cler de leur reuenu , mesme leur tribut prouenant de leurs minieres de l'Aurium, & pour donner courage
à vn chacun de s'y employer, fist affranchir les artisans , tant
forains, que habitans qui y trauailloient comme dict Dyodore Scicilien liure second , puis afin que ce bon ordre fust obser-
ué & de durée , leur donna aduis de faire construire & bastir
tous les ans, vingt Nauires pour suppleer au deffaut des vieils,
& que le nombre allast plustost en augmentant qu'en dimi-
nuant. Pourquoy les Grecs apres y establirent des Magistrats
selon la quantité des Nauires , lesquels auoient le soin de les
faire construire, radouber, entretenir & rendre prests & appa-
rendit

reillez aux occasions. Ce qui les fist tellement redouter & les rendit si riches & si puissans , que pendant qu'ils entretindrent cét ordre , Il ny eut aucune puissance laquelle osast heurter la leur qui ne fust brisée. Se fust aussi ce qui maintint si long-temps , le Royaume d'Egypte en richesses , puissances ,& authorité , ayants pour cét effect & pour sa garde ce grand entre-tenement de Nauires dont nous auons parlé cy-dessus , qui les fist durer iusques à Cæsar premier des Empereurs , sous la grandeur duquel toutes les plus hautes puissances de la terre furent abaissées ou abbatuës : se trouuant qu'enuiron ce temps-là du viuant de Ptolomée pere de Cleopatra , vn des Ports du Royaume valoit saize millions de reuenu par chacun an.

Dyodore au liure des successeurs d'Alexandre dict que pour la conseruation de Scicille, & empescher les incursions & des-centes , on y equippa cinquante Nauires à rames , & les Rho-diens au dire du mesme Dyodore liure vingt , en auoient aussi tousiours bon nombre pour leur garde , lesquelles estoient ap-pellées *Presidiaria* & en Grec φυλάκιας , & Tite Liue , *Presidia.* ^{Tit.li.} *ria Carthaginensium vbi , reseruerunt , confestim persecute* ^{in 3.}^{decad.} *sunt* , & le mesme en vn autre endroit *Inde Tarentum pro.* ^{lib 1.} *fectus in ipsis faucibus posuit Castra , & classis præterea data erat ad tuendam maritimam oram.* N'y ayant pas seulement des Nauires aux costes pour la garde d'icelles , mais à toutes les em-bouchures des fleuues & riuieres en la mer, lesquelles estoient bien armées & equippées en guerre de toutes sortes d'armes & de munitiós pour attaquer ou se deffendre fut de pres ou de loin, lesquels seruoient aussi non seulement pour cet effet, mais pour le conuoy , assister les Nauires marchans , ou conduire la proui-sion publicque, comme aussi on se seruoit quelquesfois des Na-uires de charge pour le seruice de la Guerre comme rapporte ^{Tit.li.} Tite Liue. *Naues quas Liuius habebat , iuuandis commeatibus,* ^{xini i3}

1

7. 3.
dicad.
Poly-
bus in *partim machinationibus, Onerat, aparatuque mænium oppugnan-*
dorum, partim tormentis, & faxis omnique miſſilium telorum ge-
nere inſtruit onerarias.

6.   La plus grande force des Carthaginois conſiſtoit auſſi en Nauires de Guerre, & en l'excellence de leur Port qui en eſtoit
touſiours bien fourny, mais auſſi toſt que Scipion l'eut abattu,
il enſeueliſt la Republique en ſes ruines, laquelle depuis ne s'en
peut releuer non plus que les Vandalles qui s'eſleuerent apres ſi
puiſſamment contre l'Empire Romain depuis qu'ils manque-
rent de Nauires, & que leur port d'Aldembourg au pays de
Vvandalie y fut ruiné.

  Et tout ce qui a mis autresfois en credit & reputation les
pays maritimes de Phenicie, Scilicie, Crette, Scicille & autres qui ont eſté en reputation, a eſté l'entretenement de la Nauigation & des Nauires.

  Iulle Cæſar comme nous auons dit cy-deſſus ayant acheué de
vaincre les Gaullois en Bretagne par des Nauires couuerts & de
diuerſes ſortes, qu'il fiſt baſtir à l'emboucheure de la riuiere de
Loire, luy-meſme y en fiſt le premier eſtabliſſement qu'il fiſt
entretenir aux deſpens des principaux, ce qu'il augmenta encor
de beaucoup ſur l'aduis que Craſſus luy donna de ce qu'ils vouloient encor remuer qui les maintint en obeiſſance tant que
cét ordre y fut obſerué.

  Auguſte Cæſar ſon ſucceſſeur ayant gaigné la bataille
Actiacque ſur la mer contre Marc Anthoine, dont il s'aſſeura
l'Empire ſe monſtra auſſi fort ſoigneux de l'entretenement des
Nauires en toutes les mers pour la conſeruation d'iceluy.

  Il eſtablit auſſi le premier deux grands Prefects ou ſurinten-
dans pres de luy qui en auroient le ſoin, l'vn pour l'Orient, l'autre pour l'Occident, & bien ſouuent luy-meſme y donnoit ordre & en reuoyoit l'eſtat qu'il en auoit dreſſé non ſeulement,
pour les coſtes de la mer, mais pour les fleuues & riuieres.

Thybere son successeur ayant acheué de conquerir l'Allemagne par la descente soudaine qu'il fist faire en Hollande
d'vne Armée naualle commandée par Germanicus, laquelle y
amonta toute fresche par les deux embouchures du Rhin, le
conserua aussi par l'establissement de Nauires, Havres & forteresses qu'il y fist construire & bastir ou il y auoit tousiours bonne Garnison, & vn General qui y commandoit : comme aussi a
Rauenne & a Missene ou Lucius Bassus du temps de Vitellius
apres auoir commandé à la Cauallerie, fut fait General des Ar- *Cornel.*
mées Naualles qui y faisoient leur principalle retraicte pour la *Tacit.*
garde & secours d'Italie & de l'Empire cóme le raporte Tacite. *l. 2. c.*

Il se lit aussi que Coranius qui commandoit a vne puissante *19.*
Armée naualle en la coste Balgique pour la deffense de l'Empire Romain, s'en rendit si puissant qu'il se fist Empereur &
regna deux ans.

L'Empereur Constantin diuisa la charge de ces deux pre-
teurs en quatre, à sçauoir deux pour l'Orient & Illiris, & deux
pour l'Occident, l'vn pour l'Italie & l'autre pour les Gaulles &
pays voisins, chacun desquels auoit plusieurs Officiers de la Marine sous sa charge. Il y auoit aussi tousiours de grosses Armées
naualles comme des gros de reserue pour le besoin & le seruice,
en outre plusieurs flottes establies en diuers Ports & Haures,
pour la garde & le secours, mesme pour apporter l'annone &
des commoditez en Italie.

On tient que Stilico Lieutenant de l'Empereur restitua entierement l'Empire par ce restablissement, sans lequel il s'en alloit entierement ruiné des ce temps-là, & par lequel il y fist des
merueilles en peu de temps qui le fit si bien exprimer en vers
au Poëte Auzone.

Les Empereurs Valentinian & Valens escriuans a Anxonius
præfet d'Orient luy recommandent sur toutes choses, le soin
de cet entretenement necessaire comme il se veoid plus au

long , *en la loy 1. C. de Classicis.*

L. 1. c.
de clas.
C. class.
Sila
cenam
aliaf-
que v.n
uerfas
ad off
cium
magni-
tudini
tua ob-
figni-
sur vo
lumus
perium
re, vt
claß-
cerum
name-
vm in
fenfiis
vel a-
crefcen
tibus
copiofa-
our, or
Zelenes
na ad
auxiliũ
purgã
di Oriẽ
tis a-
liafque
n:erßi
tates
ccmuij
Orien-
tis de-
paie-
tur.

Il y auoit auſſi touſiours vn grand nombre de Nauires pour cet effeCt au deſtroit de Gilbaltar en l'endroit appellé Septa , dont le chef eſtoit appellé Dux lequel y eſtoit pozé pour empeſ-cher la deſcente des François & Eſpagnols , ce qui ſe lit en la *L. 1. c. de off. præf. præt.* Suiuant ce qu'en eſcriuoit, l'Empereur Iuſtinian à Beliſſaire ſon Lieutenant en Affrique , & celuy qui eſtoit pour la principale garde de la coſte des Gaulles eſtoit appellé *Comes Litorü Britannici*, lequel auoit auſſi la garde de celles d'Allemagne & de Saxe, l'autre eſtoit appellé Dux fai-ſant ſon ſeiour a Boulongne lequel commandoit au pays Armo-ricain & coſtes Belgiques, que quelques vns ont dit commencer aux Rats de Bretagne, & comprendre celles de Normandie, Pi-cardie & Flandres. Car armor en vieil langage Gaulois comme il eſt raporté par Cæſar en ſes commentaires ſignifie bord de la mer , & ne faut interpreter comme quelques vns ont voulu que les Armoricains ſoient ſeulement ceux de Bretagne, ains ceux qui habitent ſur le bord de la mer.

Les fleuues & riuieres eſtoient auſſi gardez par des Nauires appellez Anderetiens ou fluuiaux, deſquels la charge eſtoit ap-pellée *Præfectura nauium Amnicarum* pour prendre garde, com-mander a certains endroits d'iceux dont la retraite & ſeiour du prefect qui en auoit le pouuoir eſtoit à Paris. Mais en fin l'Em-pire venant a ſon declin les Empereurs furent contraints pour empeſcher la ruine totalle qui le menaſſoit, d'entretenir vingt deux groſſes armees naualles ceſſant leſquelles il ne pouuoit plus ſubſiſter.

Mais enfin Charlemagne l'ayant recueilly & le premier baſty l'Empire d'Occident qui dure encor, fut à l'exemple des Empe-reurs Romains grandement ſoigneux de pouruoir de Nauires aux coſtes de la mer & à toutes les embouchures des fleuues & riuieres de France. Son fils aiſné auoit la garde de la coſte Belgique,

Belgique , ou il y auoit touſiours grande quantité de Nauires de
Guerre dont il faiſoit tous les ans la reueuë. Et Rolland ſon
nepueu auoit celle de Bretagne , & le ſurplus des autres coſtes
de la mer Oceane , dont eſtoit deſpendante celle d'Alemagne
& de Saxe, l'vne & l'autre ayant encor lors les meſmes limittes
& departemens que les Empereurs Romains y auoient eſtablis.
Mais ce Grand Empereur doutant que ſes ſucceſſeurs ne ſeroient pas ſi ſoigneux de cét entretenement neceſſaire, comme
il eſtoit requis,& craignant principalement la deſcente & des-
bordemens des Dannois Suedois & autres peuples du Nort ,
dont meſme il auoit eſté menaſſé par vn Roy nommé Geofroy,
de l'aller attaquer iuſques dans Aix la Chapelle il fieffa la Flandre , à la charge d'en auoir la garde, & d'empeſcher les inuaſions & deſcentes de ce coſté-la. Ce qu'il fiſt auſſi de Bretagne a
cette condition, *vt conſeruationi ſui atentius eſſent rem imperij con-
ſeruaturi ,* à l'exemple de l'Empereur *Alexander Seuerus.*

Pour le faiſt de la garde des coſtes de Normandie & de Pi-
cardie entre celles de Flandres & de Bretagne plus proche de
Paris. Il y fiſt pluſieurs fieffes de Terres & belles Seigneuries
pour cet effeſt a pluſieurs Seigneurs en diuers lieux le long d'i-
celles , à quoy furent auſſi aſſubiettis les habitans de la coſte de
la mer iuſques a demie lieuë d'icelle , pourquoy ils eurent de
grands Priuileges & exemptions. Ce que nous auons apris &
remarqué de pluſieurs ánciens tiltres des Seigneurs y ſujeſts,
auſquels nous auions enjoint de nous les apporter & faire veoir
en noſtre *Siege General* de l'Admirauté de la Table de Marbre du Palais , ſur quelque plainte que nous en auions receuë
pour y donner ordre & ſçauoir s'ils en auoient,ou faiſoient leur
deuoir.

Par les articles 7. 8. 9. 10. & 81. de l'Ordonnance de François I. de Féurier mil cinq cens quarante trois , & pluſieurs autres en ſuite de ſes ſucceſſeurs,l'Admiral en temps ſuſpeſt &

K

de Guerre peut deux fois l'an faire faire la monftre a tous les
hommes & habitans dans la demie lieuë & hors de la cofte de la
mer pour s'en feruir à la deffenfe fi le cas le requiert, & les contraindre d'eftre armez d'armes à feu & autres comme il a partient, & leur faire faire le guet auec tel nombre d'hommes y
fujets qu'il aduifera bien eftre : à fçauoir de iour par fumee &
de nuict par fignes de feu , eftant tenu de vifiter ou faire vifiter
chacune cofte afin de fçauoir & entendre le deuoir qui s'y fera
pour y pouruoir à qui que foient les terres , afin qu'aucun in-
conuenient ny furprife y aduiennent , & auffi que les droits de
Guet par ceux qui y font fubiects fur la cofte , foient payez en
temps de Paix audit Admiral : Mais les faifans en temps de
Guerre ou fufpect ils n'en doiuent rien , & neantmoins toufjours doiuent eftre bien armez d'armes à feu & autres neceffaires pour la deffence, & y à plus de 7500. hommes enrollez d'â-
tienneté ou qui le doiuent eftre, qui doiuent ce feruice fur la cofte de la demie lieuë depuis Callais en Picardie, iufques au mont
S. Michel en la Bafle Normandie. Lefquels antiennement a-
uoient de grands Priuileges , & eftoient exempts de logements de gens de Guerre.

DES ANTIENS VOYAGES DE LONG COVRS

TRAFIC EN ICEVX, ET DE L'Abus qu'il y à au prejudice de la France.

CHAPITRE III.

AVANT la defcouuerte des Indes, du Peru, du Brezil, & de la nouuelle France, nos antiens voyages de long cours fe faifoient feulement en Allemagne, d'Anemarc, Suede, Pologne, Mofcouie, Norturge, Italie, Venize, Genes, Arragon, Cathalongne, Valence, Ifles de Maiorque, & Minorque, Sardagne, Corce, Naples. Cicille cofte d'Egypte, Candie, Rhodes, Conftantinople, Efpagne, Portugal, Barbarie, Fez, Marroque, puis aux Ifles de Madere, Canaries, Açores, Cap de verd, Riuieres de Senega, Gambie, coftes de Guinée & diuers pays Ifles & deftroits recognus d'antienneté, tant en la mer Occeane que Mediterranée, en Europpe, Afie, & Affrique ny ayant que peu ou point de Roys, Princes, Potentats ou Republicques fi inhumains & Bar-

bares de ce temps-là, qui empeschaffent la liberté de Nauiger
& traficquer en aucun lieu du monde : Car la bondance des
commoditez d'vn pays fubuenant au deffaut des autres, par le
moyen de tels voyages comme par lignes de communication ou
veines neceffaires au corps de l'Eftat de ce monde, non feulement pour la nourriture & entretien des hommes : mais pour le
befoin contentement forme & perfection de la vie ciuille & de
la foccieté humaine, au contraire a fin que tant de diuerfes nations & peuples eflongnées, differétes de Loix de mœurs polices
& Religion, ne décordaflent en ce trafic Maritime voitures af-
frétemens & transports de marchandifes. Tout ainfi comme
autresfois les Empereurs Romains reftituerent les Loix Rho-
diennes pour regler les effects en la Nauigation, & du commerce de tout le monde, ainfi articles furent arreftez, faicts lire, iurer & publier dés y a plus de fix cents ans par la plus grande partie des Roys, Princes & Republicques de l'Europpe, de l'Afie &
de l'Affricque ; tant Chreftiens que Payens pour la liberté &
reglement du trafic Maritime. Premierement à Rome dans
Sainct Iean de Latran l'an mil foixante & quinze, apres les Ca-
lendes de Mars, & auffi toft en diuers endroits de la Chreftienté & hors d'icelle, puis Louys le Ieune Roy de France, ne fe con-
tenta pas feullement de l'auoir ainfi faict faire & publier en
fon Royaume, fift auffi le femblable aux principaux paffages
de Hierufalem l'an mil cent vnze, ce qui fut pareillement fait
vn an apres aux Ifles de Maiorque & Minorque, comme a Pife
l'an mil cent dix-huict, a Marfeille en l'Hofpital au mois
d'Aouft en la mefme année puis en diuers endroits, par le Conte de Barcelonne, & ceux de Genes l'an mil cent foixante &
quatorze & mil cent quatre-vingt fix, à Brandy par vn Duc
Guilleaume vn an apres, à Rhodes par le grand maiftre mil
cent quatre vingt dix, en la Morée par le Prince d'icelle, l'an
mil deux cents, à Conftantinople l'an mil deux cents quinze, en
Allemagne

Allemagne par Federic en l'an 1224. à Paris par le commandement du Roy , en la presence du Conte de Beaumont ayant pouuoir de Sa Majesté pour sa maladie ; ou assistoient plusieurs Cheualiers Templiers & l'Admiral du *Leuant* l'an 1250. & encor vne autre fois par l'Empereur Constantin , l'an mil deux cens soixante & dix , plus finalement par la mesme mer par Frederic Roy de *Cypre* , & *Iacques* Roy d'*Arragon* en leurs Estats & aux *Isles* de *Maiorque* , *Minorque* & autres sur la *Mer Mediterranée*. Ce qui se void en vn traicté intitulé , *Il consolato del mare* en langage Italien Imprimé à *Venize* l'an 1576. & en plusieurs autres antiens Liures & Traictez Italiens qui regloient le trafic maritime auec les principalles villes de l'Europpe, de l'Asie & de l'Africque, lesquels decidoient & regloient les differens qui en pouuoient naistre par le consentement les vns des autres, & par l'approbation & authorité de leurs Roys, Princes, Republicques & Superieurs, ce qui se veoid aussi en vn autre liure manuscrit Italien , estant en la Bibliotheque de *Florence* intitulé , *Il Tratato de li Trafics* , lequel nous fut enuoyé par le Grand Duc de *Florence* en nostre siege General de l'Admirauté de *France* à la Table de *Marbre* du *Pallais* à *Roüen* , sur l'occasion d'vn grand different d'interest de plus de deux millions qu'il y auoit entre luy , ceux de *Sicille* , *Naples* & plusieurs *Isles* & villes d'*Italie*, pour ne leur auoir fourny & liuré grande quantité de *Bled* qu'il leur auoit promis sur la fin de l'annéé mil six cens sept, ce qui ne se peut à cause de la glace qui suruint durant le grand Hyuer, aux ports & Haures de *Roüen* , *Honnefleu* & le Haure de *Grace* en *Normandie* , qui empescherent que les maistres de Nauires Flamens & autres qu'il y auoit afretez n'en peussent partir, duquel interest neantmoins suiuant la teneur & practique desdits liures luy & sesdits maistres & Capitaines de Nauire furent desf-

L

chargez par Sentence du mois de Iuillet audit Siege a mon rapport.

En mil six cens huict suiuant les articles contenus ausdits deux liures, lesquels regloient des ce temps-là tout le trafic maritime d'Asie, d'Afrique & d'Europpe.

Ils traficquoient librement d'vn commun consentement & accord les vns auec les autres, & par mesmes reglemens, de tout ce qui despendoit de la Nauigation & du commerce comme estant du droit des gens, ce qui auoit aussi esté tousiours pratiqué, ainsi iusques a ce que soubs Ferdinand Roy d'Arragon, & Ysabelle Reine de Castille son espouze, l'Espagnol ayant entrepris la Nauigation des Indes Occidentalles, par la descouuerte qu'en fit Christophle Colonb Genois, il commença de s'en preualoir, d'en vouloir seul tirer tout le profit, & de l'empescher aux autres a cause de la grande quantité d'Or, & d'Argent, de Perles, de Cuirs, Cochenille, sarsepareille, Bois de Brezil, Sucres, & diuerses autres richesses qu'il en tiroit. Qui luy donna bien tost moyen d'entreprendre la Nauarre plusieurs pays & villes en Italie, de chasser les Mores de Grenade, & la hardiesse de prendre le nom & Eloge de Catholique pour contrecarrer celuy de tres Chrestien, fauorizé du Pape qui estoit lors.

Mais François I. voyant que le grand progrez, & subit auancement de ce nouueau Catholique procedoit des effects de cette Nauigation, & qu'elle fournissoit à l'apointement des entreprises ambitieuses de l'Empereur Charles 5. son successeur il en voulut auoir sa part, & fit faire & equipper plusieurs fois diuerses sortes de Nauires, & flottes les vns pour y aller, & les autres pour la Floride & Canada cherchant passage pour aller en la mer du Sud, puis fit faire & publier les plus belles ordonnances de la Marine qui eussent oncques esté faictes pour cét effect

aux années mil cinq cents dix-sept , mil cinq cents trente-sept,
& mil cinq cents quarante trois , desquelles depuis on a com-
pillé l'Ordonnance de Henry III. de l'an mil cinq cents quatre-
vingt quatre, afin d'estre bien armez, & equippez, en Guerre
lors que l'on alloit sur la mer & principallement en telles routes,
qui sont proprement les voyages Modernes de long Cours
qu'on appelle de l'Amont & de l'Aual , pour les Indes Orientalles , Occidentalles Brezil & Canada afin d'auoir par la force ce
que par raison & amitié l'Espagnol ne nous vouloit accorder,
& de prendre & amener les Nauires, & marchandises qu'on
trouuoit au de la du Tropicque , de Cancer vers le Sud , & du
Meridien , des Acores vers l'Ouest qu'on appelle au de la des
amitiez comme pris en guerre & par la force.

Louis XIII. en a fait publier & arrester encor d'autres plus
precises & necessaires en l'année mil six cents vingt-neuf, &
heureusement fait mettre en pratique & execution par le Conseil de la Reyne son espouze a present regnante comme les autres plus grandes & importantes affaires du Royaume, laquelle
recognoissant bien par la surintendence de la Nauigation & du
commerce qu'elle a daigné prendre l'importance d'icelle au
Gouuernement de l'Estat, la voulu aussi en ce faisant pour fauoriser & augmenter nostre commerce nos traictes, & voyages de long Cours , tant de l'Amont que de l'Aual : pour l'importance desquels , les Capitaines & Maistres de Nauire souloient en prendre les congez , qu'on appelloit grands congez,
entre les mains de l'Admiral qui estoit le chef & surintendant
de la Nauigation , dont l'Admiral de Ioyeuse fut le premier,
qui en enuoya de signez en blanc, de luy à Monsieur de la Mail-
leraye vice Admiral de France, resident en Normandie, afin de
les distribuer luy mesme aux Capitaines de Nauires qui alloient
en Espagne, Italie & autres traictes cy-dessus declarez, qu'on
nomme aussi a present encor voyages de long Cours, mais par

les mefmes lettres, lefquelles en furent enuoyées & regiftrées en
l'Admirauté de France au fiege General de la Table de Marbre
du Palais à Roüen le vingtiefme Iuin mil cinq cents quatre
vingts cinq , il fe referua de bailler par fes mains, ceux de l'A-
mont & de l'Aual pour les terres nouuellement defcouuertes,
comme les plus importans neantmoins les Admiraux qui font
venus apres , & Monfieur le Cardinal de Richelieu grand maiftre furintendant de la Nauigation , & du commerce qui fucce-
da en leur place, pour la facilité du trafic, & de tels voyages en
ont depuis enuoyé en blanc fignez, deux a leurs Receueurs &
autres perfonnes confidens qui refident aux Ports & Haures,
pour les y diftribuer aux Capitaines & Maiftres de Naui e qui y
vont comme il fe pratique encor a prefent, pourquoy i'en infe-
reray la teneur à la fin de ce Chapitre, & mefme des autres
moindres que nous foulions bailler fous noftre nom & des
cognoiffements que les maiftres de Nauire baillent aux
marchans des marchandifes qu'ils mettent en leur bord , a-
fin d'en faire mieux veoir & entendre la pratique à ceux qui ne
la fçauent.

Mais puis que les plus grands & fignalez voyages de long
Cours qui vont aux Indes Orientalles , Occidentalles , Brezil
& Canada ont efté trouués depuis les autres, nous en parlerons
aux Chapitres fuiuans.

Et continuerons en cettuy-cy comme des plus antiens. Pourquoy il eft remarquable , que la France n'a pas efté feulement
le premier & principal Royaume de l'Europpe & de la Chreftienté , pour fon antiquité, dignite & excellence. Mais
pour la foifon & abondance de toutes chofes neceffaires en
la vie humaine qui s'y trouuent tant par mer que par terre , & pour la commodité des bons Ports & Haures celebres
qui y font , aux mers Oceane & Mediterranée, defquelles elle eft bornée en la plufpart pour facilement faire le tranf-

port

port de l'excedent de ſes commoditez en toutes les diuerſes
parties du monde , & en raporter d'autres en eſchange ſelon
le beſoin & les aduis , tant en Alemagne , d'Anemarc, Suede, Nortuege, Pologne, Moſcouie, que Italie, Eſpagne, Portugal , Barbarie , Iſles de Canarie, Madere, Acores, Cap
de Verd , Riuieres de Senega Gambie, Coſtes de Gujnée, &
autres d'Africque dont nous auons parlé ſommairement comme en paſſant, & commençerons par l'Alemagne, les François & Allemans ayans eſté de tout temps voiſins & bons
amis.

On tranſportoit en Alemagne , du Bled, du Vin , du Poiſ- *Trafic
ſon ſallé , verd & ſec , des Figues, du Raiſin , de l'Huille *en A-
lema-
d'Oliſ, des Oliues, de pluſieurs ſortes de Graines pour la tein- *gne.*
ture , des excellens fruicts ; prouenans entr'autres des Prouinces de Prouence & Languedoc , des Eſpiceries & autres
commoditez que nous tirions de Marſeille & des Mers de Leuant ou lors les Alemans n'alloient non plus que les Anglois,
& Hollandois , au lieu de quoy nous en raportions , Or , Argent, Fer, Cuiure, Plomb, Vitriol, Alun , Vif Argent, diuerſes ſortes de couleurs ; Bombazins, Fuſtaines, Mercerie,
Suif, diuerſes ſortes d'Armes & autres onuráges de fer & d'Ai-
rein , bien eſlabourez & artiſtement faicts & compoſez.
C'eſt le trafic que nos anciennes Ordonnances diſent auec ceux
de la Hance Theutonique : Car Hance en vieil langage
François ſigniffie Alliance , eſtant notoire que de tout temps
les François & Allemans ont eſté Alliez, & quaſi d'vn meſme
naturel & mœurs ſemblables, pour viure trafiquer & ſe maintenir enſemble contre les autres peuples plus cauteleux &
malins , & pour empeſcher les efforts & ſourdes menées de
la Société Anſeatique pour les Indes Occidentalles , que le
Roy d'Eſpagne s'eſtoit efforcé de faire contracter depuis quelque temps, ſuiuant le premier deſſein de l'Empereur Char-

M

les le Quint fur la mer Baltique , & qui eftoit afin en effect de nous en priuer & tous autres referué ceux qu'il luy plairoit , pour en tirer feul les principaux effects, aux defpens mefme de fes affociez, faifant comme le Cinge tirer les marrons de la Patte du Chat.

Trafic et d'Anemarc & Nortuege. On tranfportoit de France en d'Anemarc & Nortuege du Vin , des Figues , du Raifin , des pruneaux, des Efpiceries, derrée & drogues du Leuant, des Caftelongnes, mantes, Chappeaux, bonnets, Mitaines de Laine, & de la Mercerie. On en rapportoit, fuft pour la France ou les pays & Prouinces voifines, Orge, Malt, Merluz, Suif, Auelanes, Pelleterie, Cuirs de Bœufs , de Boucs, & de Cheures Mafts, Bois & Planches pour baftir des Nauires & autres fortes de Baftiments, Poix Dure, & Liquide , & autres commoditez.

Trafic en Suede. On tranfportoit de France au Royaume de Suede les mefmes chofes qu'on faict en d'Anemarc , on en rapportoit quantité de Cuiure , en quoy il abonde, du Fer, du Plomb des fourrures pretieufes , peaux d'Elancs , de Bœufs , de Boucs & de Cheures , Suif , poix Liquide , Orge ; Malt, Anclines & autres commoditez , fut pour la France ou autres Pays, aufquels les François faifoient diuers reftes en leurs voyages, ce que font apprefent les Hollandois.

Trafic en Polongne & Mofcouie. On tranfportoit en Polongne & Mofcouie des Vins, des Efpiceries , du Sel, de l'Huille & autres commoditez , ou en rapportoit pour la France de diuers lieux, fourment & autres grains , Sauon , Ceruoize, de Danzic, Ambre Iaulne , Cyre, Miel, breuage fait de Miel, Cuirs de Bœufs fecs & fallez, Lin, Chambre, poix dure & liquide Cendres Clauelées , bois à Menuifer & Tonneler, & autres derrées femblables.

Danzic en eft le principal Haure, & la plus celebre Ville de trafic.

La Nauigation & le commerce des François auec les peuples

de ces trois Royaumes de Danemarc, Suede, Polongne & ceux de Nortuege, *Moscouie* ont esté aussi de longue antiennete, & est le trafic que nos Ordonnances de la Marine permettent & authorisent auec les Anstrelins.

On transportoit selon les aduis & le besoin en Italie, Pays, *Trafic en Ita-lie.* Villes, Isles cy-dessus de la mer Mediterrannée & destroicts d'icelles des Bleds, des chairs sallées, du poisson sallé verd & sec, puis passant plus outre en Alexandrie d'Amiete ; grand Caire, Constantinople, & autres Ports & Haures celebres des mers de Leuant, sous la Domination de l'Empereur des Turcs se faisoit le transport de quantité de belle drapperie d'Escarlatte & draps de seau & des Bonnets de laine, Toilles fines & ouurages desquelles marchandises la pluspart & mieux estimée, estoit faite à Roüen.

On en rapportoit Soye, Veloux, Satin, Damas, Taffetas, Bombazins, Grosgrains, Estamettes Rasse, Fustaines, Passements, Tapis de Turquie & de Perse, Toillettes, peaux de Cheures foureures à faire manteaux, de belles armes, fil d'Or & d'Argent, vaisselle, & verres de Christal, glaces de Venize, Marbre, Iaspe, Porphire, Ris, Souffre, Cotton & Alun, Noix de galles, Safren, Espiceries, drogues medecinalles, Muscadelle, excellents vins de Grece & de Candie, Chorinthes graine d'Escarlatte, Perles, Pierreries & autres Richesses de l'Orient.

*M*ais d'autant que l'Italie & les autres pays, Isles & terres bornées de la mer Mediterrannée destroicts d'icelle & mers du Leuant qui ont esté autres fois des plus subiectes a l'Empire Romain sont maintenant reduites soubs tant de Roys Princes Seigneurs tant Chrestiens que autres, nous n'en ferons autre detail en ce discours & ne l'augmenterons de ce qu'elles produisent chacun en particulier, attendu mesme que les marchandises qu'on en rapportoit le plus souuent n'estoiét prises, chargées

ny traictées aux lieux ou elles auoient esté faites ou produi-
tes : mais aux villes & Haures ou l'on en faisoit le transport &
ou en estoit la plus grande estappe ausquels les Capitaines &
Maistres de Nauire estoient obligez de faire leurs restes, leur
charge & descharge suiuant leur ordre & charte partie passée
entre les marchands affreteurs & eux.

Car il est certain auant que les Portugais eussét trouué la route par le Cap de bonne esperance aux Indes Orientalles, & que
les Anglois & Hollandois les y eussent suiuis, les François entre
autres ceux de Marseille traficquoient fort en Italie d'où ils rapportoient les espiceries, par les pierreries, Soye & autres richesses & commodités qu'on auoit transportées par la mer Rouge, de laquelle apres on les tiroit par voictures, charroy ou par
terre ou sur des chameaux au bord de la mer de Leuant, comme
l'on faisoit en pareil de la mer Indienne & de l'Isle Dormus, ou
est ce grand abord & estappe de trafic de toutes sortes de marchandises des Indes Orientalles qu'on en tire encor par ce destroict par l'Euphrate, & le Tigre dont la descharge se faict à
Bassora, puis on les transporte en Alep, Damas, Barati ou Baruth & autres lieux despendans de l'Empereur des Turcs & du
Roy de Perse, d'où on les transportoit apres par les mers de Leuant qui faisoit faire entre autres vn grand trafic a ceux de Genes, & qui apporta vn merueilleux accroissement a leur Republique.

Il seroit bien à propos & vtille pour la France de restituer
cét antien trafic du Leuant. Ce fut pourquoy Henry le Grand,
estant aduerty des entreprises que l'on y faisoit en escriuit ver-
tueusement a Sultan 3. En l'année 1602. lequel luy satisfit par
les siennes de l'année suiuante, & par vn Ambassadeur qui luy
enuoya exprés pour la continuation de la liberté du trafic des
François au preiudice de tous autres, aux pays & terres de sa
domination, neantmoins depuis les Anglois & Hollandois
n'ont

n'ont ceſſé d'y entreprendre, voire d'y auoir & entretenir des Agens & prepoſez pour cet effeſt ; leſquels y ont enfin pris le nom & tiltres d'Ambaſſadeurs qui leur donne moyen d'en rapporter les Soyes , non ſeulement ouurées, mais à ouurer, qu'ils nous rapportent apres ouurées auec les plus rares & riches derrées de ce pays-la cacheés en de gros balois deſguiſez & marquez , d'autre marque de marchandiſe de moindre valeur & plus encombrantes, pour frauder les droiſts du Roy. Ce qui n'y a pas ſeulement ruiné noſtre trafic, mais la doüenne de Lyon , & les droiſts que ſa Maieſté leuoit de ce coſté la. Car auant qu'ils y allaſſent encor que ceux des Villes d'Italie euſſent entrepris la manufaſture des Soyes de Turquie & de Perſe, & qu'ils payaſſent les impoſts de dix pour cent à l'Empereur des Turcs, chacun d'eux à l'Ambaſſadeur de Conſtantinople & conſulats de Syrie : puis encor, la Gabelle & impoſt des Princes d'Italie ou elles ſont miſes en œuure : neantmoins, on ne laiſſoit pas de payer ceux du Roy pour celles qui paſſoient en ſon Royaume tant à Marſeille , Lyon que autres lieux & paſſages.

Depuis vingts cinq ans auſſi le Roy Louys XIII. pour les meſmes raiſons de ſes predeceſſeurs afin d'y reprendre & reſtablir cet antien commerce enuoya le ſieur de Sainſt Menein vers le Roy de Perſe pour auoir & entretenir des faſteurs & Correſpondans François a Baſſora Alep & autres lieux de ce ce pays la auec ceux de Marſeille.

Du commencement & des y auoit long temps on tranſpor- Trafic toit de France en Eſpagne, & Portugal, Bleds, Toill. s. Sar- *de Fran-* dingnes, poiſſon ſec & ſalé, Mercerie, Quinquaillerie, Pa- *ga &* pier, Cartes & autres commoditez d'où on rapportoit, Vins, *gal.* Huilles d'Ollif, figues, Raizin, Olliues, Citrons, Oranges, Confitures, Ris, Rigollice, Liege, fer, Acier, Armes, Soye, Laines, Agnelin & de l'argent pour du Bled, qui nous

N

faiſoit neantmoins communiquer , trafiquer & viure ſociable-
ment les vns auec les autres.

Mais depuis la deſcouuerte des Indes Orientalles , Occidentalles & du Brezil , qu'on en a raporté des Cuirs , de la
Coſſenille , du Bois de Brezil , de la Caſſe caniſiſte , des Eſpiceries , du Sucre , des drogues à teindre & medicamenter des
Dyamants , des Rubis , des Perles & toutes ſortes d'Eſpiceries , Or , Argent & autres richeſſes en abondance. Ce qui
commença du regne de Ferdinand Roy d'Arragon , & d'Iſa-
belle Reyne de Caſtille ſon Eſpouſe , ſous leſquels Colomb Genois deſcouurit les Indes Occidentales , par leur ordre & equipage de Nauires qu'ils luy baillerent, & les Portugais par celuy
de leurs Roys les autres pays de ce Vaſte & Galbe vniuers qui
eſtoient incognus , dont principallement l'Eſpagne enfin s'e-
ſtant parée & emparée des richeſſes, abondance & ornemens
de ces nouueaux mondes vn chacun luy fiſt l'amour quelque
noire qu'elle fuſt l'alla voir & luy porter encor de ce quel auoit
de meilleur pour la nourrir , veſtir & entretenir plus ſuperbe-
ment, vne plus grande abondance attirant l'autre.

Cela neantmoins en ayant communiqué des effects au commencement en France tant que de ce temps la il y eut pluſieurs
Eſpagnols , leſquels familiariſent auec les François s'y habitue-
rent , s'y marierent & faiſans vtillement leur trafic & debit de
leurs riches & rares marchandiſes y ont fait & laiſſé de bonnes
& riches maiſons & familles , qui donna auſſi occaſion a pluſieurs François de ce temps la , de s'eſtre pareillement enrichis
& augmentez auec eux. Ce qui ſe faiſoit au commencement
par bons & reciproques traictemens & impoſts moderez de
part & d'autre , ſans les auoir par les mains ſanglantes des
extraordinaires impoſts d'entrée & de ſortie , comme il ſe
fiſt & pratiqua depuis.

Mais les Roys d'Arragon de Caſtille , Portugal & d'Angleterre par monopolle & intelligence entr'eux estant ialoux de ce trafic, qui se faisoit au commencement par grande quantité de Nauires François qui nous en faisoient auoir bonne part, firent deffenses de freter aucuns Nauires estrangers de tirer ou emporter aucunes marchandises hors de leurs pays & specialle-ment aux François sans leur congé, a peine de consiscation de leurs Nauires & marchandises. Le semblable fut faict aussi incontinent apres par les Roys Louys XII. qui estoit de ce temps la & principallement par François I. qui luy succeda lequel par ses Edicts de l'an 1517. 1537. & 1543. ordonna aux François de bien armer & equipper en Guerre leur Nauires en effect pour en aller querir & prendre leur part au de-la de la ligne sur les lieux comme les Espagnols , ou ils auoient autant de droit qu'eux.

Pourquoy le Roy Charles IX. ayant veu le desordre estran-ge qui continuoient au commerce d'Espagne, par les Imposts extraordinaires sur les marchandises, & empeschement de les charger dans les Nauires François qu'en hayne des prises qu'ils faisoiét au de la de la ligne pour auoir leur part des richesses du Peru & du Brezil, fut contraint par Edict publié au Parlement de Paris, le 26. Aoust 1567. d'ordonner que les estrangers se-roient traitez en ce Royaume de la mesme sorte que les Fran-çois l'estoient au leur, neantmoins l'abus en estant venu à vn tel point que la Nauigation Françoise, s'en alloit entierement ruinée par les Guerres Ciuilles du temps de Henry III. puis par celles de la ligue de celuy de Henry IV. lequel ayant faict la paix, & veu que les grands Imposts du Roy d'Espagne rui-noient nostre trafic & Nauigation il le fit deffendre, puis remet-tre à la priere de Monsieur l'Admiral par la relasche de ses im-posts dont les lettres en sont registrées en l'Admirauté au Siege General de la Table de Marbre du Pallais le 13. Septembre 1599. A quoy depuis le Roy d'Espagne ayant encor contreue-

.nu, le Roy reitera les mesmes deffenses pourquoy ledit siege de l'Admirauté en ayant conferé en la Cour, le 7. Aoust 1601. il fut arresté que les marchands François estant en Espagne seroient aduertis de se retirer & depuis la prouision en fut leuë au Siege General de l'Admirauté suiuant les lettres particulieres de sa Majesté à Monsieur de Montpensier Gouuerneur. Neantmoins le Roy d'Espagne estant afriandé & desirant sur tout par ce moyen ruiner nostre Nauigation, il s'aduisa d'ordonner la leuée des trente pour cent, pourquoy le Roy y deffendit derechef nostre trafic, mais le Pape y interuint qui fist que le Roy en leua les deffenses, au moyen de l'impost qu'en abatit le Roy d'Espagne, pourquoy les lettres Patentes du Roy en furent leués au Parlement de Paris, le 22. Nouembre 1604. & registrées le traizième May 1605. en l'Admirauté de la Table de Marbre du Pallais à Roüen le 20. Février 1607. il fut continué suiuant les Lettres de Monsieur l'Admiral, deffenses à tous Capitaines de Nauire & compagnons de faire seruice aux Princes Estrangers.

Puis apres le deceds de Henry IV. estant arriué, il y eut vn tel desordre & entreprise au faict de la Nauigation Françoise en la France mesme, que nous fusmes contraincts d'y donner reglement en l'Admirauté d'icelle au siege General de la Table de Marbre du Pallais à Roüen.

Sur la Requeste presentée par les maistres & Capitaines de Nauires François le 3. iour de Iuin 1617. par la deffence a eux faictes de charger des marchandises sur les Quais de Roüen, dans les Nauires Estrangers tant qu'il y en auroit de François, ce qui leur fut accordé, & permis d'vser de pareils traictemens à l'aduenir auec les Estrangers qu'ils faisoient auec eux, dont y ayant eu appel en la Cour par Arrest contradictoirement donné en Audience, Oy monsieur le Guerchois pour monsieur le Procureur General du Roy, le reglement en
fut

fut confirmé contre lefdits Eſtrangers, le dixiéme defdits mois
& an, lequel fuſt trouué ſi iuſte & raiſonnable, tant au
Priué Conſeil du Roy, qu'aux Parlements de Bordeaux & de
Rhenes & autres, toſt apres il fuſt obſervé aux occaſions
qui s'en preſenterent, & en fuſt ainſi vſé & practiqué par tous
les Ports & Haures de France, qui nous maintint encor noſtre
nauigation.

Mais puis que nous auons parlé ſur cette rencontre d'Eſpagne du deſordre & de la ruine de la Nauigation Françoiſe nous
dirons en paſſant quelque choſe d'vn abbus ſur la terre, qui va
inſenſiblement à la diminution de la France & à l'aduantage
d'Eſpagne. C'eſt que la deſcouute te des Indes, le Peru des
Eſpagnols eſtoit en France par la Nauigation & le trafic les vns
auec les autres : mais maintenant les plus pauures & miſerables
des François, le trouuent par la terre en Eſpagne à la diminution de la France : Car pluſieurs pauures François apreſent
paſſent, & ſe retirent facilement en Eſpagne de nos Prouinces
voiſines d'icelle pour leur pauureté extreſme, & euiter aux
grandes Tailles & Impoſts de France, qui les fait faire migra-
tion ſe marier, baſtir & y fieffer des maiſons & des terres a bonnes conditions & pour peu de choſe leſquelles ils y labourent
mainbonniſſent & augmentent. Ce qui y faict maintenant recueillir de bons bleds, & ſortir de l'eſtoc des François originaires, grand nombre d'Eſpagnols & tres-affectionnez a l'inthereſt public d'Eſpagne, par celuy de leur particulier. Telle maniere de peuple & ſimples gens oublians facilement l'affection
& le deuoir a leur pays natal, pour iouyr du bien preſent d'vn
autre & l'aſſurer a l'aduenir a leur femmes, familles & enfans
en Eſpagne. Deſorte que par ce moyen le Roy d'Eſpagne, ſup-
plée aux deux plus grands deffaux de ſon Eſtat, qui ſont
d'hommes & de bleds, & ne doit plus auoir les apprehenſions
qu'auoient Charles V. & Philippes II. ſes predeceſſeurs qui crai-

gnoient fur toutes chofes que pour le peu d'Efpagnols naturels
qu'il y auoit en Efpagne & pour la fterilité de bleds d'icelle, ils
l'abandonnaffent & desbordaffent aux Indes puis par ce moyen que les Morifques & Mefcreans qui y habitoient qui y
habitoient des y auoit long-temps en demeuraffent maiftres,
lefquels ayans efté entierement, chaffez, banis & degradez
aux années 1609. & dix foubs Philippes III. cela à grandement
affeuré & fauorifé cette habitude & peuplement de François en
Efpagne pour la nourrir, deffendre fournir & repeupler d'hommes propres au labourage , naturellement plus vaillans a la
guerre & meilleurs Catholiques que les Efpagnols, qui fait que
les terres y en font a prefent grandement peuplées & qu'il s'y en
retire grande quantité aux villes & tant que des y a long-temps
m'en informant i'ay trouué qu'en la feulle ville de Seuille il y
auoit plus de foixante maiftres Chappelliers François, & qu'il
ny en auoit pas fix Efpagnols, que les villes des Royaumes de
Valence & d'Arragon entre autres eftoient fournies, vne
bonne partie de François qui s'y Efpagnolifoient comme les
autres pour leur inthereft particulier & exercices de leurs me-
ftiers, & nous en France auons en efchange quelques riches Efpagnols ayans leur cœur & inthereft en Efpagne, qui traficquent en gros aux Haures principalles villes de trafic & marchandife qui en tirent auec quelques facteurs & Commiffionnaires François qu'ils y ont tout le profit , & pour peu de chofe
le fait paffer en Efpagne, y eftant fauorifez des impofts & dont
eux & leur compagnies en payét beaucoup moins que les François lefquels n'en peuuent enuoyer aux Indes comme eux, ou en
eft le plus grand profit.

Tellement qu'il n'y a plus que telles gens qui y gaignent:
mais auffi pour dix mil efcus qu'ils y profitent de la forte , il en
font perdre a gaigner plus de deux cents mil aux François qu'ils
font profiter aux Efpagnols: Et outre par ce moyen ruinent in-

senfiblement noftre trafic & Nauigation, tirent fubtillement &
à bon marché nos commoditez, & enrichiffent nos voifins à noftre dommage & à noftre veuë , font tenir fubtilement l'argent pour la folde des Garnifons de Flandres , & des pen-
fionnaires d'Efpagne, & donnent les plus certains aduis des
occafions de nos troubles , & mefcontentements de nos
Princes & peuples qu'ils obferuent d'autant plus foigneufement qu'ils y font intereffez en leur particulier , & qu'aux
premiers mouuements, on fe faifit de leurs effects & marchandifes.

C'eft pourquoy fi nous auions la paix en France & en la
Chreftienté afin que le trafic y fuft libre , il feroit expedient
comme i'ay dict cy-deffus , & qu'ils eft pratiqué autrefois en
l'Europpe , en Afie & en Affrique , que tous les Roys, Princes, Potentats & Republiques qui y dominent s'en accommo-
daffent & demeuraffent d'accord enfemble, comme il fe void
qu'ils firent autre fois par les deux liures remarquables en
langage Italien , l'vn intitulé *Il Tratato de li Trafici* , &
l'autre , *Il Confolato del Mare* , que i'ay remarquez cy-deuant.

Le trafic pareillement & de mefmes chofes qu'en Efpa- _{*Portu-*}
gne s'eft exercé & à efté de long-temps en vogue entre les Fran- _{*gal.*}
çois & Portugais : pourquoy on difoit que Portugal eftoit ain-
fi appellé *Quafi Portus Galliæ* ayans mefme les vns & les autres toufiours efté bons amis , & on tient que le Port de l'Ifle-
Bonne, approchant de l'emboucheure de la Riuiere de Seine,
ou les marchandifes de France qu'on tranfportoit antiennement en Portugal eftoient embarquées , & faifoient leur defcente a bord au Port de l'Iflebonne , lequel fut ainfi appellé du
nom de celuy d'où elles venoiét maintenant, que le mefme Royaume de Portugal comme par la grace de Dieu , eft remis en
fa liberté , & reftitué au Prince legitime auquel il appartenoit

il y a efperance que cefte antienne amitié fera continuée & re-
doublée auec celuy qui regne des y a fi long-temps par la mefme grace qui fauorife l'vn & l'autre pour leur durée eternelle.

On fouloit auffi faire vn grand trafic en Barbarie de Toilles
communes appellées Roüen, par ce qu'il s'y en tranfportoit
quantité de Rouën, enfemble de Toilles fines, de caneuas, de
papier au pot, de carthes, peignes, bonnets & draps de laine,
des reaux d'Efpagne, d'où l'vn raportoit de l'Or, des Succres,
du Miel, de la Cire, des Cappres, Dattes, Amandes, Ambre
gris, Plumes Dauftruche, Marrocquins, de la Soye, Cuirs
Gorgee couppes, Cuirs de Cheure & de l'Or.

Elle eft celebre pour auoir efté autresfois le Siege & terri-
toire de cette floriffante Republique de Carthage, & pour a-
uoir efté le Champ de la gloire de plufieurs grands faicts d'Armes de nos anciens Gaulloisoù Sainct Louys a remporté plufieurs victoires contre les Sarrazins, & ou enfin il deceda aagé
de foixante & quinze ans, en la Ville de Thunes toft apres la
prife d'Icelle & de celle de Carthage apres y auoir donné fort
Religieufement fa Benediction a fes enfans, c'eft auffi d'ou eftoient ces deux grands Capitaines freres Hanno, & Hymilco
qu'on tient auoir premierement nauigué au Peru, c'eftoit auffi le Pays de ce grad guerrier Hannibal qui affligea tant les Romains, elle à d'vn cofté la mer Mediterranée d'autre l'Arabie,
Numidie, d'vn bout la grande mer Atlantique & le d'eftruict
d'où elle s'extend à l'autre bout qui confine par terre à l'E-
gypte.

Ille eft la meilleure & plus importante parties de l'Affricque
& plus prefche de la France, où les François, Venitiens, Genois
& autre d'Italie, fouloient faire vn grand trafic, mais les Anglois, Flamens & Hollandois l'ont entrepris depuis 60 ans, a
la faueur & par le moyen de leurs facteurs, Commiffionnaires
&

& refidents qui y font aprefent introduits par l'entremife des Gouuerneurs & Bachats de l'Empereur des Turcs qu'ils gaignent par dons & prefens. Ce fut pourquoy au commencement qu'ils fe meflerent de cette negotiation par monoppolle & intelligence a noftre preiudice, non feulement en Barbarie, mais en tous les pays de fon obeiffance, Henry le Grand s'en picqua & en ayant tefmoigné fon reffentiment à Mahommet III. Il luy refponfe de pleine fatisfaction en l'année 1603. le qualifiant entr'autres par les fiennes grand Seigneur de Iefus-Chrift & Iuge des differens de la Chreftienneté, luy promet & affure d'entretenir inuiolablement enuers tous, & contre tous la pleine & entiere liberté du trafic des François fuiuant les traictez d'entre François premier, & Sultan, Soliman. Qu'en indignation de ce que Muftapha Baffa Viceroy de Thunes, & Soliman Baffa Viceroy Darger auoient mefcontenté fa Majefté & fauorifé les autres par intelligences fecrettes, il les auoit priuez de leurs charges, en execution defquelles promeffes il enuoya vn Ambaffadeur qualiffié vers fa Majefté pour luy donner tout contentement fur ce fubiet & y apporter tel ordre qu'elle le defireroit, non feullement pour le commerce de Barbarie, mais pour le trafic & la Nauigation Françoife en tous les ports & Haures de fon obeiffance & mefme pour l'entretenement de Confuls, Magazins & Boutique de Marchandifes en Tripoli, Alexandrie, Damiette, grand Caire, Baruth & autres lieux, & en l'année 1630. fuiuant le congé de feu monfieur le Duc de Richelieu grand Maiftre Chef fur-Intendant de la Nauigation & du commerce, le Cheualier de Razilly premier Capitaine de de la Marine de France s'eftant arrouté à la Cofte Marroc, & ancré au port de Sallé y traicta depuis auec les Grenadins Morifques qui ont faict vne Republique apres auoir efté chaffez d'Efpagne, & en ramena plufieurs François qui y eftoient Efclaues : Mais le Roy de Marroc differa de faire pareil trai-

P

té , tant par les intrigües & perſuaſion des Eſtrangers, que pour la deffiance de celuy faict auec ceux de Sallé , reuoltez de ſon obeyſſance. Cét accommodement euſt eſté bien neceſſaire , non ſeulement pour le reſtabliſſement de noſtre antien commerce en Barbarie , en la coſte d'Africque & autres pays Eſtrangers : mais pour fauoriſer celuy des Indes , y ayant vne retraicte & des ports aſſurez , pour relaſcher & ſe rafraiſchir au lieu des Iſles de Madere , Canarie , Acores , Cap de Verd & autres que l'Eſpagnol empeſche , qui eſt vn des plus grands manquemens que nous auons aux plus lointains voyages des Indes Orientales , Occidentalles & du Brezil.

Nous auons auſſi en cette ſuitte des antiens voyages de long cours , ceux des Iſles de Canarie , Madere Acores , Cap de Verd , Riuieres de Senega , Gambie & coſte de Guinee en Affrique , d'autant que toſt apres la priſe & conqueſte des Canaries par le ſieur de Bethencourt Gentilhomme François de la Prouince de Normandie , on commença de mieux recognoiſtre ces routtes là , & d'y nauiger auant que d'auoir entrepris les traictes plus loingtaines des Indes Orientalles , Occidentalles, Peru, Brezil & Canadas dont nous parlerons cy apres aux Chapitres ſuiuans.

Trafic des Iſles de Canarie. Durant le temps que les Iſles de Canarie furent en la domination des François ſous le commandement de Iean de Bethencourt & de Maſſiot de Bethencourt ſon nepueu & ſucceſſeur premiers Roys Chreſtiens d'icelle du regne de Charles VI. les François ils firent vn grand & celebre trafic de toutes ſortes de commoditez qu'ils enuoyoient les vns aux autres , auec plus fauorable accez , concorde & fraternité que ne font les Prouinces de France, d'autant que par tels voyages on entendoit des nouuelles les vns des autres & que chacun ſe communiquoit & enuoyoit des ſinguralitez , & principalles commoditez d'vn pays à l'autre : Neantmoins depuis qu'elles furent en la poſſeſſion, du Roy d'Eſpagne les François ne l'aiſſoient d'y traficquer en cor & d'y porter des toilles, de la mercerie & quincaillerie, du poiſſon ſec, de la Sardingne, de laquelle il s'en prend quantité en la coſte de Bretagne & autres commoditez on en rapportoit du vin de Grachique, Perrochimene, Muſcadelle, Succre, Confitures, ſang de Dragon pour medicamenter, de l'Orchel & autres matieres pour la teinture, peaux de Cheure & d'autres animaux.

Ces Iſles de Canarie au nombre de huict ſont ſur la droicte routte, tant des Indes Orientalles, Occidentalles, que Brezil, en la grande mer Attantique, & ſe trouuent apres la ſortie du deſtroict a main droicte proche de Barbarie, enuiron de 35. lieuës, & diſtantes d'Eſpagne de 250. quelques-vns les mettét depuis le 24. degré iuſques au 27. & les autres depuis le 26. iuſ- que au 29. l'on a eſcrit que Hanno Carthiginois frere de Hy- milco les deſcouurit premierement, puis paſſa outre iuſques au Cap de Verd, d'où il rapporta pluſieurs ſingularitez du pays. Elles ne ſont pas ſeulement conſiderables pour leur beauté bon- té & fertilité, mais d'importance pour leur ſituation eſtans au paſſage pour aller aux plus grandes, plus riches & meilleures parties du monde & pour y eſtre le termes & le point remarqua- ble du commerce, & ou l'on conſidere la ligne Meridionalle, laquelle fait la ſeparation des amitiez, d'entre les François, Eſ- pagnols & Portugais, en droit l'Iſle de fer la derniere d'icelles. Elles ſont auſſi fort renommées & celebres en la plus profonde antiquité ſoubs le nom de Heſperides, Gorgones & d'Iſles for- tunées ou heureuſes, dont meſme Homere & les autres Poetes ont parlé & les ont ſignifiées ſoubs celuy des Champs Elyſees: Pourquoy auſſi Sertorins eſtant en Eſpagne, peu de temps auant ſon decez deſira s'y retirer, pour paſſer le reſte de ſa vie heu- reuſement, on dit qu'elles ont auſſi eſté appellées Canaries, a cauſe de l'abondance de Chiens qu'il y a en la grãde Canarie, ou pour la grande quantité de Canes & Succre qui y viennent abondamment.

Depuis ſi long-temps la memoire de ces Iſles fut comme perduës & enſeuelies , iuſques à Domp Loys de la Cerde Prince d'Eſpagne , lequel ſur l'aduis d'vn Genois qui y auoit traicté, y voulut faire voille & attaqua la Gomere, l'vne d'icelles enuiron l'an 1354. d'où il fut rudement repouſſé , auec beaucoup de perte de ſes gens & de ſon equippage : *Mais* enfin ces Iſles ayant eſté remiſes en reputation Meſſire Iean de Bethencourt, Chambellan du Roy Charles VI. deſlibera en l'an mil quatre cens deux , durant les diuiſions & Guerres de France entre les maiſons d'Orleans & de Bourgongne , faire vn embarquement à ſes propres couſts & deſpens pour les aller conquerir , ce qu'il fiſt fort genereuſement en trois ou quatre ans: & enfin aſſiſté de pluſieurs Gentilshommes & autres de Normandie d'où il eſtoit , il s'en fiſt recognoiſtre Roy , y eſtablit *Magiſtrats* & y donna les Loix de France. Le Pape y pourueut d'vn Eueſque à ſa nomination, y ayant planté le premier la Religion Chreſtienne, fondé & faict baſtir pluſieurs Egliſes fort magnifiques & ſomptueuſes , & eſtably vn grand trafic & communication de France. Puis Maſſiot de Bethencourt ſon nepueu luy ayant ſuccedé & regné pluſieurs années apres , & enfin fut chaſſé moitié guerre moitié marchandiſe, par le Roy de Caſtille , voyant que les François s'y eſtabliſſoient & commençoient d'y faire vn grand trafic: & d'ailleurs qu'il craignoit qu'ils s'accordaſſent auec le Roy de Portugal à ſon preiudice: par ce que les François & Portugais auoient touſiours eſté bons amis , & s'accommodoient facilement enſemble.

Mais ie ne puis paſſer cet endroit que ie ne die que les ſieurs de Bethencourt, eſtant depoſſedez des Canaries , pluſieurs
                                                    Gentils-hommes

Gentilshommes & autres allerent auec eux chercher leur aduanture, & defcouurir d'autres terres par la mer où ils trouuerent premierement celles du Peru.

Ayant efté Tuteur Confulaire & actionnaire des mineurs du feu fieur de Saumont mon parent , & de Damoifelle Anne de Bethencourt l'vne des deux filles , heritieres de feu Meffire Iean de Bethencourt , Cheualier Seigneur & Chaftelain de Bethencourt de la mefme famille de ce conquerant, i'en ay veu plufieurs marques & pieces d'efcriture au mefme Chafteau de Bethencourt d'où il eftoit qui la prenoient ainfi, pourquoy Andre Fauin eft auffi de cét aduis au Traicté des Offices *André* de France liure 1. chap. 8. & plufieurs autres , & bien que *Fauin.* l'Efpagnol pour en abolir la memoire & extyrper la race , les euft apres chaffez & degradez en diuerfes Ifles & terres , il en eft encor refté plufieurs , tant en celles des Canaries que des Açores ou quelques-vns de ces Aiglons s'eftoient efforez , lefquels recognoiffent encor , & font auffi recognus de ceux de la Prouince de Normandie , par plufieurs lettres que i'ay veuës qu'ils s'efcriuoient de temps en temps les vns aux autres.

La premiere & plus grande de ces Ifles eft la grande Cana- *La grã-* rie , à caufe de laquelle les autres moindres font appellees Ca- *de Canarie.* naries fe trouuent fcituez enuiron à vingt-fept degrez de hauteur , en laquelle eft le Siege du Gouuernement des autres , tant pour le Spirituel que pour le Temporel en la Cité des Palmes ou refident les Auditeurs , qui Iugent fouuerainement des caufes par appel des Iuges d'icelle , comme de celles de tous les autres , & outre a encor vn Gouuerneur particulier. On y moiffonne le bled deux fois l'an , en Feurier & May , dont le pain en eft fort blanc & excellent. En outre la Cité des Palmes il y à encor trois bonnes Villes , Telde , Gader & Guia, & y a plufieurs maifons & engins à faire & braffer du Succre,

comme en la plufpart des autres, elle abonde en vins tres-excellents principallement à l'entour de Telde , & outre eſt tresfertille en toutes ſortes de fruicts , tant Pommes, Poires Oranges , Citrons, Grenades , figues , Peſches que Baratus &
Plantano qui eſt vne ſorte de Palmier où il y a des fueilles, leſquelles ont quelquefois pres de deux aunes de longueur & demie de largeur , dont le fruict eſt ſemblable au Concombre eſt
fort delicieux & deuient preſque noir quand il eſt meur, l'arbre
n'en porte qu'vne fois, puis on le couppe & de la racine il en re-
naiſt pluſieurs autres.

Il y a auſſi grande abondance de Bœufs , Vaches , Chameaux , Cheures , Brebis , Chiens , Poulles, Chappons , Pigeons,
volaille d'Inde, Perdrix rouges & autre bon gibier, Pourquoy
il y a touſiours vne bande des Nauires Eſpagnols allans aux Indes qui s'y viennent rafreſchir & charger du vin & des farines.

Teni-
riffe. Teneriffe qui eſt la 2. eſt a 27. degrez & demy de hauteur
& eſlongnée d'icelle de douze lieuës du coſté du Nord ayant 17.
lieuës de long , au milieu de laquelle il ſe veoid vne fort haute
montagne toute ronde , depuis le couppeau de laquelle iuſque
au pied il y a plus de quinze lieuës & faut plus de trois iours à la
monter, du ſommet de laquelle on remarque toutes les autres
Iſles, & veoid & eſt veuë de plus de 60. lieuës loin, elle iette &
vomit ſouuent par le ſommet grande quantité de feu & ſouffre
iuſque a plus de demie lieuë loin a l'entour d'iceluy , & enuiron
deux mil au deſſous la terre y eſt touſiours couuerte de neige,
puis vn peu plus bas y a vne grande foreſt d'arbres, deſquels le
bois ne pourrit iamais en l'eau , & apres on y en veoid encor
vne plus grande toute couuerte de lauriers. On ny peut monter qu'en Iuillet & Aouſt, parce que aux autres mois elle eſt couuerte de neige , bien qu'en l'Iſle ou elle eſt ſituée ny aux autres
on ny en veoid iamais. Cette Iſle produit auſſi les arbriſſeaux

defquels on fait le **Tabaiba** & l'arbre appellé **Drago**, du pied
duquel on tire vne liqueur rouge comme fang appellé fang de
Dragon, qui fert a beaucoup de chofes & entre autres aux Ap-
pothicaires. Elle eft la plus fertille de toutes en bleds & produit
quantité d'Orchel pour la teinture, elle abonde auffi en Sucre,
Miel, Cire, bois a brufler, & de tres-bons vins defquels on fe
fournit lors que l'on va aux Indes Occidentalles, on en transporte auffi des pierres de fouffre en Efpagne lequelles prouiennent du fommet de cette montagne. Il y a cinq villes Laguna
laquelle eft la principalle, puis SanctaCrux, Larotana, Gara-
chico, Rialeio.

La Gomere la troifiefme d'icelles eft fituée a vingt fept degrez *La Go-*
d'eleuation tirant vers l'Occident, eflonguée de Teneriffe en- *mere.*
uiron de fix lieuës & contenant huict lieuës de long, la ville
principalle de laquelle eft auffi appellée Gomere ou il y a vn
bon Port auquel la flotte des Nauires Efpagnols allant aux Indes va terrir & prendre fes rafrefchiffements par ce qu'elle eft
auffi fertille que les autres, & abonde aux mefmes commoditez
mais principalement en vins.

La Palme qui eft la quatriefme eft à vingt-huict degrez de *La Pal-*
hauteur efloignée de douze lieuës de la Gomere vers le Nord- *me la*
Oüeft, elle eft toute ronde, & à de circuit vingt-cinq lieuës *4.*
abonde aux mefmes commoditez des precedentes, referué
qu'il ny a pas tant de bleds: *Mais* en recompenfe il y a quantité de bons vins, qu'on va charger au port de la ville des Palmes
principalle d'icelle, pour porter aux Indes Occidentalles & diuers autres endroits.

Lancerotte eft la cinquiefme, à vingt-neuf degrez & demy *Lance-*
d'eleuation contient douze lieuës de longeur, & eft diftante *rotte.*
de la grande Canarie du cofté du Sud de dix-huict lieuës elle
eft fort ingratte, ne produifant que des Cheures & de l'Orchel.

Fertilé
mesure
Fortauenture est la sixiesme, a vingt-huiĉt degrez eslongnée de 24. lieuës de l'Isle de Canarie vers le Nord & du Cap de Guer en Affricque de cinquante lieuës, elle contient quinze lieuës de long & dix de trauers, & est seulement fertille en bleds bestiaux & Orchel.

de Fer.
L'Isle
L'Isle de Fer est la septiesme, laquelle demeure de hauteur par vingt-sept degrez, Nord de la ligne Equinoxialle est distante de dix lieuës de la Palme, & contient seulement six lieuës de circuit, mais comme les premieres Isles sont fertilles & abondantes, elle est ingratte & sterile, ny ayant grains, fruits ny eaux douces. Il y a seulement vn grand arbre admirable au milieu d'icelle duquel l'espece est incognuë, n'est semblable a aucun autre, & a des feuilles longues, tousiours verdes & enuironné d'vne nuée perpetuellement esgalle, au pied duquel est vne grande cisterne ou il de goute tousiours abondamment de ses feilles semblables a celle d'vn Oliuier, vne grande quantité de bonnes eaux pour la nourriture des habitans de l'Isle & du bestiail qui consiste la plufpart en quelque cheures. Il y a aussi de l'Orchel.

Estant Sud de ceste Isle au dela du Tropicque de Cancer tous Nauires François s'ils sont les plus forts & bien equippez en Guerre prenans des Nauires Espagnols ou Portugais sont de bonnes prise: suiuant les accords d'entre les Roys de France & d'Espagne & ce qui a tousiours esté pratiqué, estant comme l'on dit au de la des amitiez.

On raportoit entr'autres choses de ces Isles de Canarie cydessus du vin de Grachique, Perrochimene, Muscadelle, Succre, Confitures execellentes, sang de Dragon, pour medicamenter, de l'Orchel pour la Tainture, peaux de Cheures & d'autres animaux, elles releuent du Parlement de la grande Canarie, despendent du Roy d'Espagne comme fait celle de Madere, de celuy de l'Islebonne despendent du Roy de Portugal.

On

On portoit à Madere du Bled, des Toilles, de la mer- *Trafic*
cerie d'où on rapportoit Vins, Dattes, Citrons, Grena- *de Madere.*
des, Sang de Dragon & autres matieres pour la tainture, elle eſt ſituée entre l'Eſpagne & les Canaries, ſous le 3 2. degré,
& n'eſt eſlongnée de Teneriffe que de ſoixante lieuës, il y
à deux bons Havres & pluſieurs villes, deſquelles Fouchal &
Machau ſont les principalles, elle fut premierement appellée
Madere parce qu'elle eſtoit couuerte de bois, on y remarque
deux bonnes Villes, leſquelles ont chacun vn bon Havre, dont
la principalle eſt appellée Fouchal & l'autre Machau du nom
d'vn Anglois qu'on dit l'auoir premierement deſcouuerte, elle abonde en Pommes, Poires, Prunes, Peſches, Dattes,
Oranges, Citrons, Grenades, Melons & toutes ſortes
de fruicts & bonnes herbes, Vins exquis, & Sang de Dragon.

On portoit aux Açores pareillement du bled, du poiſſon *Trafic*
ſec, des Toilles, & de la Mercerie d'ou on rapportoit du Pa- *des*
ſtel, des vins, & des Cuirs qui ſont des commoditez du pays & *Açores.*
depuis la deſcouuerte des Indes & du Brezil on en rapportoit du
bois rouge & iaune, du Tabac, des Cuirs, de la Coſſenille &
autres commoditez, & marchandiſes que ceux du pays tiroient
des premiers des Nauires flottes & autres qui reuenoient chargez des Indes & qui y en laiſſent touſiours lors qu'a leur retour
des Indes ils y relaſchoient & ſi venoient rafreſchir, mais depuis l'entrepriſe des François ſur icelles en l'année 1583. ce trafic y auoit long-temps ceſſé neantmoins y ayant repris quelque
vigeur du regne de Henry IIII. deux choſes l'ont ruiné, l'vne
l'impoſt que ſa Maieſté miſt ſur les marchandiſes qui en
venoient, l'autre que le Roy d'Eſpagne y fiſt prendre garde de
plus pres : tant pour la conſeruation de ſes droits auſquels il
croyoit que les François & Portugais fiſſent fraude y trafic!
quant enſemble que pour nous diuertir de ceſte route ſuſpecte,

R

& s'y proche de la ligne au de la de laquelle nous auons touſ-
jours iugé les *Nauires* & Marchandiſes des Eſpagnols & Portugais eſtre de bonne priſe.

Iſtei
des
Aʒores
Ces Iſles des Açores ſcituées ſoubs les 37. 38. & 39. degrez
ſont au nombre ſept la Terciere Sainct *Michel*, Sainte *Marie*,
la Gratieuſe, Saint George, le Fayal, & le Pic, quelques vns
y adjouſtent auſſi celles de Coruo, & de Fleurs qui ſont deux
petites Iſles qui n'en ſont qu'a ſoixante lieuës loin & qui en deſpendent leſquelles ſe trouuent au retour en la route des flotes
des Indes Occidentalles & ſont ſubietes au meſme Gouuernement & Gouuerneur de celles des Açores.

On tient qu'elles ont eſté ainſi appellées à cauſe de l'Ecor
que les Eperuiers & Oyſeaux de l'Eurre y ſouloient prendre
pour airer auant qu'elles fuſſent habitées. Quelques-vns tiennent que les Flamens les ont premierement deſcouuertes, &
que pour cét effect, long-temps y à qu'elles ont eſté appellées
& le ſont encor Iſles Flamandes, deſquelles entr'aütres ils
ont habité celle de Fayal, en laquelle on remarque encor pluſieurs noms & diuerſes mœurs & couſtumes d'iceux. Les autres diſoient que ce furent les Portugais, parce qu'ils les
ont habitées depuis long-temps, & y ont introduict leur langage.

LaTer-
cere.
L'Iſle de la Tercere laquelle les Eſpagnols nomment à preſent l'Iſle de Ieſus-Chriſt contient dix ſept lieuës de tour, &
eſt la premiere & principalle de toutes, ſe trouue ſcituée ſous
le 39. degré en la hauteur de Lisbonne, celuy qui en à le Gouuernement là auſſi des autres & fait ſa reſidence en icelle, en la
ville d'Angra, laquelle en eſt la Capitalle, puis il y à celle de
Praye & les bources de Sebaſtian, Ste Barbe, Altares, Gualma
& Villa Noua,

Cette Iſle eſt fort fertile & abondante en beaucoup de
choſes neceſſaires pour la vie de l'homme, y ayant quantite

de chairs, poiſſon, herbes, racines, legumes, grains,
bois, fruicts, vins, Bleds, & auſſi du Paſtel : Mais il n'y à
point de Sel & fort peu de maladies, neantmoins à cauſe du fort
air & des grands vents qui y regnent, le fer & les Pierres des
Edifices y ſont conſommez en peu de temps, le bled ne s'y peut
garder plus d'vn an, & encor eſt-on contraint pour ce faire
de le mettre en des puits, depuis le mois de Iuillet iuſques à
Noël.

On y remarque vne grande Fortereſſe dans les baſtions de
laquelle il y à trois cents Canons, & vne place vuide ſi ſpa-
tieuſe qu'il y croiſt du Bled, du vin & autres commditez plus
qu'il ne faut à nourrir la Garniſon de cinq cens Soldats
Eſpagnols qui y eſtoient d'ordinaire pour la conſeruation
d'icelle & de l'Iſle, laquelle eſt preſque toute enuironnée de
grands Rochers, au Havre deſquels on y faict baſtir des
Tours & Fortereſſes, le tout tres-bien gardé de Soldats
& Sentinelles tant de nuict que de iour, ce qui eſt apreſent aux
Portugais.

Puis on y void ſur deux hautes Montagnes appellées Brezil
proches l'vne de l'autre, leſquelles bayent & s'auancent tellement dans la Mer, qu'il ſemble qu'elles ſoient deſtachées &
entierement ſeparées de la continence & circuit des autres,
pour y deſcouurir de toutes parts, ſur leſquelles on à encor
baſty & eſleué pour cét effect deux grandes Colomnes, l'vne
du coſté d'Orient l'autre d'Occident, où lorſque ceux qui en
ont la garde, aperçoiuent de loin venir des Nauires du Brezil
de la Coſte de Guinée, Cap de Verd ou des Indes Occidentalles, mettent auſſi-toſt vn eſtendard ſur celle d'Occident, ce
qui ſe faict auſſi pareillement ſur celle d'Orient, lors qu'il en
vient de deuers le Portugal & de la Bande Orientalle où ſep-
tentrionalle. Et ſi on deſcouure qu'elles ſoient plus de cinq on
eſleue vn plus grand Eſtendard pour en donner le ſignal, &

aduertir toutes les gardes & fentinelles , lefquelles font poſeés
fur les autres Montagnes Rochers & Fortereſſes d'Alentour de
l'Iſle , meſme les habitans de la Ville Bourg & Bourgades d'i-
celles eſtants fort aiſées a voir à cauſe de leur hauteur extreſme. Au pied de l'vne de ces hautes *Montagnes* il y à vn Chaſteau , & vis à vis d'iceluy encor vn autre pour la deffenſe du
port , où aucun vaiſſeau n'oſeroit entrer que par congé, & n'eſt
permis à aucun eſtranger de la viſiter ny ſe pourmener autour
des riuages de l'Iſle , ſoit à pied où à cheual par dedans ou par
dehors de peur d'en deſcouurir quelque deffaut , & d'en faire
proffit. Il n'y à aucun Havre propre pour mettre les Nauires aſſeurement à l'ancre , ſinon que deuant la Ville
d'Angra Capitalle de l'*Iſle*, la Terre s'y auance vn peu en
façon de Croiſſant qui à quelque forme de Port : mais peu aſſeuré.

Il y à endroicts & ſouſpiraux fort creux en cette Iſle d'où il
ſort du Feu, des Vapeurs & de la fumée, comme il y a en celle de Sainct Michel, il eſt auſſi remarquable qu'a trois lieuës
pres de la Ville d'Angra Capitalle d'icelle , il ſourd vne fontaine, laquelle petrifie & reduict auec le Laps de temps en pierre fort dure, le bois qu'on met dedans & le bout de la
racine des arbres qui y touche ou au Courant de l'eau qui
en ſort ſe petrifie, & le reſte qui eſt en terre demeure en ſon
eſtat.

On y remarque encor vne autre Fontaine , en laquelle on
peut faire cuire des œufs en peu de temps , il y vient auſſi des
Cedres ſi beaux & en telle abondance , qu'on les conſomme
& employe à bruſler & à faire baſtir des Nauires , il y à auſſi de trois ſortes d'autre beau bois, l'vn rouge de couleur de
ſang , l'autre fort blanc & le troiſiéme iaune , dont on faict
d'excellente menuiſerie & de tres-bons meubles qu'on tranſporte en Eſpagne & autres lieux où ils ſont fort requis & eſti-
mez

mez , il y croiſt auſſi des Arbriſeaux qui ne portent, deſquels la Racine ſert de Cotton pour mettre en des Mathe-
lats & ſert de bourre. Outre les commoditez naturelles de
l'Iſle , il y en à beaucoup d'autres des pays Eſtrangers à
cauſe des Flottes & Nauires venans des voyages loingtains qui
s'y rendent & rafraiſchiſſent , & du trafic que les habitans
font en diuers lieux , pour la grande commodité qu'ils en
ont.

C'eſt pourquoy les François y ſouloient traiƈter des y a long-
temps : mais le Roy d'Eſpagne ayant craint la conſequence de
la Familiarité des François auec les Portugais a cauſe de ce trafic en cette Iſle importante , & que par Monopolle & intelligence les vns auec les autres , ils ne fiſſent fraude aux grands
impoſts qu'il leue ſur leur marchandiſe , ou bien que ſous pretexte d'y aller traiter les François paſſaſſent la ligne du Meridien d'icelle & y priſſent & amenaſſent des Nauires & Marchandiſes des Eſpagnols ou Portugais , qui tiennent ordinairement cette route a leur retour, a apporté toute la rigueur qui
luy a eſté poſſible pour nous eſtranger & diuertir de telles routes Auſſi l'étrepriſe de France qui y fut faite en 1583. par l'armée
naualle commandée par le Mareſchal de Strozze ou eſtoit auſſi
le Conte de Briſſac pour reſtablir Anthonio Roy de Portugal
nous y rendit auſſi depuis grandement ſuſpeƈts.

La ſeconde eſt l'Iſle S. Michel laquelle comme la plus grande
de celles des Açores les fait auſſi ordinairement appeller par
pluſieurs de ſon nom ainſi que font celles des Canaries & du
Cap de Verd. Elle eſt ſcituée enuiron a 28. lieuës loin de la
Tercere au Sudeſt ſoubs le 38. degré contient enuiron vingt
lieuës de lógueur bien peuplée & habitée des Portugais y ayant
vn meſme air & ſemblable terroir qu'a la Terçere & y croiſſant entr'autres commoditez grande quantité de Paſtel dont on
ſouloit tranſporter en France & Angleterre plus de deux cents

mil Quietaux tous les ans pour le befoin des teintures, c'eſt Iſle eſt auſſi tellement abondante en bleds quelle en fournit les autres prochains a leur neceſſité, la principalle ville d'icelle s'appelle Punta Delgada, dans laquelle y a vn chaſteau auec garniſon d'vne Compagnie de Soldats , il faut que les vaiſſeaux qui y ſont à l'ancre , ſe mettent en plaine mer en temps de Tempeſte , ny ayant non plus de bons Havres qu'à la Tercere.

Sainte Marie. La troiſiéme eſt l'Iſle de Saincte Marie ſituée ſous le 37. degré , diſtante de douze lieuës de l'Iſle Sainct Michel au Sud , & contient vnze a douze lieuës de Circuit. Il y a des commoditez ſuffiſantes pour la Nourriture des habitans d'icelle , qui ſont en aſſez bon nombre de Portugais , n'y ayant rien , dont on puiſſe trafficquer & tranſporter hors d'icelle que de la Terre à Pottier , laquelle y eſt tres-bonne pour cét effect. Elle eſt toute enuironnée de hauts & Eſponuantables Rochers dont elle ſe deffend d'elle-meime, tellement qu'il n'y à aucune garniſon.

La graſieuſe. La quatriéme eſt l'Iſle de la Gratieuſe enuiron ſous le meſ-me degré de Saincte Marie, & diſtante d'icelle de ſept lieuës au Nord Nord Oueſt , n'a que cinq lieuës de tour : mais elle eſt abondante en toutes ſortes le bons fruicts, deſquels elle fournit aux autres , eſt fort plaiſante & agreable & fort habitée de Portugais , ny ayant aucune garniſon pour ſa petiteſſe.

Sainct George. La 5. eſt l'Iſle de S. George à peu prés ſous le meſme degré de la Tercere eſt diſtante de huict lieuës d'icelle au Nord Oueſt eſt longue enuiron de dix lieuës, & large de deux & demy, encor qu'elle ſoit montagneuſe & pleine de foreſts. neantmoins il y vient quantité de diuerſes ſortes de bons fruicts , y ayant de bons laboureurs ſoigneux de l'Agriculture. Il y a auſſi force

Cedres, & du pastel qu'on transporte autre part, & est bien habitée.

La 6. est l'Isle appellée Fayal, autresfois habitée par les Flamens, laquelle est eslongnée de celle de S. George de sept lieuës à l'Ouest, Sudoüest & a 17. lieuës de circuit, elle est abondante en toutes choses necessaires pour la vie humaine, & principalement en chairs, poisson & pastel. La principale ville d'icelle Villadorta, il y a vn Chasteau auec garnison Espagnole. Ceste Isle n'est ny si forte ny si bien gardée que celle de la Tercere & de S. Michel. Neantmoins elle est aussi fructueuse & d'importance, & n'est gueres moins grande. Il n'y a non plus de Haures qu'aux autres, tellement qu'en temps de tempeste il faut mettre les nauires en pleine mer. *Fayal.*

La 7. est l'Isle Picco, ainsi appellee à cause d'vne tres-haute montagne elle se trouue eslongnée de trois lieuës de Fayal, au Sud-Est de S. George, quatre au SudOüest, & la Tercere douze à l'Oüest SudOüest: elle est abondante en bestiail & plantureuse en arbres, bons vins & fruicts de ce qu'elle contient, & y a quantité de cedres pour faire des nauires, & du bois de Texio appellé Royal pour sa beauté, bonté & excellence, lequel aussi pour ce subiet est reserué au Roy, & n'est permis qu'à ses seruiteurs & Officiers d'en faire couper & abattre, il est ondoyé de couleur rouge, extresmement dur, & vient fort haut auec le temps. *Piccö.*

La 8. est l'Isle de Flores, ou Fleurs, laquelle est distante de celle de la Tercere de 70. lieuës, elle a sept lieuës de circuit, & ne produit rien de remarquable, & qu'on puisse transporter que du pastel qui y a tousiours fait hanter les Anglois, ny ayant aucune garnison, & les Insulaires qui sont Portugais, n'ayant moyen de la garder. *l'Isle de Flores.*

La 9. est l'Isle de Coruo, laquelle n'est eslongnée d'icelle que d'vne lieuë, & n'a que deux lieuës & demie de tour, aussi *Coruö.*

habitée de Portugais, & ainſi expoſée aū pillage des Pirattes
& eſtrangers que l'autre. Elles reſpondent toutes deux au
Gouuernement des autres Iſles & ſont eſlongnées de terre
cent lieuës de Lisbonne, & de la Tercere de deux cents cinquante.

Trafic aux Iſles du Cap de Verd. On portoit aux Iſles de Cap de Verd, riuiere de Senega Gambies, Caſteldemine & Guinée, en la Coſte d'Africque des Haches, Hanſarts, barres de Fer, Potenoſtres de verre, Ambre Iaune, de diuerſes ſortes de merceries, quinquailleries, Couſteaux, Ciſeaux, Razades, Peignes, Miroirs, ains à peſcher, Carthes peinturées & autres petites derrées d'où on rapportoit de fin Or en poudre & en lingots, de l'Argent, des Perles & Pierreries, du Morſil, de l'Ambre gris & noir, des Cuirs, de la Gomme d'Arrabie, de la Cochenille, du Petun, du Poiure, de la Maniguette & autres commoditez, & ou depuis la deſcouuerte des Indes & du Brezil on traicte auſſi de Negres qu'on tranſporte à la Baye de tous les Saincts a Fernambuc & autres lieux a quoy ils ſont fort propres eſtans plus penibles & y durans plus que les autres.

Le Cap de Verd ſoubs le quinzieſme degré du Nord, eſt vne haute montagne joignant à la terre ferme d'Africque ſur le bord de la Mer duquel on a donné le nom aux prochaines Iſles d'iceluy, leſquelles ont eſté appellées antiennement Orcades, Gorgones, Baleares & Atlantides, & de quelque modernes Iſles Salées.

Beroze recite que ſix cens cinquante ans apres le Deluge Heſperus Roy d'Eſpagne le deſcouurit, & l'Iſle Sainct Thomas quelques vns tiennent que Henno Carthaginois frere de Himilco y fut : mais qu'il ne paſſa outre, & que entr'autres choſes eſtranges, il en raporta des peaux de femmes veluës qu'il apendit au Temple de la Deeſſe Iunon dans la ville de Carthage ou elle furent veuës pluſieurs ſiecles apres.

Les

Les Isles de ce Cap commencent au cinquiefme degré & s'extendent iufques au 19: qui fait plus de cent foixante lieuës loing, depuis la derniere iufques au Cap. La Mer y eft aux enuirons toute couuerte d'herbes, les Nauires allans aux Indes fe deftournent le plus qu'ils peuuent de ce paffage, rangeans là cofte où il n'y en a tant, mais au retour il faut neceffairement y paffer.

De l'Ifle de Fer laquelle eft la derniere des Canaries, il y a 234. lieuës iufques au Cap de Verd duquel les Ifles font au nombre de dix a fçauoir, Sainct Anthoine, Sainct Vincent, Sainct Lucar, Sainct Nicolas del Sal, de Buena Vifta, de Maio, Santiago, del Fuego, Brauo dont y à parties d'icelles habitées de Portugais qui les cultiuent & ny à aux autres que des beftiaux, principalement des Chevres & abondance de viures & de fruicts.

La principalle de ces Isles eft celle de Sainct Nicollas, à laquelle les autres refpondent pour y eftre les Sieges de l'Euefché & de la Iuftice qui les gouuernent & font principalement frequentées en confideration du grand trafic de cuirs qu'on y faict pour raporter en France, & auffi des Negres qui y font qu'on y traicte pour tranfporter au Brezil, au Peru & Indes Occidentalles. On y void brusler le couppeau d'vne haute Montagne dans l'*Isle* de Fueque, laquelle apparoift de iour par vne groffe fumée de nuict par vn grand feu, pourquoy auffi elle eft appellée Isle de Fuefque ou Isle de feu. Il y fouloit aller tous les ans plufieurs Nauires de Dieppe pour les marchans de Roüen & autres qui y vouloient rifquer, & en pareil à la riuiere de Senegal, laquelle demeure par quinze degrez vn quart Nord, dans laquelle on va a prefent plus de foixante lieuës auant auec des barques pour traicter. En l'année 1633. les Nauires de la flotte de la Compagnie des *Indes Occidentalles* de Hollande, prindrent la forterefse d'Argina fur la Cofte

T

de Senega que les Portugais y tenoient , où ils profiterent plus de trois cents mil liures , & aussi-tost se passa accord entr'eux & ceux du pays d'y traicter & traficquer des Gommes & autres marchandises , dont les Hollandois tireront plus de six cents mille liures par an en leur Compagnie , ce qui les favorisera grandement par la traicte du Brezil , & conservation de Ferambuc, Paraiba, S. Augustin & autres Capitaineries qu'ils y tiennent , & à prendre & faire la chasse aux Navires Portugais & Espagnols qu'ils trouverront en ces routtes là, & ou depuis aussi ils en ont fait de bonnes.

Apres avoir passé les Isles du Cap de Verd tirant vers la Guinée , on commence à perdre de veuë l'Estoille du Nord & appercevoir celle du Sud , environ sous le cinquiesme degré de hauteur , où il se trouve grande quantité de Poissons volans comme en tous les endroicts ou on passe la ligne.

La Guinée fust descouverte par Iean Bastard de Portugal en l'an 1475. Elle est située sous la Zone Torride entre les deux Tropicques aux trente-huict & trente-neufiesme degrez Nord & contient environ cinq cens lieuës d'Italie, & est le plus puissant Royaume d'Ethiopie , quatriesme partie d'Africque.

Trafic à Gui-née. Depuis ce temps là les François y ont longuement traicté, mesme au Casteldemine , Serra Lyona , & aux Rivieres de Gambie & de Senegal , Isles du Prince Sainct Thomas, Congo & Anabon où ils portoient comme au Cap de Vert , de la Toille , des haches, Hansarts, Cousteaux, Ciseaux, Razades, Peignes, Miroirs, ains à prendre du poisson & autres sortes de Mercerie & de quinquaillerie, dont ils raportoient en trocque de l'or en poudre & en Lingot, de l'argent, du Morfil, du Cotton , des sucres, du Poivre , du Gingembre , de la Maniguette , qui est du Poivre long & du Ris , on y traicte

auſſi d'Eſclaues qu'on tranſporte au Perù , pour leſquels on raporte de l'Or , de l'Argent , des Perles , des Cuirs , de la
Cochenille & autres commoditez. Le pays y eſt fertile en
Fourment, Ris , Cotton, Fruicts, Beſtiaux, Volaille , Oyſeaux & Poiſſons & en toutes choſes propres pour la nourriture de l'homme : mais l'air y eſt fort intemperé & contraire à
la complexion des François , Anglois , Flamens & autres
peuples du Nord qui s'y trouuent incontinent malades du mal
qu'ils appellent mal de Guinée, pour la guériſon duquel les Cy-
trons & lymons y ſont fort ſinguliers.

    Les François y auoient conquis & poſſedoient le Caſtelde- *Traſſé*
mine qui leur euſt peu ſeruir de retraicte pour le maintien & *au Ca-*
ſtelde-
aſſeurance de cette Navigation & commerce : mais Philippes *mine.*
II. Roy d'Eſpagne l'ayant preueu , & eſté aduerty que
pluſieurs notables marchands de Rouëns'y aſſocioient & enuoyoient par Compagnie des embarque nents , dont entr'autres choſes ils rapportoient de l'or en poudre & en lingots , y
depeſcha le Capitaine Pymentel qui y ſurpriſt, chaſſa, tua &
degrada tous les François , & enleua tous leurs Nauires chargez de Marchandiſes , leſquels eſtoient à l'ancre ſous plaine aſſeurance de la Paix & des Traictez auec le Roy, pourquoy il y eut ſix cents mil liures de reſcompenſe iugée par Arreſt du Conſeil de ſa Majeſté auec l'Intereſt maritime, & lettre
de repriſe pour cét effect donnée par Henry III ſur les Eſpagnols & Portugais, au proffit des ſieurs Iacques le Seigneur
Eſcuyer ſieur de *Marromme* , le Fevre Lubin , le Blanc & autres notables Marchands de Rouën intereſſez , qui y auoient
enſemble vn grand embarquement, & deſquelles lettres de re-
preſaille , les heritiers dudit feu ſieur de Marromme ſont ſaiſis
& les ay veus en eſtant parent.

    L'Iſle de Sainct Thomas eſt ainſi appellée parce qu'elles ſt *Iſle S.*
Tho-
deſcouuerte le iour Sainct Thomas elle eſt en forme ronde & *mas.*

contient de circuit enuiron cinquante lieües de France ; elle a-
bonde en Sucre, Gingembre, fruicts & autres choses necessaires
pour la vie humaine , elle est vn peu plus auancee sous la ligne qui y donne de la rozée tous les matins & la rend plus
fertille:

Trafic
aux Is-
les de
S. Tho-
mas, &
du Prin
ce.
De l'Isle Sainct Thomas on va à la riuiere de Gaba, laquelle en est proche , elle descend du costé du Sudest & est fort
Cyneuse, on y void grand nombre de Crocodilles & Cheuaux Marins, faisant plusieurs Isles, on y traicte des mesmes
choses qu'en la coste de Guinée & autres Isles prochaines de la
mesme routte.

En l'an mil cinq cens quatre-vingt neuf , les Hollandois
equipperent quatre vingt Nauires , & en l'année d'apres tren-
te-six pour aller tant aux Indes Orientalles , Occidentalles,
Brezil que Isles cy-dessus costes de Guinée & d'Africque , lesquels firent vn tel rauage , principallement aux Isles & en la
Coste de Guinée s'y rendans aussi suspects d'ambition ,
parce qu'estans les plus forts , ils faisoient iurer obeyssance
par ces peuples-là au Prince d'Orange, que les François,
ny eux , ny ont esté depuis bien venus , & quand ils les ont
veus se sont tenus sur leur garde, & on ny à traicté qu'en crain-
te les armes en la main.

Les Hollandois entr'autres s'y estoient entierement rendus
Maistres des Isles de Sainct Thomas & du prince , ausquelles
commanderent quelque temps Balthazar de Mouchton & Van-
der d'Oest , mais l'vne & l'autre estants sous la Zone Torride
en vn climat extresmement chaud & intemperé , il y deceda
plus des deux parts des Hollandois qui les leur fist abandonner
sans y laisser aucunes fortifications , garnisons , ny facteurs qui
faict que depuis les Portugais qui en ont recognu la bonté fertilité & importance, s'y sont rendus les plus forts & y trafiquent
maintenant.

ANNE

ANNE PAR LA GRACE DE DIEV ROYNE Copie d'vn des cõgés pour tel voyages de long cours.
Regente de France & de Nauarre mere du Roy , posse-
dant & exerçant la charge de Grand Maistre Chef & sur-Intendant General de la Nauigation , & Commerce de France:
A tous ceux qui ces presentes verront ou orront, Salut, sçauoir faisons que nous auons donné congé & permission a Pierre Pelly sieur des Parquets, de faire esquipper en Guerre &
Marchandise le vaisseau nommé le grand S. Pierre, du port de
400. Thonneaux ou enuiron , & icelluy armer & munition
de toutes choses necessaires, & le charger de telles marchandises que bon luy semblera non prohibez & deffenduës, pour aller en tel lieu non deffendu par le Roy nostre tres-honoré sieur
& Fils qu'il aduisera, mesmes traicter és costes & rades d'Espaigne & pour aller s'y bon luy séble aux Indes Orientalles ou Oc-
dentalles, tant & s'y auant que la Nauigation luy pourra permettre ; en se faisant faire la Guerre, tant par mer que par terre
aux sujets du Roy d'Espaigne , & autres ennemis de l'Estat, &
tous Corsaires, Pirattes & gens sans adueu & autres qui voudront empescher la liberté du commerce aux sujets du Roy nostre dit sieur & Fils , les attacquer en tel lieu qu'il les pourra
rencontrer , & les prendre & amener prisonniers auec leurs
vaisseaux, equippages & Marchandises, & les traicter par toutes
voyes permises & possibles par les Loix de la Guerre , à la charge de garder par ledit le Pelley sieur des Parquets & faire garder par ceux de son esquippage durant le voyage les ordonnances de la Marine, & de mettre au Greffe de la Marine d'ou
il partira vn Rolle des armes & munitions & les noms, naissan-
ces & demeures des hommes qui s'embarqueront, & à son re-
V.

tour auant que de riens descharger fera fidel rapport par deuant nostre Lieutenant de la Marine de ce qu'il aura fait pendant son voyage, declarera s'il a ramené tous ses hommes, &
s'il ne les à ramenez le lieu ou il les a laissez ; lequel rapport &
veriffication d'iceluy : il nous enuoyra pour estre sur icelle ordonné ce que de raison, & par ledit rapport faire distinction
des marchandises qu'il aura achaptés , trocquées ou eschanges
auec celles prises en Guerre, lesquelles prises en Guerre ; Il ne
pourra descharger, vendre, ny disposer d'icelles, sans qu'il luy
soit par nous ordonné, & à la charge pendant son voyage de
porter les armes du Roy nostre dit sieur & fils & les nostres, &
de faire auant son partement en registrer le present Conge au
Greffe de la Marine de Roüen & Haure , & d'y faire son retour.

PRIONS & Requerons tous Roys, Princes , Potentats,
Estats, Seigneurs, Republiques, Amys, Alliez & Confederez,
à cette Couronne, leurs Admiraux, Gouuerneurs de leurs Prouinces , Ports , Havres , passages , & autres leurs Officiers & Subjects qu'il appartiendra , MANDONS & ordonnons à tous ceux , sur lesquels nostre pouuoir s'estend
de donner audit Pelley auec sondit Vaisseau & tout ce qu'il
aura conquis , retraicte, seur & libre passage en leurs ports
auec toute faueur & assistance dont il auroit besoin. CAR
TEL est nostre plaisir , en tesmoing de quoy nous auons
faict mettre le Scel de nos Armes à ces presentes , & icelles
Signées par nostre Secretaire Ordinaire en la Marine. DON-
NE' à Sainct Germain en Laye, le troisiesme iour d'Octobre l'an mil six cens quarante-huict. Signé par la Reyne Regente Mere du ROY , de Loyunes, & Scellé en placard de Cire Rouge.

Les Congez des Voyages & petits Cours que les Lieutenans
des Sieges souloient bailler en leur nom , ils le font apre-

sent sous celuy du Sur-Intendant, comme celuy cy-dessus ony met les Marchandises dont la Navire est chargee, son nom & celuy du *Maistre* du Nauire, son port le lieu où il va, & d'où il part.

Copple d'vn Cognoissemẽt.

IE Iohannes Dulano demourant à Sainct Iehan de Ludz maistre apres Dieu du Nauire nommé la Marie du port de cinquante tonneaux ou enuiron estant de present au Haure de grace pour du premier temps qu'il plaira à Dieu ennoyer, aller de droicte route à Sainct Sebastien, cognois & confesse auoir receu & chargé dans le bort de mondit nauire soubs le franc tillac d'iceluy, de vous *Marin Graindor* de Roüen deux ballots de thoilles estroictes blanches no. 10. 11. & vne balle de sarge de burges no. 16. le tout sec & bien conditionné & marqué de la marque en marge laquelle marchandise promets & m'oblige mener & conduire dans mondit Nauire, sauf les perils & fortunes de la mer, iusqu'audit Sainct Sebastien, & la les deliurer, à vous Sire *Daniel Iupin* ou qui pour vous sera audit lieu, en payant pour le fret auaries desdites trois pieces cinquante deux reaulx pour tout. Et pour ce tenir & accomplir, ie m'obliges corps & biens, auec mondit Nauire, fret & appareils d'iceluy, En témoing de verité ay signé trois cognoissemens d'vne teneur l'vn accomply, les autres de nulle valeur. Faict audit lieu de Roüen le huictiesme iour du mois de Nouembre l'an mil six cens dix

      Signé,   Iohannes Dulano.

LEs voyages de petit Cours, sont pour Angleterre, Escosse, Irlande, Isles de Gersé, Grenesé, Flandres, Hollande, Zelande, & pour tous les Ports & Villes Maritimes de ce Royaume.

De tout temps il y a eu vn grand trafic de tous les peuples cy-deſſus , auec les François, & ſe ſont touſiours tellement familiariſez , & habituez enſemble les vns auec les autres, que l'on n'a point appoté de diſtinction en France des congez, que l'on y à donnez, pour y aller par mer d'auec ceux de la France meſme.

Les Anglois des le temps de Iulles Cæſar , auoient vne grande communication & habitude auec les antiens Gaullois, qui ſont apreſent les François , tant de leurs commoditez reciproques , que de l'inſtruction de la ieuneſſe Angloiſe , en la Iuſtice , par les Gaullois ; pourquoy i'en raporteray ce vers en paſſant.

Gallia caufidicos docuit facunda Britannos.

Et quand le Duc Guillaume propoſa aux Eſtats aſſemblez à Roüen ſur le deſſein qu'il auoit pris de la conqueſte d'Angleterre par les intelligences ſecretes qu'il y auoit , il luy fut fort reſiſté, nommément par le Scindic de la Prouince qui y eſtoit lors, ſe fondans ſur le voiſinage, trafic & antienne amitié d'entr'eux. Et quand ce vaillant & genereux Duc, l'eut conquiſe il y fiſt incontinent porter, la vieille couſtume de Normandie, laquelle y eſt encor manuſcripte ; ayant trouué que les mœurs & eſprits d'icelle y eſtoient bien diſpoſez.

Les Eſcoſſois de tout temps , ont eſté fort amis des François, & encor de preſent la premiere garde du corps du Roy eſt toute compoſée d'Eſcoſſois.

La Conté de Flandres eſtoit la premiere Laycque de France , de laquelle l'hommage lige, ne s'eſt iamais peu preſcrire ny alliener. Pourquoy encor de preſent les Flamens ne prennent lettres de naturalité en France, ny ayant pas encor long-temps , que leurs cauſes releuoient par appel au Parlement de Paris,

Mais pour parler des petits ours aux lieux ſuſdits on

portoit

porttoit de France en Angleterre , Toilles de toutes fortes,
vin , bled , poids , febves , naueaux, pruneaux, pommes
& poires , Paftel & voide à Teindre , Huilles d'Olif, Olliues
Oranges, Citrons & Grenades de la Prouince de Prouence, du
Sel de Broüage , du damas qui font vieils drapeaux , papier , Carthes , Miroirs , Coufteaux , Peignes , & Quin-
quaillieries de toutes fortes , dont en ayants appris la façon de plufieurs ; ils commencent à prefent de nous en rapporter.

On rapportoit d'Angleterre en France toutes fortes de
Drapperies, Sarges, Fuftaines, Bajettes , Mocades , Bom-
bazins , Camelots , Bas-d'Eftame , Rubans de toutes fortes
Eftaim , Plomb , Charbon de Terre , Ardoize, vieils Souliers
& Sauaterie.

Et auant que les Portugais fuffent allez aux Indes Orientalles par la Routte du Cap de Bonne Efperance , ou depuis les
Anglois & Hollandois les ont fuiuis , les François fournif-
foient les Anglois, Efcoffois , Irlandois & auffi les Allemans de
toutes les efpiceries & Marchandifes du Leuant & des Indes
Orientalles dont ils auoient befoin : mais en ayant ruiné cette
Nauigation & commerce qui eftoient en noftre nation , ils ont
grandement alteré celle que nous auions auec eux.

Et principalement les Anglois non feulement de ne nous
donner pareille liberté auec eux d'en tirer les marchandifes,
comme nous leur faifions les noftres en France , mais de nous
y fouler de grands Impofts d'entrée & de fortie , combien que le trafic doiue eftre reciproque , & par pareils traictements.

Pour les Laines, qui eft le fonds & la matiere de leur principal trafic , il n'eft permis d'en tranfporter hors fans eftre eu-
urée à peine d'auoir le bras couppé : Neantmoins il eft permis
à vne compagnie d'entr'eux, Nous ny pouuons porter de Drap-

X

perie , & ils en apportent chez nous de telle qu'ils veulent , ils
imposent beaucoup dauantage sur leurs Draperies , Sarges ,
Fustaines , Bajettes , Bombazins , Mocades , Camelots &
bas d'estame, lesquelles les François y prennent que sur les autres , & mesme encor trente-cinq sols par piece , que feu Iacques Roy d'Angleterre octroya au Milord de Montgommery,
& plusieurs autres entreprises contre ce qui est porté par l'article troisiéme , du Traicté faict en l'année mil six cents
six.

Pour l'Estaim si on en rapportoit , on nous y faisoit payer vne grande augmentation d'Impots : Mais l'excez en estant trop visible, pour le couurir & en auoir seuls le proffit,
ils en ont faict vne Compagnie pour eux seuls : Tellement que voila comme de huict sols , il nous ont fait monter
le prix de l'Estaim en France iusques à saize & dix-huicts sols la
liure.

Puis ont encor faict vne compagnie de Riches Marchans associez à Londres, pour traicter exclusiuement en France à tous
autres, & leuent vn impost sur les marchandises Françoises pour
les deffendre par de là & par deça, qui leur donne vn grand credit & puissance, pour faire auantageusement les affaires de
leur societé & marchandise , tellement que de l'abondance
qu'ils en ont , ils en remplissent non seullement les Seulles;
mais les Chambres, Greniers & Magazins , au preiudice de
nos pauures Marchands & Bourgeois, lesquels y estans employez & y gaignants quelque peu de chose, n'ent osent dire mot,
leur prestent leur nom , & bien souuent leurs femmes pour
vendre & achapter ; & ainsi tirer insensiblement tout le sang,
la substance & le proffit de nostre pays & de nos Villes , iusques-là que ie leur ay veu faire faire & ourdir des Toilles aux
Parroisses des Champs en la Basse-Normandie , à vn fort petit
prix par aune , qu'ils donnoient à ceux qui leur prestoient la

main & leur nom pour cét effect ; cela vient de ce que l'entrée leur eſt ſi libre en France, qui les y faict ainſi familiariſer &
proffiter auec nous à noſtre dommage.

Au contraire s'il entre vn François en Angleterre il paye 5.
ſols d'entrée & 30. de ſortie , & ny à aucune liberté de vendre
ny d'achapter ou traficquer qu'auec des Anglois & encor franc
Bourgeois, qu'ils appellent Fridmans & non autres, auſquels ils
ſont contrants de vendre où achapter d'iceux à leurs poids &
meſures domeſtiques ; ne ſe ſeruans de ceux du Roy que quand
il leur plaiſt, prennent vn impoſt ſur toutes les marchandiſes de
France , tant d'entrée que de ſortie qu'ils appellent Scauadge
& Cayage , & ſont grandement exacts & rigoureux à faire des-
baler & deſployer en entrant leurs marchandiſes , par des em-
paqueurs deballeurs & ſuruoyeurs qu'ils y commettent, afin d'en
receuoir les Impoſts.

Apres par deſſus toute cette tyrannie-là , contraignent nos
François de bailler caution, d'employer l'Argent de leurs marchandiſes en d'autres d'Angleterre.

Ils abuſent auſſi beaucoup en la grande quantité de noſtre
vin qu'on leur tranſporte, en ce qu'il ne leur eſt permis de le vendre aux Tauerniers, ainſi à ceux qu'ils y commettent pour cét effect. Le pouruoyeur du Roy y faict auſſi vn grand tort en ce
qu'il en marque la Teſte pour la bouche de ſa Maieſté, où il ſe
commet vn grand abus, & leur en ſuruient beaucoup de perte,
le reſte n'eſtant plus que rebut , & qu'on ne veut plus qu'à fort
vil prix.

Puis pour comble de ruine & mauuais traictement, en voicy
encor vn plus grand & important , en ce que les pauures Marchands François, ayans faict emploicte de ce qu'ils auoient vendu de leur marchandiſe apres tant de difficultez , il leur eſtoit
impoſſible de trouuer aucuns Maiſtres de Nauires qui les vou-
luſſent charger en leur bord, que des Anglois qui en vouloient

eftre payez à leur mot , ils auroient efté contraints de s'en reuenir à faux fret & à vuide dans les leur , combien qu'indiffe-
remment on chargeaft auffibien dans les leur , comme dans les
noftres, eftans ancrez aux Quays & Havres de nos Villes maritimes, ce qui nous contraignit enfin de donner le 3. Iuin 1617.
reglement en noftre Siege General de l'Admirauté de France a
la Table de Marbre du Pallais à Rouën , de ne charger par nos
François aucunes marchandifes dans les Nauires eftrangers ancrez à nos ports & Havres tant qu'il y en auroit de François : ce
qui fut confirmé par Arreft de la Cour du 10. defdits mois & an,
& authorisé encor par Arreft du Priué Confeil : par ce que
grand nombre d'autres Eftrangers s'eftoient ioints auec lefdits
Anglois pour le faire caffer , & depuis à efté fuiuy & faict practiquer & executer par les Arrefts des Parlements de Bordeaux
& de Rhenes , n'eftant rien plus naturel que de traicter autruy
comme il nous traicte. Ce qui à encor vn peu faict fubfifter
noftre Nauigation & commerce , a trauers cette inegalité cy-
deffus practiquée contre nous.

DE
LA LIBERTE
DE LA
NAVIGATION
AVX INDES ORIENTALLES
ET OCCIDENTALLES.

CHAPITRE IV.

A NAVIGATION aux Indes Orientalles de laquelle nous parlerons cy-apres au Chapitre dela traicte d'icelles, elle eſt ꞉tres antienne꞉ Et pour celle des Occidentalles le grand voyayage de cinq ans ſur la Mer Oceane, que Hanno Carthaginois entrepriſt tant au Sud qu'à l'Oueſt, auec vne Armée Navalle de ſoixante Vaiſſeaux꞉ dans leſquels il y auoit trente-mil hommes & femmes, faict croire que des auparauant cét embarquement on auoit cognoiſſance d'icelles ꞉ n'eſtant à preſumer qu'il euſt faict la deſpence & auaries d'vn ſi grand equippage, & de ſi grand nombre de gens de

Y

l'vn & de l'autre fexe ; qni n'eſtoit que pour faire peuplade,
s'il n'euſt eſté aſſeuré de la bonté, fertilité & ſituation du
pays par quelques-vns qui y euſſent deſſa voyagé, & qui luy en
euſſent faict rapport certain , Puis les deffenſes d'y aller que
les Carthaginois furent contraincts de faire apres , de peur de
deſpeupler Carthage , parceque ceux qui y alloient s'y trouuoient ſi bien qu'ils n'en vouloient reuenir non plus que les Eſpagnols qui ſont habituez au peru, donnent à croire que des ce
temps-là on en auoit faict la deſcouuerte.

Pluſieurs auſſi ont eſcrit que les Carthaginois auoient nauigé vers l'Occident, des-y auoit-long-temps, ou ils auoient deſcouuert vne grande Iſle ; fort eſlongnée de terre ferme , arrouſée de grands fleuues , tresfertille & plantureuſe couuerte de
bois, & abondante en fruicts: Ce qui ſe rapoîte a peu pres a ce
qu'on à interpreté de la grande Iſle Atlantique de Platon: & a
ce que Pline raporte qu'vn nauigateur fut quarante iours a paſſer depuis les Iſles du Cap de Verd , a d'autres Iſles, leſquelles
eſtoient au de la : qu'on peut facillement interpreter eſtre
les Antilles ; par ce que c'eſt le temps ordinaire qu'il faut
pour y paruenir : ny en ayant point d'autres prochaines où il
fallut eſtre plus de huict iours auant que de les recognoiſtre,
ou d'y aborder : C'eſt auſſi l'aduis d'autres qui en ont eſcrit:
pourquoy *Gonzala Fernando Doniedo*, à oſé mettre en auant que
les Eſpagnols les auoient deſcouuertes des ce temps-là.

Mais ſoit que les deffenſes faites par les Carthaginois d'y
aller en euſſent fait habandonner les traictes & voyages , ou que
depuis la ruine de ladite Republique, les grandes & longues
guerres qu'ils auoient euës contre les Romains, leur en euſſent
fait perdre la cognoiſſance : Il ne ſe trouue qu'aucun y euſt fait
voylle depuis ce temps-là: ſinon apres que *Mathieu de Bethen-*
court neueu & ſucceſſeur de Iean de Bethencourt premier Roy
Chreſtien & conquereur des Canaries, eut eſté moitié guerre &

moitié marchandise cauteleusement chassé d'icelles, par le Roy
de Castille: du regne de Charles VI. ses successeurs & plusieurs
Gentils-hommes & ses parens & autres de la Prouince de Normandie qui s'y estoient habituez, ayant vendu leur Patrimoi-
ne, furent contraints comme par desespoir d'aller chercher leur
bonne auanture par la mer en d'autres pays : tellement que de
ces Aiglons les vns s'efforcerent aux Isles des Açores: ou il y en a
encor auiourdhuy du mesme nom & de la mesme famille, les
autres passans plus outre trouuerent celles du Peru ; d'ou quelques vns reuenans en France pour y en porter l'aduis, furent
contraints estans malades & fatiguez d'vn s'y loingtain voyage
relascher pour se rafraischir aux Açores: les autres disent en la
grande Canarie, ou Isle de Madere ou ils decederent tost apres
qu'ils furent arriuez: mais auant leur decedz en donnerent la
cognoissance, les memoires & les Cartres à Cristophle Colomb
Genois qui y estoit, lequel en ayant aduerty Ferdinand Roy
d'Arragon & Ysabelle Reine de Castille son espousé luy firent
dresser vn equipage & embarquement, dans lequel il s'y arrouta ; & trouua le rapport qui luy auoit esté fait veritable.
André Fauin au traicté des Offices de France tient aussi que la
premiere descouuerte en fut ainsi faite par les François, les autres disent que se furent pescheurs François qui y furent iettez
par force de vents contraires. Allans des ce temps la chercher
la bonne pesche iusqu'au Cap de Blanc.

Or pour monstrer que la Nauigation est libre & permise a
tous par le droit diuin de nature, & des gens. nous dirons que
Dieu a voulu par la necessité & indigence des hommes en vn
endroit & par leur abondance en l'autre, ils s'y communiquas-
sent & subuinsent aux deffauts les vns des autres, tout pays ne
pouuant porter toutes choses.

C'est pourquoy les plus barbares ont tousiours tenu leurs
ports ouuerts à toutes sortes de gens. Qui à faict dire a Hif-

Vero
nerre
sterri t
nia pof-
fion.
Quod
bec lo-
minum
qua no
luma ci
barba-
ra mo-
vim ,
permit
ii pa-
via ?
Lupitio
probi-
betur
areng,
Cur
probi-
betis a
quæ:
Comu-
nis vfus
aqua-
rumest.
Victo.
ria de
Indis
part.2.
num.1.
2.3.4.
5.6.7.
S. Au-
gustin.
l. 4.
qmst.
44.

pánus Victoria , cherchant la cause d'vn iuste tiltre aux Espagnols , pour la possession de l'Amerique , que les Americains leur en auoient voullu empescher l'entrée & la liberté d'y
trafiquer, partant qu'ils l'auoient peu prendre de force : dont
nous pouuons tirer contre ces entrepreneurs qui nous l'empes-
chent iniustement , là mesme raison qu'ils auoient contre les
autres.

En l'Escriture Saincte la Guerre du peuple d'Israël fut
trouuée iuste contre les Amorreens , parce qu'ils luy vouloient empescher la liberté du passage pour aller en la terre
de Promission. C'est aussi l'aduis de Sainct Augustin sur ce
passage.

C'a esté autrefois le subiet des Guerres de ceux de *Megare*
contre les Atheniens, de ceux de Boulongne contre les Venitiens : & la premiere occasion de guerre que prindrent les
François contre les Sarrazins , fut qu'ils leur empescherent
la liberté des passages pour aller à la visite du Saint Sepul-
chre. Ce fut mesme le pretexte que prist Ferdinand d'Arragon
pour l'vsurpation du Royaume de Nauarre dont le Roy ne luy
auoit voulu permettre le passage, & Tacite dit que les Allemans se plaignoient des Romains , à cause qu'ils empes-
choient la communication des peuples , leur bouchoient les
fleuues, clouoyent les terres, & leur enfermoient le Ciel.

Pour auoir quelque pretexte spatieux de nous empescher
la traicte des Indes Occidentalles le Roy d'Espagne dit qu'elles
luy appartiennent, parce qu'il les a premierement trouuées &
descouuertes, & que le Pape Allexandre les luy accorda , & au
Roy de Portugal les Orientalles , du Royaume & des droicts
duquel il se disoit iouyssant, & soubs pretexte de la deffense de
l'Eglise l'auoit faict reuenir aux Royaumes de Castille & de
Leon *Pur acoudir Pio Testo à la deffensa d'ella y glesia* , se sont
les termes de son ordonnance de reunion: mais depuis dix ans le
Duc

Duc de Bragance auquel il apartenoit legitimement, s'en est
remis en possession.

Il est certain que le Roy Salomon, Hyeramus Roy de Thir,
les Perses, Grecs & Romains, mesmes les François y ont enuoyé traficqué long-temps auparauant & que plusieurs des
Europeens l'ont continué : comme il se veoid mesme raporté
par les Poëtes, & qu'il se lit en plusieurs endroits & aux liures
de droict on remarque que les Romains prenoient de grands
tributs sur les Marchandises qui en prouenoient.

Impi-
gen ex-
tremo
currit
merca-
tor ad
indos.
Iudia
mittit
ebur &
molles
sua
thurra
babti.
L. vlt.
de pub.
& vic.
& com.
&c.

Pline en son histoire naturelle à fort parlé d'icelles entre autre de l'Isle de Taprobam, qui est celle de Sumatra : & long-
temps auparauant que les Portugais & Espagnols y eussent nauigé, le nom des François y estoit cognu soubs le nom de fran-
chy lequel y estoit en grand respect.

Tellement que quand les Espagnols ou Portugais les auroient trouuées ou descouuertes des premiers, ne les ayans iamais possedée & ne les possedans encor ; ils ny doiuent pretendre aucun droit : principalement en des pieces de telle consequence que les Royaumes desquels le droit ne se prescrit iamais, non plus que la liberté d'y nauiger, laquelle est du droict
des gens qui ne peut estre empesché par les loix Ciuilles.

Le Roy de la Chine n'a iamais permis la traicte en son
Royaume au Roy d'Espagne : ains seullement à Macaoen vne
Isle prochaine d'iceluy & encor auec des conditions telles qu'il
a voulu imposer : à la charge entre autres de donner la liberté
aux Indiens ou Espagnols du Peru d'y aporter & traicter par
la mer du Sud leur argent & richesses, & telle quantité & en
tel nombre de Naui-es qu'ils voudroient ce que autresfois Philippes II. auoit voulu retrancher a certain nombre pour l'in-
commodité qu'il en receuoit.

Les autres Roys de Mogor, Calicut, Iappon, Bengale des
maldiues, Cochin, Tananor, Chily, Cananor, & plusieurs

Z

autres ne luy ont iamais & ne permettent encor d'y traicter, ny aux Portugais qui y sont plus espandus qu'auec certaines conditions, entre autres de les garder & deffendre des Pirates & Corsaires de Perse, d'Arabie, & de plusieurs peuples qui les venoient rauager en leur pays qui sont actes bien contraires a ceux d'vn Seigneur & proprietaire. Les Anglois & Hollandois y en tiennent aussi a present des meilleures.

Pour les *Indes Occidentalles* quand on accorderoit à l'Espagnol que Cristophle Colomb Genois les auroit le premier descouuertes auec les Nauires de Ferdinand d'Arragon & d'Ysabelle de Castille son épouse : cela ne luy en donneroit pas le droit par les raisons cy dessus, y ayant de tout temps eu des Roys & Royaumes d'Antien establissement, qui auoient leurs loix formes & coustumes, soubs lesquelles ils viuoyent & estoient reglez comme il se void par tant d'histoires de ce temps; ny ayant point de droit qui attribuë à l'inuenteur, la Seigneurie & proprieté de choses si publiques si importantes & desia occupées. Car il ny à que Dieu seul qui establisse & face reguer telles puissances : tenant le cœur des Roys & de leurs Royaumes en sa main. Il faudroit auoir vn autre tiltre ou qu'ils s'y fussent donnez & submis vollontairement, & que par le consentement de tous, l'Espagnol en eust pris possession comme ont fait nos Roys autresfois de la Floride, de Canada, de Maragnon, du Brezil & autres parties du monde.

Quand à l'aduantage que le Roy d'Espagne veut tirer de la limitation faicte des Indes Orientalles au Roy de Portugal duquel il dit auoir le droict, & à luy des Indes Occidentalles, par le Pape Alexandre, cela ne luy peut attribuer aucun droit; n'ayant esté que pour empescher la guerre entre ces deux Roys affamez, que sa Saincteté remarquoit fort chauds & aspres à la chasse de si friants morceaux, où ils commençoient a s'acharner & gronder les vns contre les autres, de telle sorte

que si elle ne les eust separez par cette limitation entr'eux , ils
se fussent entremangez , & eust fallu que deslors la chute de
l'vn eust seruy de curee à l'autre, comme elle à faict depuis. Et
partant de tirer en consequence tel accord au preiudice des
autres Roys qui ny furent iamais connoquez ny appellez , &
en la possession dequoy ils ont toussiours esté trauersez par
François , Anglois & Hollandois , C'est contre tout droit
& aparence d'en pretendre vne proprieté, & legitime Seigneurie, principalement contre le Roy de France Tres-Chrestien
fils aisné de l'Eglise.

Mais puis que tels Royaumes ne despendoient que de Dieu,
de leurs Roys , & antiens establissements : il n'estoit pas possi-
ble de les donner ny l'imiter à aucuns autres : Car nul ne peut
donner ce qui n'a point ; comme il est dit en l'escripture Saincte; C'est pourquoy ce grande Roy des Indes Attabalippa, lors
qu'on le pressa de se rendre & submettre au Roy d'Espagne:
dict naturellement, qu'il aymoit mieux mourir que d'obeyr &
s'assubiectir à celuy qui donnoit ou prenoit ce qui ne luy appartenoit point.

Car il est certain que les Indiens pour estre infidelles ne peuuent pas estre priuez de leurs biens & Royaumes par les Chrestiens Seculliers ou Eclesiastiques, s'il ny a quelque autre chose , comme la tenu mesme l'Espagnol victoria.

C'est aussi l'aduis de plusieurs autres , celuy de Saint Thomas, la resolution du Concile de Tolede & des Theologiens
Canoniste & Iurisconsultes: parce que disent-ils, la loy Ciuille n'oste iamais le droit naturel dont les termes de Caieton en
sont s'y expres sur la somme de Sainct Thomas 22.q.66.art.8.
que ie les raporteray a ce propos.

*Quidam infideles , nec de Iure , nec de facto subsunt secundum,
temporalem Iurisdictionem principibus Christianis vt Inueniuntur
pagani , qui nunquam imperio Romano subdiei fuerunt , terras ha-*

Non
possum
Christi-
ani se-
culares
aut Ec-
clesiasti-
ci puel-
lare cli-
uili ,
aut prin-
cipatu,
priuare
infide-

lts , eo bizantes in quibus nunquam Christianum fuit nomen : Horum nam-
que domini quamuis infideles , legitimi domini sunt, siue regali
, quia siue politico regimine gubernantur : Nec sunt propter infideli dominio
sue priuandi : Cum dominium sit extura positiuo , & infidelitas
ex diuino iure , quod non tollitius positiuum : Et de his nullam
scio legem , quod temporalia , contra hos nullus rex, nullus impe-
rator , nec Ecclesia Romana potest mouere bellum , ad occupendas
terras eorum , aut subiiciendos illos temporaliter , quia nulla subest
iusta causa belli : Cum Iesus Christus rex regum , cui data est pote-
stas in celo, & in terra miserit ad capiendam possessionem mundi , non
milites armata milita , sed sanctos predicatores sicut oues inter lupos.

Vnde nec in testamento veteri , vbi armata manu possessio erat
capienda terra infidelium , indutum lego bellum alicui propter hoc
quod non erant fideles , sed quia nolebant dare transitum , vel quia
eos offenderant , vt Medianita , vel vt recuperarent sua , diui-
na largitate concessa.

Vnde grauissime pecaremus : si fidem Christi Iesu , per hanc
viam ampliare contenderemus , & teneremur ad restitutionem vt-
pote iniusti debellatores aut occupatores.

Par lesquels termes il est constant que l'infidelité & le peché
mortel n'ostent & ne peuuét faire perdre la domination & Seigneurie aux payens, Infidelles ou Indiens, & pour cela ne peut
estre transferée à d'autres quels qu'ils soient. Car la vraye Religion, ne considere aucun interest temporel ou terrien, & tant
s'en faut qu'elle introduise par la domination, force, ou
cruauté, qu'elle à commencé, & à esté establie par l'humilité, patience & persecution ; sous les plus grandes puissan-
cer seculieres qui ayent iamais esté au monde. L'Eglise n'a-
yant iamais rien tant abhorré que de l'ambition, de la violence, & du sang suiuant l'aduis de tous les antiens peres, qui
à mesme faict dire à Sainct Augustin, que s'il suruenoit quelque heresie : Il ne falloit pas s'efforcer de la retrancher par la
force,

force, mais par tous autres remedes. *Citra tamen pœnam sanguinis*, les establiffements de la Religion Catholique eftans tous autres que ceux des feculiers & du monde.

Du temps de l'Empereur Charles V. & de Philippes II. Roy d'Efpagne qu'on excerca des plus horribles cruautez qui ayent iamais efté contre les pauures Americains : il fe trouua encor quelques bons Catholiques & vrays Religieux en Efpagne qui crierent bien haut de l'horreur qu'ils eurent de cefte procedure inhumaine & barbare , qui leur fift dire & efcrire hardiment qu'on dépeuploit le pays des Indiens pour peupler l'Enfer d'Efpagnols : Berthelemy Delas Cafas Euefque de Chiappa en la Mexique en fon liure de la deftruction des Indes a efté vn des premiers qui reprift fort vertueufement, & par puiffantes raifons tous les Docteurs qui auoient flatté cefte procedure cruelle & inhumaine du nombre defquels eftoit Sepelieda & Seualos, qui en auoient efcrit à la faueur du temps & du Prince, les gens de bien furent vifuemenr touchés des plaintes de ce bon Euefque, les efcrits duquel furent receus aux meilleures compagnies & Religions, & aprouuez folemnellement tant par les Colleges & vniuerfitez de Valladolid de Salamanque & d'Alcala; que plufieurs autres : dont enfin l'Empereur Charles V. ayant efté émeu apres auoir ouy en fon Confeil, ce bon Euefque fur le fubiect de fes efcrits de la deftruction des des , fift tout auffi-toft expedier lettres qu'il enuoya publier pour y traicter humainement, & gouuerner les pauures Indiens auec plus de moderation: Mais elles y furent mal obferuées par les Gouuerneurs & Commandeurs & autres Intereffez quis'y oppoferent & fe voulurent reuolter ; qui a efté caufe que la Religion ny eft pas fi bien eftablie qu'aux Indes Orientalles, ou les Roys & Royaumes y font demeurez en leur entier, & aufquels on n'a peu faire telle deftruction : Car la foy Catholique ne fe force point par le feu, le Fer, ou le fang,

A a

mais elle se persuade par la raison, & proffite en vn estat bien
ordonné qui à fait dire a Baronius que l'establissement de
l'Empire Romain au commencement duquel Iesus Christ vint
au monde enfin ayda grandement à celuy de l'Eglise & que
Dieu en permit l'eleuation pour cét effect comme il est raporté plus amplement par luy au commencement de son histoire.

Et pourquoy Sainct Augustin desiroit tousiours la conseruation d'iceluy, & se rejouyssoit des victoires des Empereurs,
bien qu'au commencement les Chrestiens en eussent esté per-
secutez.

Aussi les hommes par le trafic & le commerce les vns auec
les autres se sont premierement communiquez, associez & ci-
uilisez, puis basty des Villes estably, des republiques, Empires
& Royaumes, & par l'obseruation d'vn bon ordre, de bonnes
loix & polices, qu'ils s'y sont donnez selon la raison humaine &
naturelle ont incité la bonté diuine de leur bailler ses commandements & sa loy plus parfaicte, mesmes de se communiquer
a eux & leur donner vn commerce auec luy mesme par les plus
hauts misteres & Sacrements de l'Eglise, laquelle comme vne
bonne Mere tend les bras à tout le monde, & appelle vn chacun pour le receuoir & recuellir Charitablement au Gyron d'i-
celle, deffendant toute rigeur qui les en peut destourner & s'accommode mesme à leur humeur, pour les y attirer a l'exemple de Dieu, lequel ayant veu le peuple d'Israël enclin & porté
de son naturel à manger de la cher d'Aigneau : y establit son
Sacrifice : puis Iesus-Christ l'abolissant nous donna son Corps
& son Sang, par le Sainct Sacrement, qu'il fist & establit sur
le Pain & sur le Vin à la Scene, qui sont les deux plus necessaires
alliments de la vie humaine, & enfin a permis que l'Eglise a
eité fondée de grands biens temporels, pour ayder aux spiri-
tuels, & au maintien d'icelle, ce qu'il fait aussi par l'Empereur,

les Roys, & les puiſſances ſeculieres qu'il fait regner pour cét effect & pour ſa gloire.

Car tout ainſi comme ſuiuant l'aduis d'Ariſtote l'or & l'argent ſont de puiſſans organes pour l'exercice de la vertu; ils le
ſont auſſi eſtans bien employez , ſelon l'intention des fondateurs pour celuy de la Religion principale vertu de toutes. Car
encor que Dieu nous ayt communiqués & fait apprehender ſa
diuinité par l'organe de l'entendement & de la raiſon, il ne nous
a pas oſté , ce qui eſt humain pour la receuoir, au contraire à
fait & creé toutes choſes pour cét effect, & à l'vſage & ſeruice
de l'homme , & pour ſa gloire comme l'autheur de toutes choſes.

Il eſt dont expedient de laiſſer la liberté à tous peuples de
quelque Religion qu'ils ſoient d'aller , traicter, trafiquer aux
Indes & en quelques parties du monde que ce ſoit. Car la mer
& la terre ſont pour cét effect libres à tous ; ainſi comme les
autres Elements. Suffiſant de deffendre l'exercice public
d'autre Relligion que de la Cathollique où elle eſt eſta-
blie.

C'eſt le moyen de faire hanter & communiquer les hommes
& les peuples diuers, comme enfans de l'Egliſe, & Citoyens du
monde y en recognoiſtre l'autheur.

Puis enfin par ſa parolle , par la frequentation & par l'e-
xemple, apprendre & ſe faire inſtruire aux Elements & Saincts
preceptes de la Religion Catholique , qu'on trouueroit eſta-
blie aux Pays, Villes & Havres plus celebres du commerce, ou
comme il ſe lict de Platon, lequel eſtant allé faire marchandiſe en Ægypte y apriſt la plus haute Philoſophie du monde,
par la lecture des liures de Ptolomée, lequel auoit ceux de l'Eſcriture Saincte.

Ainſi en faiſant emplaicte & Marchandiſe de biens temporels, on profiteroit aux ſpirituels & eſtendroit la Religion

par tout l'vniuers. Car si les Catholiques empeſchent le libre
accez, trafic, & frequentation aux autres, ils nous traicterons
tout de meſme. Au moyen dequoy les peuples n'ayans aucune
communication ny habitude enſemble : il ſera impoſſible de le
pouuoir iamais reduire ny conuertir ; qui ne ſeroit pas ſeullement les priuer de l'vſage de la raiſon laquelle rend les hommes
ciuils & ſociables, mais de l'effect & du fruit de la Religion laquelle en eſt le vray objet, & pourquoy l'homme à l'ame raiſonnable diuine & vniuerſelle afin de ſeruir, faire ſeruir & recognoiſtre Dieu par tout le monde. Ce qui à fait dire au Poëte
Royal Dauid *In omnem terram exiuit ſonus corum, & in fines orbis
verbæ orum.* Et auſſi Sainct Paul parlant de la vacation
des gentils a demandé comme ils inuoqueroient celuy auquel
ils ne croyent, & comment ils croyroient à celuy duquels ils
n'auoient iamais ouy parler : car comme il eſt dit dans Eſaie
pour auoir la foy, il faut entendre, & les Apoſtres par leur
Communication & Predication aux gentils & peuples plus
eſloignez ont fait, recognoiſtre Dieu & planté ſon Egliſe. Ce
qui eſt traicté & raporté plus amplement par le Docte Inter-
prete aux langues Eſtrangeres, Guy le Fevre ſieur de la Boderie mon couſin entre autres au diſcours par luy fait dedié a
Henry troiſieſme Intitulé, *Decertis quibuſdam Signorum con-
iecturis, quæ vltimum filij hominis aduentum ſunt præceſſura,*
lequel eſt Imprimé au commencement du nouueau Teſtament
par luy tranſlaté mot à mot : ou ce ſçauant perſonnage dit des
merueilles de la deſcouuerte des Indes & de la Merique : touchant la Predication de l'Euangille par tout le monde : ou il
rapporte pluſieurs beaux paſſages de l'Eſcriture Saincte & diuerſes Propheties d'Autheurs, & de ce que le Roy de France
doit faire, pour l'eſtabliſſement de l'Egliſe par toute la terre :
ſoubs le nom du Coq.

*M*ais afin que le zele de Religion ne nous emporte en ce
diſcours

difcours Theologique: nous reprendrons noftre file de la liberté de la Nauigation aux Indes,& en paffant refouderons les
difficultez & raifons que les Efpagnols Alleguent encor pour
nous en empefcher la traicte: C'eft entre autres difent-ils, qu'il
eft porté que durant la Trefue de Vaucelle faicte en l'an 1555.
les François ne pourroient traicter, conquerir ny defcouurir en
icelles fans le confentement de l'Empereur Charles le Quint &
de fon fils. *Mais* n'eftant que pendant vne Trefue, laquelle
ne dura que fort peu de temps, & auec des conditions de traicter & conquerir ailleurs qu'aux endroicts occupez par les Efpagnols qui n'en tenoient pas la centiefme partie, y ayans contreuenu tout affi toft eux-mefmes : C'eft vn tiltre fort foible,
& qui fe deftruict de foy-mefme : d'ailleurs que ce qui
eft accordé durant la Trefue, eft ordinairement forcé,& le plus
fouuent ce qui ne feroit raifonnable de faire par des articles de
Paix s'accorder durant la Trefue.

Les Efpagnols alleguent encor vn autre traicté ou accord pretendu auoir efté faict en Efpagne en l'an mil cinq
cens quatre-vingt cinq, par lequel on fe departoit d'aller aux
Indes : Mais on n'y doit auoir aucun efgard, parce qu'il
ne fe paffa qu'entre quelques particuliers François qui n'en
auoient aucun pouuoir, & que c'eftoit au commencement
de la ligue que Philippes deuxiefme fomenta en France, pour
l'execution de fes deffeins apres le deceds de feu Monfieur d'Allençon frere vnique de Henry III. qui n'auoit point
d'enfans.

Auffi par tous les Traictez de Paix de l'an mil cinq cens
vingt-neuf, mil cinq cens cinquante neuf, mil cinq cens
quatre-vingt dix-huict, il ne fe trouue que les François ayent
iamais efté priuez de la liberté de cette traitte & Nauigation. Au contraire on a toufiours pratiqué que ce qui eftoit
pris au de-là des limites, qu'on appelle au de-là des a-

Bb

mitiez , comme au de-là du Tropicque de Cancer qu'on conſidere commencer vers le Sud endroict l'Iſle de Fer & le Meri-
diem des Açores vers l'Oueſt , eſtoit de bonne priſe & iuſte
conqueſte.

· Car les Roys de Caſtille , d'Arragon & de Portugal , ayant
recognu dès le commencement l'importance & l'vtilité de la
traicte & Nauigation , tant aux Indes O. ientalles qu'Occidentalles ne ſe contenterent pas ſeulement d'en faire le partage par monopolle & intelligence entr'eux , ſans y appeller le
Roy de Fráce Tres-Chreſtien & fils aiſné de l'Egliſe:mais meſme s'efforcerent par Edicts & contrauentions au trafic Maritime arreſté entre les Roys & Potentats de la terre , commun
à tous les hommes de ruiner la nauigation des François afin en
effect de les empeſcher d'y aller & d'en auoir leur part Pourquoy le Roy Louys douzieſme , ordonna premierement des ce
temps la qu'on procederoit auec eux par traictements ſemblables n'ayant aucun preuilege ou prerogatiue de ce faire plus
que nous, comme il a auſſi eſté ordonné depuis par les autres
Roys ſes ſucceſſeurs.

Mais le Roy François premier ayant encor mieux preueu la
conſequence de cette Nauigation,& le moyen d'y reſiſter pour
auoir ſa part au gaſteau : fiſt faire & equipper pluſieurs embarquements , & publier les plus belles Ordonnances de la Marine
qui euſſent iamais eſté aux années 1517. 1537. 1543.afin de ſe
bien armer & equipper en Guerre lors que l'ony alloit comme
il a touſiours eſté pratiqué depuis ,ce qui ſe veoid meſmes par
les lettres de ſa Majeſté Louys XIII. & de la Reine Regente ſa
Mere à Iacques Roy de la grande Bretagne du 7. Decembre
1610. leſquelles portent en termes expres & remarquables , au
ſubiet d'vn Nauire Dieppois reuenant du Brezil commandé
par le Capitaine l'Ambert ſur lequel l'Ambaſſadeur d'Eſpagne
auoit vſé d'Arreſt au port d'Arteneue,ou il auoit relaſché : par

force de mauuais temps pretendant que les Marchandifes defquelles il eſtoit chargé n'eſtoient de loyalle traicte ny de bonne
priſe, leſquelles portent en ces termes expres que l'intention des
feuz Roys & la ſienne, auoit touſiours eſté que l'on traictaſt &
& Nauigeaſt librement au de la du Meridiém des Açores pour
l'Oueſt, & du Tropiqne de Cancer pour le Sud. Le Roy n'a-
yant iamais recogneu le Roy d'Eſpagne pour Roy & Seigneur
des Indes & de la Merique , pour y auoir autant de droit que
luy, comme l'ont auſſi tous les autres Princes de la terre en execution deſquelles lettres le Nauire & Marchandiſes furent renuoyez en France, à la pourſuite du feu ſieur de la Boderie pour
lors Ambaſſadeur extraordinaire en Angleterre, & deſnommé
aux meſmes lettres de la Reine Regente qui en fiſt renuoyer
d'Angleterre la priſe en France à Paris par deuant Monſieur
l'Admiral qui la Iugea bien faicte pour l'execution de quoy, &
des effects qui en deſpendoient, le renuoy nous en fut faict en
noſtre Siege General de l'Admirauté de France à la Table de
Marbre du Pallais à Roüen, ou nous en cogneuſmes & Iugeaſmes.

Et d'autant , que ſans obſeruation de la ligne en quelque
part de la mer que ce fuſt , où les Eſpagnols trouuoient des
Nauires François, chargez de Marchandiſes, des Indes, du
Peru ou du Brezil ſans les auoir priſes & acquitée en Eſpagne
ou Portugal ; ils les amenoient en leurs Havres , & les y faiſoient Iuger de bonne priſe : le meſme ſieur de Dampuille Admiral : me fiſt dire , arreſter & declarer en la preſence de tous
les Officiers de 27. Sieges d'Admirauté qu'il y a en Normandie , & aux principaux Capitaines de Navire de ce temps là
ſuiuant la volonté du Roy Henry IV. qu'on euſt a faire &
pratiquer le ſemblable en l'aſſemblée d'iceux , qu'il en fiſt
faire pour cét effect à Roüen enuiron l'an 1607. ſuiuant l'intention de ſa Majeſté , en la maiſon du ſieur Collier celebre

Marchand de Roüen, afin de traicter les Espagnols, comme ils nous traictoient, & qu'ils ne prissent aucun aduantage sur nous. Estant permis de leur faire amener leur Voille par force ou par amitié.

Voilà comme l'Espagnol pour auoir voulu contraindre & empescher la liberté de la traicte & Nauigation aux Indes y a donné l'ouuerture aux prises, a obligé de s'armer & equipper en Guerre pour y aller puissamment & auoir de force ce que par raison & amitié est permis par le droit diuin, de nature & des gens de pescher.

DE LA

DE LA TRAITTE

DES

INDES ORIENTALLES
ET DES PRINCIPALLES ISLES
ET TERRES, OV LES PORTVGAIS,
HOLLANDOIS, ET ESPAGNOLS ONT DES
Ports, des Forts & habitudes, & ou ils
Traficquent.

CHAPITRE V

N appelle ordinairement Traitté, ou de traitte, qui va loin au dehors, aux pays estranges ou qui n'vient : & aussi par ce qu'il faut que les Roys, Princes & Republiques de diuerses nations & peuples estrangers de la terre desquels les subiets traictent, trocquent & negotient les vns auec les autres, le consentent par traittez & accords, & tiennent la main forte à l'execution d'iceux, pourquoy aussi ils prennent de toute anciennetè sur les Marchandises qui en prouiennent ou qui viennent les plus legitimes imposts de leurs estats, & moins dommageables à leurs subiects.

Ce

Il Trattato de li Traffici Impримé à Venise en 1576. Il Consolato delMare le mas

Car en effect c'eſt vne des plus grandes & importantes affaires des Roys & de leurs peuples , que cet entretenement de
commerce & negotiation de Marchandiſe de peuple a peuple, dont auſſi de tout temps ils ont pris la cognoiſſance eux
meſmes, lors qu'il y a eu de la contrauention: n'y ayant rien
qui apporte plus de bien a leurs ſubiects & eſtats & qui les en-
tretienne en meilleure amitié & intelligence les vns auec les
autres.

Mais il ne faut point que les Portugais ſe vantent auoir eſté
des premiers, & que pour cela ils s'y attribuent aucun droit ou
auantage. On lit en l'eſcriture Sainte co nme le Roy Salomon
& Hyeramus Roy de Thir aſſociez enſemble y enuoyerent, &
qu'aux Nauigations & voyages de trois ans qu'ils y faiſoient
faire, ils en rapportoyent de l'or, de l'Ebene, de l'Yuoire & autres commoditez qu'on en tire encor à preſent.

Les Phæniciens , Ægiptiens, Æthiopiens, Grecs & Carthaginois y nauigerent premierement. Strabon rapporte que
apres la deſtruction de Troye Menlaus trauerſant la mer Mediterranée nauigea dans l'Ocean, rangea les coſtes de Guinee
& d'Affrique, puis doubla le Cap de Bonne eſperance & entra
dans l'Inde Orientalle. Alexandre le grand auoit fait equipper
de groſſes flottes pour y enuoyer lors qu'il deceda. Il ſe trouue
auſſi que Hanno Carthaginois paſſa auec 60. Nauires le meſme Cap antiennement appellé corne de Heſperide. Les Romains y enuoyerent pareillement plus de deux cents ans auant
la venuë de Ieſus-Chriſt. Titte Liue dit qu'on y nauigeoit fort
de ſon temps & nommement en l'Iſle de Taprobam, l'vne d'i-
celles maintenant appellée Sumatra & Dyodore recite que
Iambole marchand de Grece deſcouurit premierement celle
de Seilan, les autres diſent celle de Sumatra. Le meſme Pline
raporte que l'on trouua des hommes de ce pays la, leſquels furent iettez par tempeſte à la coſte de Suede qu'on amena & fit

veoir a Mettelus Celer Proconful. Il s'en trouua auſſi d'autres
de la meſme contrée à la rade de Lubec du temps de l'Empereur Federic Barbe Rouſſe. Il ſe veoid en diuers endroits du
droit ciuil comme les Romains tiroyent des Indes Orientalles,
diuerſes ſortes de commoditez & Marchandiſes, ſur leſquelles
ils auoient mis des des Impoſts, & prepoſé des Iuges & Officiers pour les leuer & en cognoiſtre, comme il ſe void entre
autres en la L. derniere *au digeſte de pub. & veſt. & Com.*
par laquelle *Species pertinentes ad veſtigal ſunt Cynamomum,*
Piper longum, Piper album, Folium, Coriophyllum, Coſtum,
Caſſanum, Nardiſtachys, Caſſia, Thimiana, Xilocaſſia, Smyr-
na, Amomum, Ziuziber, Malabanum, Oroma Indicum, Chal-
bona, Laſer, Agalochium, Sargogalla, Gummi Arabicum, Carde-
momum, Xilocinammomum, Carpeſium, Opus Biſſimum, Pelles
Patricæ, Polli Babilonicæ, Ebur, Ebenum Indicum, Lapis vni-
uerſus, Margarita Sardonix, Hyacinthus, Smaragdus, Adamas,
Saphirus, Cabinus, Barillus, Clyndrus, Opera Indica, vel Serma-
tica, Metura, veſtris ſerica vel ſubſerica, vela tincta Carbaſea,
Nemaſericum, Spadones, Indici Leones, Lanæ, Pardi, Leopardi,
Panthæræ, Purpura, Iremapecorum lana, Succus, Capelli Indici.
Il ſe void que c'eſtoient pareilles marchandiſes que celles qu'on
en rapporte encor à preſent.

Il eſt a preſumer que depuis les Romains, nos François y ont
voyagé long temps auant les Portugais & Eſpagnols ont traitté
té auec les voiſins de ces inſulaires : car des le commencement
que les Portugais y ſont allez ils y ont trouué le nom des François fort celebre & en reputation: y eſtans appellez en langage
tres antien des Indes Franchj ou Faranchi & comme quelques
Portugais & Eſpagnols vouloient perſuader a ce peuple la que
l'Empereur & le Roy d'Eſpagne eſtoient plus grands Seigneurs
que le Roy de France, ils ne le vouloient iamais imaginer. Par
l'antienne Loy de leur pays quiconque frappoit vn François

deuoit auoir le bras couppé qui est vne peine de nos antiennes
Ordonnances d'Oleron pour la marine que nos gens de mer
leur auoient vray semblablement a prise, cette renommée co-
gnoissante & amitié du nom François en l'esprit au cœur & en
la bouche des Indiens procedoit des voyages par eux faicts du
temps que nos Roys auoient fait la guerre aux Infidelles tant
en Affrique qu'en Asie, ou pour le grand commerce de Soye,
d'Epicerie Perles, Pierrerie, & autres commoditez de ce pays-là
que les François principallement ceux de *Marseille* faisoient
en Alexandrie, Damiette, Berenice, Tripoly, Constantinople & plusieurs autres Ports des mers du Leuant ausquels on
les a portoit des Indes Orientalles par le destroit de Perse & la
mer rouge puis par les terres de Perse, Babilone, Arabie, Ægypte & autres endroits dont auant que l'on se fut arrouté par le
Cap de Bonne Esperance nous les soulions auoir & en fournir
Almans, Anglois, Escossois, Flamens & autres.

Voicy comme les premiers des Portugais commencerent
peu a peu a descouurir les Indes Orientalles & y nauiger par le
Cap de bonne esperance Henry III. fils de Iean Roy de Portugal ayant veu l'entreprise & conqueste des Canaries faicte par
le *Seigneur* de Bethencourt Gentil homme François de la Prouince de Normandie ne fut pas seullement picqué du desir de
conquerir à son imitation. *L'Isle de Madere* qu'il prist incontinent apres par Iean Goucales & Tristan Vas Portugais mais
passe outre enuoyant en suite de ceste conqueste iusques au
Cap de Baiador puis fit ranger les costes d'Affricque par An-
thouioti Vzedemie, Loys Cadamoste Venitien & autres a
l'ayde desquels il s'empara de plusieurs Isles & descouurit par
Aluaro Fernandes la coste de Guinee, puis apres ses successeurs
estans en Curee de telles prises & descouuertes dont ils tiroyent
de grandes commoditez voulurent chasser plus loing où en fin
fouls *Iean* II. l'an *1497.* Vasque de Gama redoublant au de la
de ces

de ces conquestes descouurit l'Inde Orientalle, qui a enfin fait faire voille aux Portugais & Espagnols par toute l'Indie iusques aux *Molucques*, Isles Philippines, l'Achine & Iapon raporté de grandes richesses & honneur.

Mais les Anglois & Hollandois ont à present tellement entrepris cette traitte, qu'ils y en ont aussi bonne part comme les Espagnols & Portugais qui s'y estoient arroutez & introduicts, & en auoient entrepris la traitte & trocque des principales *Marchandises* par certains prix & conditions, entre autres de les conseruer & garantir des Pyrates & de leurs ennemis.

C'est pourquoy les Epiceries, la Soye & riches Pierreries auec autres commoditez que nous en soulions tirer à Marseille par la nauigation d'Alep d'Alexandrie, de Smirne, Constantinople, Tripoly, Cosson & autres parties de la mer & par les terres d'Ethiopie, Arabie, Babilone, Perse, Egypte & autres endroits qui de tout temps ont vn grand commerce à Ormus & Isles des *Indes Orientalles*, nous ne les auons plus que par les mains sanglantes des imposts & daces cruelles des Espagnols, Portugais, Anglois & Hollandois qui en tirent tous l'esprit & le suc, pour nourrir & augmenter le corps de leurs estats & en corrompre, diminuer & alterer le nostre.

Se fut pourquoy suiuant l'intention du feu Roy Henry le Grand qui auoit fait faire & composer vne compagnie pour les *Indes Orientalles* afin d'en tirer directement les commoditez le Roy Louys XIII. son fils en voulut faire publier l'Edit en l'année 1615. qui fut executé du temps que nous estions en nostre charge par la flotte de Montmorancy, laquelle y fist deux voyages qui y furent fort bien receuz & bien veillez par le Roy & habitans du pays, mais fort trauueillez par les Hollandois.

Nous recommencerons dont à parler de nos lointains voya-

D d

ges par la traitté des Indes Orientalles laquelle se fait maintenant par la route du Cap de Bonne Esperance. Mais pour reuenir a nostre traitte des Indes Orientalles par le Cap de Bonne
Esperance, il faut en partant de tous ces Haures de Dieppe &
du Havre, prendre son cours pour y paruenir enuiron soubs le
43. degré de hauteur, ou il est a remarquer ce que l'Iuscot escrit en son grand routier de mer que l'Europe gisoit du costé du
Nord de la ligne que Lisbonne en Portugal laquelle on reco-
gnoist apres auoir passé le Cap de Fin, estoit souls la hauteur de 39. degrez & demy, correspondoit à l'Isle de Madere
Nord-Est & Sud-Ouest eslongnée de 172. lieuës de la coste
d'Espagne & gisante soubs la hauteur de 32. degrez corr spon-
dante à l'Isle de la palme, Nord Nord-Est & Sud Sud-Ouest est
distance de 63. lieuës que les Nauires qui vont aux Indes peuuent recognoistre soubs la hauteur de 28. degrez 3. quarts de laquelle on dresse son cours au Sud autant que les vents le peuuent permettre iusques au Cap de Sainct Augustin qui gist à
la hauteur de huict degrez & demy de la bande du Sud en la
coste du Brezil, ou il y a neuf cents lieuës sur le cours du Nord-
Est au Sud-Ouest, quand on la passé il faut prendre incontinent son cours au Sud-Ouest car d'ordinaire les vents y
soufflent au Sud & Sud-Est se faudra tenir au Sud-Ouest
de l'Isle de Tristan d'Acunha soubs la hauteur de 34. degrez du
costé du Sud de la ligne.

Lors qu'on iugera auoir passé cette Isle de Tristan d'Acunha, il faudra cingler iusques à la hauteur de trente six degrez,
& lors prendre la route de l'Est iusques à ce que l'on ayt passé
le Cap de Bonne Esperance, situé sous le trente-quatriesf-
me degré & demy du costé Meridional de la ligne, & distant
de 1060. lieuës du Cap de Sainct Augustin au Brezil, lors
on cinglera au Nord-Est vers terre ferme : à sçauoir vers Mo-
zanibique, ou bien en dehors de l'Isle de Sainct Laurens par-

tant de Mozanibic fous le quinziefme degré, il faut dreffer fon
cours au Nord-Eft iufques à ce que l'on ait paffe l'Ifle de
Comorro, le cours eft de 80. iufques à la hauteur de vnze degrez, & de la on continuë fon cours iufques aux Ifles Do Ad-
mirante qui gifent à la hauteur de trois degrez & demy
au Sud.

Ces *Ifles* eftant paffées faut prendre la route du Nord-Eft,
tirant fur l'Eft : Quoy faifant on vient aux *Ilhas* Queimadas
qui gifent a la hauteur de faize degrez on la cofte de Goa: Mais
il eft a notter qu'en cette contrée les courans ont toufiours leur
cours au Nord-Oueft : à fçauoir vers le deftroict de *Mecca* où
de la *Mer* Rouge : pourtant fi-toft qu'on eft patuenu a
la hauteur de 17. degrez pour bien dreffer fon cours, on retient
toufiours la mefme routte tendant vers l'Eft Nord-Eft, ou quelque peuples auant fi befoin eft.

Le Cadran monftre toufiours ce qui fera befoin de faire, &
ira-on ainfi iufques a deux cens lieuës de la cofte des Indes, fe
gardant bien de cingler plus bas que les quinze degrez, pour
euiter les bancs de Pandua, lefquels gifent a la hauteur de 13.
degrez au Nord, & quand on fe iuge preft de ladite cofte des
Indes, on fe tiendra toufiours au deffus des faize degrez, a
raifon des courans qui ont toufiours leur cours au Sud vers la-
dicte cofte, & d'ordinaire on y a les vents de Nord & Nord-
Oueft. Et pour fçauoir fi on eft prez d'icelles ; on verra des
Efcreuifches à trois cens lieuës de là, & a cinquante lieuës
Couleuures flottantes en l'eau de la grandeur d'Anguilles,
& à vingt-lieuës, la profondeur eft de 80. braffes, a quatorze & quinze lieuës, elle eft de foixante & dix braffes, & ne
faut point craindre d'y approcher car le fonds y eft par tout
beau & propre à arriuer & toutes les Ifles & écueils qui font
le long de cette cofte font proches de terre, de forte qu'il n'y a
rien a craindre.

Toutes les Coſtes & Iſles qu'on appelle proprement des Indes s'extendent Nord & Sud, quelque peu Nord tirant ſur l'Oueſt & Sud tirant ſur l'Eſt, giſantes en la pluſpart du coſté du Nord de la ligne equinoxiale, entr'autres les Coſtes de Perſe, d'Arabie, du deſtroict de la mer Rouge de Coromandel, de Zeilan, Bengala, Pegu, Syan, Malaca, Camboya, Ctauchinchina, China & Iapon, dont l'on aprend plus particullierement les routes & paſſages d'iſle en iſle, & de port en autre par les voyages appointez de Diego, Alfonſo, Vincent Rodrigue, Delagos Pillotes du Roy d'Eſpagne & autres rapportez par l'Inſcot, en ſon Hiſtoire de la Nauigation, lequel auſſi y en rapporte ce que deſſus.

Or puis qu'on appelle proprement la Nauigation ou traitte des IndesOrientalles celle qu'on fait au de la du Cap de Bonne Eſperance nous commencerons par la grande Iſle Sainct Laurens qu'on trouue apres l'auoir paſſé, laquelle eſt remarquable pour la grandeur & ſingularitez d'icelle, on la tient eſtre la premiere des Indes Orientalles & la plus grande du monde. Marc Paul, Theuet, l'inſcor, Pirard & pluſieurs autres qui y ont eſté, & qui en ont eſcrit diſent qu'elle contient huict cents lieuës d'Allemagne en ſon circuit, l'vn des bouts d'icelle vers le Sud commence à la hauteur de 26. degrez, & l'autre vers le Nord-Eſt ſoubs le 14. excedant de beaucoup la grandeur du Royaume de Caſtille & de Portugal. Elle ſe gouuerne par quatre Roys & quelques vns diſent par quatre anciens. Elle eſt appellée par Thenet Madagaſcar en laquelle, il dit, qu'il y a grande quantité d'Elephants & d'autres animaux qui n'ont qu'vne Corne, dont les vns ſont appellez Aſites d'Inde & les autres Orix qui ont l'ongle fendu, il y a de grandes foreſts de Sandal. La mer y produit de l'Ambre, & la terre y porte quantité d'Orge, de Ris, & de toutes ſortes de bons

bons fruits, tant Oranges, Citrons, Courges, Gingembre, des
Canes à fuccre, des Noix d'Inde, du Saffren, & plufieurs autres fortes d'herbes eft arroufée de beaux fleuues, & belles fontaines, accommodée de bons Haures, ou les Sarrazins & Æ-
thyoppiens abordent, & viennent traitter, & negotier, pour
la grande abondance de toutes chofes qu'ils y trouuent;
en trocque de quoy ils apportent de la Soye des habits & de
l'or.

L'Ifle de Sainct Auguftin defpendante d'icelle eft tres fer- L'Ifle
tille & abondante en beftes & oyfeaux : y ayant entre autres S. Au-
des Beliers de fi prodigieufe grandeur, que Maiftre Iean Hu- guftin
gues de l'Infcot & François Pirard ont efcrit y en auoir veu
dont la quenë pefoit 28. liures, que les Brebis y portoient iufques à quatre Aigneaux, que les entrailles des Crocodilles y
eftoient fort odoriferantes, qu'il y auoit quantité de Perdrix, de
Faifans, de toutes fortes d'excellent gibbier, des meilleurs &
plus beaux fruicts du monde, & ou les François vont ordinairement faire aiguade & prendre terre.

Au partement de cefte Ifle on fe va quelque fois rafraifchir Ifle de
& mefme traitter en celles de Comorro lefquelles font en nom- Comor-
bre à douze degrez & demy de hauteur de la bande du Sud: ro.
Mais ce n'eft qu'à la cofte ou de bord a bord, & les armes en la
main : parce fe font gens Infidelles qui ont de l'intelligence auec les Portugais qui leur donnent de grandes refcompen-
ces lors qu'ils y ont furpris & atrappé quelques François ou
Hollandois par fupercherie ou autrement. Il y à abondance de
bons fruicts de Cocos, Bananes, Betel & autres rafraifchiffe-
ments dont on traitte pour de la quinquaillerie & mercerie de
France & de Hollande, il y à auffi grande quantité de beftiaux
& de viures que les Portugais font venir à Mozambicque qui
n'en eft diftant que de foixante & dix lieuës.

Mais paffant plus outre il vaut mieux que nous parlions Ifle
qu'el hi-
E e

premierement des Isles & terres que les Portugais y tiennent
& ou ils traittent auant que de venir a celles que les Hollandois
& Espagnols y possedent & ou ils trafiquent.

Les Portugais y possedent l'Isle de Mosambicque situee en la
coste de Melinde ou Æthyoppie a enuiron quinze degrez de l'e-
quinoxial vers le Polle Anthartique eslongnée de 800. lieuës
de Goa & de 800 lieuës du Cap de Bonne Esperance au bout de
ceste Isle du costé de l'Est, il y a vne bonne forteresse laquelle
deffend le Port, ceste Isle porte des arbres de Cocos des Bananes & autres fruicts & quantité de Bestiaux semblables a ceux
de la grande Isle Sainct Laurens, & outre y en vient encor a-
bondance des Isles de Comrro & de l'or, & de l'argent purifié
qu'on tire en quantité des pays & riuieres prochaines. Les habitans y sont en guerre auec leur voisins & ny sont point aymez
le principal trafic que l'on fait a Mosambicque, est d'Esclaues
fort noirs, d'Yuoire, d'Ambre gris & d'Hebene le plus noir
plus dur, & excellent de tous.

C'est la retraicte des Navires & Carraques de l'Isbonne ou
ils vont premierement moüiller l'ancre, relascher & se rafraifchir au partement de l'Isbonne, auant que d'aller faire leur
dernier reste à Goa, principal port & Ville Capitalle des Indes Orientalles : Pourquoy il y auoit tousiours vn Magazin
que le Roy d'Espagne y faisoit tenir tout prest pour fournir les flottes de rafraischiffements, & de toutes choses neceffaires, ne leur estant permis de relascher ailleurs. Le Viceroy
de Goa y enuoyoit tous les ans grande quantité de Marchandifes d'Inde, dans des Navires qui reuiennent chargez d'Efclaues, d'Yuoire, bois d'Ebene, & Or naturellement pu-
riffié, qu'on y apporte des riuieres prochaines, & des Royaumes de Sophala Monomotapa & autres, d'où on tient que le
Roy Salomon faisoit venir cét excellent Or d'Ophir, dont il
fit bastir le Riche Temple de Hierusalem, entr'autres lieux

il en tiroit quantité de Sophala à 50. lieuës de *Mozam-*
bicque , il y a vn fleuue appellé le fleuue Noir qui arrouse le
pays de Couenne , dans lequel il se trouue grande quantité d'Or en poudre & en branches , quelques fois de la
longueur d'vne coudée qu'il ne faut aucunement affiner.

La Forteresse nommée Bombaze que les Portugais tiennent en la Coste de Melinde entre Mosambicque , & le destroict de Mecque les fauorise aussi grandement a tirer les commoditez des pays susdits , comme pareillement fait celle de
Socotera en laquelle il y à quantité d'Ensens, de Dattes, de
Bois Dalloes, de Ris, de Nattes fort artistement faictes de sueil-
les de Palmier & autres commoditez qui sont en icelle & aux
autres pays.

La for-
teresse
Bombaze en la
coste de Melin-
de & celle de Socote-
ra.

L'Isle d'Ormus situées soubs le 24. degré de l'Equinoxialle
de la bande du Nord contenant trois lieux de circuit, bien qu'elle soit toute pierreuse raboteuse & entierement sterille sans aucune eau douce, herbes, ny fruicts, neantmoins par les marchandises & commoditez qui y abordent de toutes parts tant du
Royaume d'Ormus de la ville de Bassora ; des Indes , de Perse,
Arabie, Armenie, Asie, Turquie, Europe, & autres diuerses
parties du monde on y vit fort delicieusement : est tres riche &
s'y trouue vne des plus grandes estappes des Marchandises &
richesses des Indes & de l'Orient ; pour cét effect : est vn des
plus importans & riches gouuernemêts que les Portugais y possedent. Entre autres on y traficque de grande quantité de pierrerie & de Perles Orientalles qu'on y aporte des Indes & principallement d'vne petite Isle appellée Baharen laquelle en est
proche, à l'entour de laquelle il s'en pesche des plus belles &
mieux Orientes du monde , toutes lesquelles Marchandises on
peut transporter d'Ormus par terre , par les mers du Leuant en
l'Europpe mesme à Marseille par les mesmes routtes qu'on y
apportoit autres fois les Epiceries de Leuant que les Espagnols,

Anglois & Hollandois apportent à prefent par la routte du
Cap de Bonne Efperance.

On apporte de Perfe en cefte Ifle de beaux tappis appellez
Alcatiffes de Turquie , diuerfes fortes de Camelots d'Arabie,
du fang de Dragon , de la Manne , de la Mirrhe , de l'Enfens,
& des Herbes & drogues medicinalles. Il s'y trouue de Perfe
& d'Arabie des Cheuaux , des Raifins de paffe , Sucres , Con-
ferues, Dattes de diuerfes fortes, de la Marmelade, & des l'A-
rins, qui eft vne monnoye d'argent fort fin qu'on fait en la ville
de Lari en Perfe laquelle eft fort eftimée & en court parmy les
Indiens.

Il y va tous les ans deux groffes trouppes qu'on appelle
Carauanes ou Caffilles , ordinairement compofez chacune
de fix mil hommes , lefquelles partent en Auril & en Septembre d'Alepp ville de Syrie , loing de trois iournées de Tripoly , pour la conduitte defquelles on choifit vn Capitaine qui
commande à cent Ianiffaires qui les efcorte , & conduict en
ordre militaire par Babilone & par plufieurs deferts & mauuais paffages, iufques en la Ville de Baffora , de laquelle on va
par mer à Ormus , puis apres y ayant fait emploicte s'en reuiennent en la mefme ordonnnance qu'ils eftoient allez auec
leurs Dromodaires , Cheuaux & Chameaux chargez les plus
riches marchandifes d'Orient. Les Ianiffaires & chacun des
Marchans faifant leur deuoir pour fe guarantir des courfes &
pilleries ordinaires des Arabes.

Les François, Anglois, Venitiens, Hollandois y peuuent
aller auec toutes fortes de franchifes, immunitez & Priuileges,
& faire charger fur des Chameaux a Alep, les Marchandifes
qui en prouiennent & les tranfporter à Tripoli d'où on les tire
facilement apres par la mer Mediterranée, pourquoy les vns
& les autres y ont toufiours des facteurs & Commiffionnaires.

Il faict

Il faict si grand chaud en cette Isle d'Ormus , que les habitans sont contraincts pour y subsister & prendre repos de se
mettre tout le iour en l'eau dans des cuues iusques aux oreilles.
Les naturels & originaires d'icelle sont *Mahommettans*: Pourquoy les Portugais s'en estans rendus maistres & y comman-
dans en ont mis le Roy dehors. Par la Loy fondamentalle du
Royaume, nul aueugle ny peut estre Roy : Pourquoy celuy qui
l'est & qui y commande faict tousiours creuer les yeux a ses
freres & a ceux du Sang Royal de peur qu'ils n'entreprennent
sur son Estat.

Le Capitaine Portugais qui commande à Ormus à vn com- Isle de
Baren
& Diu
mis en l'Isle de Baren , située soubs le 26. degré & demy de l'E-
quinoxial , dont les Portugais tirent de grandes commoditez
de toute la coste de Perse & d'Arabie, y possedent l'Isle & ville
de Diu , soubs le 21. degré proche de terre ferme , & eslongnée
de 70. lieuës du fleuue Indus, ils s'en sont emparez à cause d'vne
grande forteresse que le Roy de Camboya, duquel elle depend
leur permist d'y faire bastir : ils y en ont encor faict construire d'autres estans vn des endroits des Indes, duquel le Roy d'Espagne tiroit aussi plus de reuenu à cause de la commodité du bô
Haure qui y est, ou diuerses sortes de peuples qui traittent &
gotient à Camboya proche d'icelle, & vers la mer Rouge, ont
accoustumé de relascher & de charger , & descharger leurs
Nauires qui y aportent toutes choses necessaires ; Outre qu'elle est abondante en Vaches, Brebis, Beurre, Laict, Pourceaux,
Poulles , Gibbier, Aulx, Febues & autres commoditez dont ils
fournissent Goa , Corchin & autres lieux.

Le Royaume de Camboya proche de cette Isle situé soubs Le Royaume
de Cam-
boya.
le 13. degré, est le plus fertille des Indes en fourment , Beurre,
Ris , Pois, Febues & autres Commoditez, les Portugais, Perses, Arabes , & Armeniens y traficquent , les habitans y sont
fort subtils & ingenieux , & y font quantité d'ouurages de

Ff

Cotton & autres Marchandises , Lanil ou Indico s'y prepare
parfaictement, & de la se transporte par tout le monde, au partir de Camboya on vient A decan, lequel est dedans vn Golphe
qui va iusques à la coste de l'Inde , laquelle s'extend au Sud-
Ouest iusques à l'Isle Das Vaguas soubs le 20. degré , en laquelle hauteur est situee. La Ville de Daman en terre ferme,
habitée de Portugais à cause d'vne forteresse qu'ils y tiennent,
quarante lieuës loin de l'Isle de Diu au Sud est, en suite de cette coste , ils tiennent aussi la Cité de Basaiin soubs le 19. degré
& demy & à dix lieuës au de la occuppent la Citté de Chaul
soubs le 19. degré par vn fort qu'ils y ont faict faire ainsi qu'a
d'Abul , dix lieuës au de la soubs le 18. degre d'où il n'y a que
30. lieuës iusques a l'Isle de Goa : & contient ceste coste enuiron 150. lieuës.

De l'Is-
le de
Goa es
ses Vil-
les &
Royau-
mes ad-
iacents Ils commandent absolutement en l'Isle de Goa situee sous
le 16. degré entre les deux Tropicques, où il y a vne Ville qui
contient lieuë & demye de tour , sans les Fauxbourgs, laquelle ils ont bastie de plusieurs beaux edifices de Pierre, couuerts
de Thuille comme sont les nostres en France , & est ornée de
plusieurs belles Eglises , Monasteres , Pallais , & Forteresses tres-magnifiques : Elle n'est pas seullement la Metropolitaine de l'Isle , de laquelle elle porte le nom , mais de toutes
les Indes Orientalles lesquelles sont habitées des Portugais, lesquels y souloient estre commandez par le Roy d'Espagne , lequel y auoit vn Viceroy à Goa.

Mais maintenant il y en a vn sous l'authorité & le pouuoir
du Roy de Portugal , lequel reside à Goa comme faisoit celuy d'Espagne qui y a tout & tel pouuoir , & par toutes les
Indes que luy-mesme , & auquel en l'année mil six cens
quarante-huict , le Roy de Macao à enuoyé son Ambassadeur
luy offrir toute assistance & secours , estans allez estroicte-
ment ensemble.

Si les François y prennent des Nauires au de-là de la ligne
& de ce Cap de Bonne Esperance, ils sont declarez de
bonne prise comme celles qu'ils prennent au Brezil & aux Indes Occidentalles au de-là de la ligne de l'Isle de Fer & Meridien des Açores : mais de l'vn & de l'autre il en faut ramener
vn ou deux de la Prise, si faire se peut, pour estre iugées
bien faictes. Ce fut pourquoy enuiron l'année mil six cens
trente-neuf, le Capitaine de Dieppe ayant pris vn Nauire
chargé de grandes Richesses d'Orient pres le Cap de Bonne
Esperance, dont ayant faict le Raport à Monsieur le Cardinal Duc de Richelieu, Sur-intendant de la Nauigation
& du commerce, il ne luy en voulut bailler main-leuée,
faute par luy d'en auoir ramené quelques-vns de la prise.

L'Isle de Goa est ceinte par le circuit d'vne grande riuiere
fort poissonneuse, qui vient du pays de Dealcan laquelle se separe en deux au dessus, puis si va rejoindre au dessous, & se
descharger dans la mer deux lieuës au de la d'icelle, & encor
qu'elle soit profonde, neantmoins les Carraques & Gallions
qui ont ordre en partant de Plsbonne d'y aller de droite routte,
ny amontent iamais qu'ils n'ayent esté allegez des Marchandises qu'ils portent a l'enboucheure de ceste riuiere, ou il y a
vne bonne forteresse bien fournie de Canon & de Soldats qui
y font la garde, pour la conseruation des Nauires qui y mouïl-
lent l'ancre ou qui y sont en rade, il y a encor vne autre forteresse appellee Panquin, laquelle est plus amont dans la riuiere,
au pied de laquelle le cours & fil de l'eau amene les Nauires
aussi pres que fait la Seine à Quilleboeuf, ceux qui y montent
pour Roüen ou descendent, pourquoy le Roy d'Espagne y a
establi la principale visite de ceux qui vont & viennent de
Goa.

Il y a encor six autres forteresses fournies de Canon, d'armes,
& munitions de guerre, & de bonne garnison pour la conserua-

tion de l'Isle & de la Ville, desquelles celle du Palais du Viceroy situé dans la ville sur le bord de la mer est la principalle. En
toute l'extenduë de la Ville , il n'y a que les Chrestiens qui y
portent armes : on n'y remarque d'autre hyuer qu'vne pluye
qui y est continuelle durant iceluy, depuis le mois d'Auril iusque au mois d'Octobre , de sorte que l'Hiuer y est lors que nous
auons le printemps & l'Esté icy.

L'Isle de Goa est enuironnée du grand Royaume de Dealcan
lequel est borné d'vn costé du Royaume de Bengala & d'autre
des terres du grand Mogor des Royaumes de Decam Bellagat-
te & Hydalcam duquel le Roy est Mahommetan & plusieurs
de ses subjets Idolastres.

Au commencement que les Portugais eurent pris l'Isle de
Goa , ce Roy de Hydalcan fist vn grand effort de la reprendre : mais s'en estans bien deffendus , par le moyen de bons
gros Canons dont ils estoient munis , ils traicterent enfin de
Paix , ensemble pour le besoin qu'ils auoient les vns des autres : A sçauoir les Portugais de viures & commoditez du
pays de ce Roy,& les subiects d'iceluy du trafic auec les Portugais , dont ils tiroient respectiuement vn grand profit : ce
Royaume estant fort fertille & abondant , & mesme celuy de
Bellagate despendent d'iceluy , duquel on tire les meilleurs
& plus beaux Dyamants des Indes,& quantite de Soye & de
Coton.

Les Portugais possedent aussi la terre des Bardes, proche de
l'Isle de Goa de l'autre costé de la riuiere , & quelques autres Isles qui leur furent données par le Testament du frere du Roy de
Dealcan lequel s'estoit fait Chrestien, tellement qu'a present le
plus grand concours d'affaires publicques & particulieres &
la plus grande estappe de toutes sortes de Marchandises des
Indes Orientalles est a Goa, reserué qu'on ny aporte point de
Poiure, par ce qu'on le gardoit en des Magasins , & greniers
pour

pour le Roy apreſent de Portugal, aux lieux & païs ou il a du pouuoir, iuſques a ce que ſes Nauires fuſſent arriuez, ſuiuant les accords faits entre les Portugais & les Inſulaires de leur garder & vendre a eux ſeuls a vn certain prix, à la charge de les garantir des Corſaires & Pirates de mer : ſoubs pretexte de quoy ils le ſont introduits & authoriſez dans le pays, & y ont fait faire & baſtir des forts, par le moyen deſquels ils ne les contraignent pas ſeulement apreſent d'entretenir leurs pactions: mais ils en vſent & abuſent ou ils ſont les plus forts : Mais les Hollandois qui y ſont ſuruenus qui les y ont batus & fait recognoiſtre leur impuiſſance, ils y ſeroient venus a vn tel degré d'inſolence que ſans auoir eſgard a aucuns accords ou pactions d'entr'eux, ils auroient empieté non ſeullement tout le trafic des Indes mais la domination d'icelles, & traicté ceux du Peru les habitans comme eſclaues, ainſi que fait le Roy d'Eſpagne.

A dix lieuës loin de Goa endroit le Cap de Ramos commence la coſte de malabar qu'on appelle auſſi la coſte d'Inde laquelle à enuiron cent dix lieuës d'extenduë, le long de laquelle les Portugais tiennent pluſieurs fortereſſes, au moyen deſquelles ils en tirent les commoditez, & en ont le principal trafic, qui eſt de Poiure qu'on tient eſtre le meilleur de tous.

La premiere des fortereſſes eſt Onor ſoubs le 14. degré, dix lieuës au de la du Cap de Ramos qui leur fournit tous les ans huict mil quinteaux de poiure, poids de Portugal, mais il faut qu'ils le payent par auance ſix mois auant la liuraiſon, car ils ne ſont pas aimez des Malabares, & traficquent auec eux moitié Guerre moitié Marchandiſe.

La ſeconde eſt Barſelor ſoubs le 13. degré a 25. lieuës Dangaor.

La 3. eſt à Mangalor ſoubs le 12. degré & demy a neuf

Gg

neuf lieuës loing de Barſelor.

La 4. & plus grande de toutes eſt à Cananor, ſoubs l'vnziéme degré & demy, & quinze lieuës loing de *Mangalor*. Outre la grande abondance de Ris & Poivre qu'il y à, il s'y tient marché tous les iours de toute ſortes de marchandiſes, & y à touſiours grande quantité de Poulles, Dœufs, de Beurre, d'Huille, Miel, groſſes & excellentes Figues, cette terre porte auſſi des plus grands & meilleurs Matts de Nauires qu'on puiſſe veoir en Norduege où en quelque autre part du monde que ſe ſoit, & en ſi grand nombre que les païs voiſins y en peuuent eſtre abondamment fournis : qui n'eſt pas de petite conſequence.

La cinquieſme eſt à Crangonor ſoubs le 10. degré & demy diſtant de 18. lieuës de Cananor : mais Calecut ſitué ſoubs 11. degrés eſt entre deux.

La vil-le de Cochin.

La ſixiéme eſt à Cochin, ſoubs le 10. degré & 10. lieuës de Crangonor la ville de Cochin eſt habitée de Portugais, de naturels du pays & d'autres Indiens, & eſt preſque auſſi grande que celle de Goa s'eſtant grandement accruë & augmentée des ruines de celle de Calecut, & releués du ſupport que le Roy de Cochin a eu des Portugais contre celuy de Calecut, qui a fait qu'encor que le Roy de Cochin deſpendit autresfois de celuy de Calecut, neantmoins il eſt maintenant comme aneanti, & l'autre eſt deuenu puiſſant, & celebré pour le grand trafic que les Portugais y ont eſtably. C'eſt vn beau & bon païſage fort plantureux & entremeſlé de foreſts verdoyantes, il y a auſſi quelques arbriceaux où il vient vne eſpece de Quanelle, mais il s'en faut les quatre parts qu'elle ne vaille celle qui croit ſeullement en l'Iſle de Selan. Les Portugais y chargent tous les ans deux Nauires de Poivre, les *Mahommetans*, Iuifs & Bramens qui ſont les Preſtres des Malabares & Indiens ils viuent fort paiſiblement enſemble, & le Roy de Cochin ſe fiant en eux leur confie ordinairement, & prend aduis d'eux aux affaires d'importance.

La septiéme est a Coulon, sous le 29. degré à douze lieuës de Cochin ou les Portugais chargent tous les ans vn Nauire de Poiure. De Coulon iusques au Cap de Comorin, il y à vingt-lieuës, la pointe duquel s'estend iusques au deuxiesme degré & demy, ou finit la Coste d'Inde, Puis soixante lieuës au de-la, est celuy de Magapata sous le second degré.

Les Isles des Maldines.

Mais il ne faut oublier en cette suitte, le contiennent ou Archipelague des Isles des Maldines, & de l'Isle remarquable de Seylon, proches du cap de Comorin.

Les Isles des Maldines sont situez sous l'Equinoxial, vis à vis du Cap de Comorin, soixante lieuës loing de terre, & commencent au 7. degré de la ligne Equinoxialle du costé du Nord & finissent au troisiéme degré de la bande du Sud, ayant de longueur pres de deux cents lieuës, & 35. à quarante de largeur, & en nombre de 11100. qu'on tient auoir esté ainsi faictes par l'inundation de la Mer, ayant esté autrefois terre ferme. Elles sont diuisés en 13. Prouinces, où les iours & les nuicts sont égaux, & les iours bien temperez, à cause d'icelle & de la grande quantité d'eaux & de Canaux qu'il y a qui y moderent l'ardeur du Soleil, pour le bien & contentement des hommes, la nourriture des arbres, des herbes & des früicts y viennent plantureusement &! en abondance : à cette occasion il ny a que deux saisons, celle de l'Esté qui y commence au mois d'Octobre, & celle de l'Hyuer au mois d'Auril, & ne different sinon qu'en Esté, il n'y pleut point, & qu'en Hyuer il y pleut tous les iours: Mais il y vente en l'vne & en l'autre saison du costé de l'Est.

Cette temperature faict aussi que les habitans ny sont noirs, quoy qu'ils soient sous l'Equinoxial, c'est la raison qui faict

pareillement que ceux du Brezil arroufe de grands Fleuues, ne
font noirs comme plufieurs autres , bien qu'ils foient plus a-
uancez fous la Zone Torride , que les Antiens ont tenu inha-
bitable pour la grande ardeur des rayons du Soleil : mais Dieu
ayant veu que l'homme pour lequel il a faict toutes chofes , ne
pouuoit fubfifter dans les extremitez , les à ainfi temperez par
fa prouidence : qui a faict que ces peuples vrayement habitans de la Religion du Soleil pere de la vie, ne viuent pas feullement plus long temps que les autres : mais iouïffent d'vne plus
grande fanté , & ont meilleur efprit a quelque chofe qu'ils le
vueillent applicquer.

Les Maldines s'adonnent à l'Aftrologie, & a la cognoiffance des langues, des Arts & fciences, & a toutes fortes de ma-
nufactures les plus ingenieufes, & au refte Vaillans a la guerre & grands Politiques , ils ont vn Roy qui leur commande &
qui les gouuerne , duquel le fiege de la demeure Royalle eft en
l'Ifle de Malé, laquelle en eft la principalle & la meilleure , ils
ont leur langue particuliere, dont maiftre François Pirard qui
y a efté long temps , & en a faict vn Dictionnaire , & en outre font fort curieux d'aprendre la langue Perfique , tant pour
la cognoiffance des fciences , & faire leurs prieres ordinaires
que pour la facilité du Commerce auec les Arabes & Perfans, y
ayant grand nombre de peuples, & diuerfes Nations, Ifles &
païs qui viennent traficquer & faire emploicte. Entre autres
ceux de la Cofte de Malabar de Barcelor, Perfe, Arabie, Onor,
Bacelor, Cananor, Calecut, Tananor, Cochin, Ceilan, Caël,
les Guiezrates, ceux de Cambaye, Surrate, Chaul , Bengale,
Sainct Thome, Maffulitapan, Ceïlan, Iaua & Sumatra, chacun
apportant des commoditez de fon païs pour en tirer d'autres à
fon befoin, & pour traficquer entr'autres , on tire grande quantité de Marchandifes qui prouiennent de cét Arbre appellé Cocos qui y eft commun, du bois & eftoffes duquel il eft remarquable

quable qu'on en fait & equippe entierement des Nauires du port de 150. Thonneaux à sçauoir le Corps quille & mas du bois, les cordages, des fruits, & les voilles, des fueilles, l'on y en vient charger tous les ans, pour faire plus de six vingts grands Nauires, ces peuples-là entr'autres ceux de Bengalle en enleuant grande quantité de petites cocquilles fort blanches & pollies, qu'on y pesche en la mer 3. iours deuant, & trois iours apres la lune, pour seruir de Monnoye, on en tire aussi grande quantité de poisson sec, & des Tortuë desquelles l'Escaille est plus grande qu'vn van à vaner du Bled. Il y a aussi grand nombre de nattes de iones fort ingenieusement faictes de diuerses couleurs, quantité de Toille de Coton & Draps de Soye, Ambre gris & noir, du Coural, on y apporte de toutes parts de la Soye, & du Coton écous pour les y mettre en œuure, de l'huille odoriferante, de Lareca, du fer, de l'acier, des Epiceries de toutes sortes, & de la pourcelaine. Les François, Anglois & Hollandois y peuuent traitter auec les autres nations; par ce que les Portugais n'y ont aucun pouuoir, & ny tiennent aucune place forte.

Seilon est vne Isle laquelle a 60. lieuës de long & 40. de large, & se trouue situeé soubs le 7. 8. & 9. degrez pres la pointe du Cap de Comorin, & va iusques au Cap de Negapata. Les Nauires ne peuuent passer entre le Cap de Comorin & cette Isle par ce que la mer y est fort basse, elle est la plus riche & fertille des Indes, pourquoy les Indiens l'appellent Paradis Terrestre, y ayant en general de toutes sortes de fruicts qu'on recherche par singulieres parties aux autres Isles des Indes, reserué qu'il ny croit point de Ris; mais on y en apporte assez de Bengala proche d'icelle, les habitans y sont appellez, cingalas sont fort noirs, ont de grandes aureilles, sont idolastres & vont nuds, reserué les parties honteuses qu'ils couurent d'vn morceau de Soye, trauaillent fort delicatement en toutes sor-

Ist de Seylon en laquelle feuille est la Querelle.

H h

res d'ouurages, soit en matiere d'Or, d'Argent, de fer Yu oire, Ebene, Soye, Coton ou autres Marchandises, il y a plusieurs Roys qui y commandent desquels le principal est appellé Rachil, les Portugais y ont deux bonnes forteresses & bien gardées & amunitionnées de Canon, armes, & toutes choses necessaires qui leur donnent facille accez d'y traficquer, au moyen de quoy & des intelligences qu'ils y pratiquent, ils y trauersent grandement la traite des Hollandois & autres nations, & buttent pour l'importance d'icelle de s'en rendre bien tost les maistres & ne la laisser dauantage reco gnoistre, les Hollandois y auoient pris des forts en 1632. mais en 1633 ils les en ont chassez.

Il n'y a pas long-temps que le Roy de Chingala tua & prist prisonniers cinq ou six cens Soldats dans cette Isle de Ceilan, & pour les en chasser incita les Portugais de se ioindre auec luy, mais ils l'en refuserent de peur de rompre la paix, qui estoit entr'eux & les Hollandois.

Cette Isle est presque toute couuerte d'vn Taillis, du bois, de l'Escorche duquel on faict la Quanelle, & est seulle de tout le monde, laquelle en porte & en fournit en toutes les partics d'iceluy, l'arbre en est semblable à celuy d'vn Oliuier & est à deux escorches, dont la premiere ne vaut rien : Mais la seconde est tres-bonne & en font la vraye Quanelle, fendant icelle sur l'arbre & luy laissant secher, puis la leuent de l'arbriceau y estant seche, lequel neantmoins ne laissent de reuenir, & d'en renourrir d'autres deux ou trois ans apres.

On y veoid des plus beaux plus grands & meilleurs Elephants qu'en aucune partie du monde & de telle prestance & excellence que les autres s'aprochans d'eux leur viennent faire honneur & s'y submettre par tout ce qui peut parroistre d'humilité de ce grand animal a vn autre de son espece. Il y a aussi des

Saphirs, Rubis, Spinelles, Toppafes, Grenades, Robaffes, & autres fortes de Pierrerie referué des Dyamants, & s'y trouuent de bonnes mines d'or & d'argent, mefmes du fer & autres metaux, aux ouurages defquels les infulaires trauaillent fort ingenieufement & a l'entour de l'Ifle & aux enuirons y a vne tres bonne pefcherie de perles fort Orientalles.

Apres cette Ifle les Portugais traficquent en la cofte de Cheromandel laquelle commence depuis la pointe de Negapata & s'extend 90. lieuës par le Nord-eft iufques à Mufclapata: foubs le 16. degré & demy & entre deux eft la Ville Sainct Thomas ou on tient que Sainct Thomas l'Apoftre fut martyrifé, & ou il fe veoid encor vne Chappelle de fa fondation ou les Portugais ayant fait Baftir la Ville, ont auffi fait conftruire vn temple au lieu de la Chappelle Sainct Thomas ou plufieurs gens viennent en deuotion reuerer les Reliques de ce Sainct, lefquelles on tient y eftre encor foubs le nom de cette cofte de Cheromandel ou les Portugais traficquent feuls compris Narfinga, Bifnagor, Orixa, Negapata, & Sainct Thomas iufques a Bengala ou l'on compte fix vingts lieuës de cofte depuis Mufclapata.

Bengala eft vn bon païs riche & abondant en toutes fortes de commoditez tant en Ris, Beftiaux que volaille, & ou eft le meilleur air des Indes pour la fanté, à caufe dequoy il y a grand nombre de Portugais qui y habitent & qui vont & enuoïent traficquer aux Royaumes de Pegu, & de Sian à Malacca & aux Indes. On y fait d'excellens ouurages de Cotton, & tout le long de cette cofte fi artiftement diuerfifiez de toutes fortes de couleurs, fleurs, figures & ouurages forts delicats qu'ils font plus recherchez & eftimez aux Indes, que s'ils eftoient de Soye, il fi fait auffi de belles Toilles entretiffuës fort ingenieufement de fil d'or & d'argent: & mefme fi fait vn excellent ouurage d'vne Herbe iaune qu'ils filent de laquelle ils bigarrent fi proprement les pieces qu'ils en font qu'elles

Cofte de Cheromādel.

Païs de Bengala.

furpaffent en beauté & en prix celles de Soye , & efgal-
lent celles qui font entremeflées d'or & d'argent, il y a auffi de
la Ciuete & des Rhynoceros defquels la corne, la chair, les on-
gles , & le fang , feruent contre les venins.

Au bout de la Cofte de Cheromandel eft l'emboucheure
du renommé Fleuue Ganges en ce Royaume de Bengala fous le
22. degré , dont la Cofte s'extend quatre-vingts lieuës au
Sud-eft iufques au Royaume d'Aracan , où il fe trouue quantité de Bancs , d'Efcueils & d'Iflettes. Depuis Aracan elle s'extend au Sud-eft vers Malacca , iufques au Cap de
Cingapura.

Du Royaume de Bengala iufques à la Ville & Havre de
Martauan au Royaume de Pegu , fous le 16. degré il y a foixante lieuës : Le Royaume d'Arogan eft auffi prochain , &
ioignant celuy de Pegu , l'vn & l'autre abondant en toutes
chofes , & principallement en Or, Rubis, Saphirs, Hya-
cinthes, Grenats, Sire fort dure, & plus grand nombre d'E-
lephants qu'en aucun autre endroict du monde ou les Portugais font auffi vn grand trafic bien qu'ils n'y ayent de places
fortes.

Royau-
me de
Pegu
couftu-
me d'i-
celuy.
La Couftume du Royaume de Pegu , eft que fi quelque eftranger y feiourne pour traficquer, de luy bailler vne fille pour
luy feruir de Concubine & de Chambriere autant de temps
qu'il y feiournera, à la charge de ne s'en feruir d'autre fur peine de la vie. Et partant il paie le prix conuenu aux parents
qui luy auront baillée, laquelle ne laiffe d'eftre auffi bien mariée comme fi elle ne luy auoit ferui , & ce marchand eft libre à fon retour de la reprendre , voire fuft-elle mariée, & de
s'en feruir comme auparauant. C'eft auffi la couftume d'entre les plus Nobles du Païs & du Roy-mefme , que quand ils
prennent femme , ils ne fe mécontentent qu'vn autre couche
auec elle la premiere nuict.

La cofte

La coſte du Royaume de Sian , ioignant celuy de Pegu s'extend au Sud-Eſt iuſques au Cap de Singapura pres Malaca, de la longueur de 220. lieuës, les Portugais ont vn grand commerce au Royaume , & en la Ville de Tanaſſarin ſitué en vn ſein de cette coſte, eſtant comme l'eſtappe & le marché, des plus grandes commoditez qu'on y aporte des Royaumes de Pegu & de Sian , il s'y faict grande quantité de vins tres-excellents appellez par toutes les Indes , où ils ſe tranſportent vins de Tanaſſarin, qui n'ont pas moins de vertu que l'eau de vie & ſont faicts de noix d'Inde qu'on appelle Cocos, il s'en faict auſſi , & ſe trouue du Poiure ſoixante lieuës parde-là au Royaume de Queda ſitué ſoubsle 6. degré & demy , le long de la meſme coſte , en ſuitte de laquelle au Sud Sud-Eſt quatre lieuës loin de Queda eſt la Ville de Piera , ſous le 4. degré & demy , où il ſe faict trafic de Calaem qui eſt vne eſpece d'Eſtain. Puis aſſez loin en ſuitte de la coſte, on void la Ville & Fortereſſe de Malacca, où il y à vn bon port à deux degrez & demy que tiennent les Portugais par vne puiſſante fortereſſe, pres de laquelle on paſſe pour aller des Iſles de Sumatra , Iaua Maior, Madura & Bally à celles des Molluques , qui incommode grandement les François , Anglois & Hollandois allans des vnes aux autres : Pourquoy les Hollandois en l'année mil ſix cens cinq, firent vn grand effort pour la prendre.

Il y a à Malacca vn Eueſque pour le Spirituel, & vn Gouuer- neur au Temporel pour le Roy de Portugal lequel y faict bien ſes affaires : car c'eſt vn grand Magazin & eſtappe de toutes les plus rares & excellentes marchandiſes des Indes , & le plus vtile au Gouuerneur apres ceux de Goa & d'Ormus, on y vient des tetres des Abexis, d'Arrabie, Perſe, Ormus, Suratte, Cuzeratte, Cambaye, Goa malabar, Bengalle, Chine, Iappon de la coſte de l'Inde & des Iſles de la Soude : mais les François

Anglois & Hollandois ny traficquent que par fous main, d'autant que la place eſt au pouuoir des Portugais , l'on en raporte
de l'or en fueille en lingots & en poudre du plus fin, le plus plo-
yable & meilleur du monde , quantité de meubles de bois do-
ré, toutes ſortes d'eſtoffes de Soye façonnées & ingenieuſe-
ment miſes en œuure , Muſc , Ciuettes , Metail , Boëtes ,
Plats, Penniers de Ioncs façonnez & dorez, Cabinets fort Ela-
beurez d'Ebene , d'Yuoire de bois mouchetté & artiſtement
taillez & mis en œuure par pieces raportées d'Yuoire , Nacre
de Perles joincts & fermez, de pur Or maſſif au lieu de fer , ce
que l'on appelle communement Cabinets de la Chine , bien
qu'ils n'en viennent pas , ains des endroicts circonuoiſins, on
en rapporte auſſi du ſuccre fort fin, blanc, & dur, de la Cire, du
miel exquis, du Papier fort blanc & fin , quantité de Vif argent
& toutes ſortes de metaux , des Pierreries & des perles , mais
point d'argent, On y enuoye tous les ans vn grand Nauire de
Portugal, lequel y doit aller de droicte route ſans relaſcher autre part que par grande neceſſité , il en raporte touſiours plus
riche charge qu'aucun autre qui reuienne des Indes pour la
grande commodité des marchandiſes rares & excellentes qui y
abordent de toutes parts pour la facilité & bonne ſituation du
port : mais la terre y eſt du tout ſterille & l'air ſi mal ſain que les
ſtangers y ſeiournans y laiſſent, le poil ou la peau, neantmoins
s Nauires ſont ordinairement contraincts d'y ſeiourner d'a-
antage qu'ailleurs pour y attendre la commodité & muaiſons
es vents , ils font vne grande & longue Nauigation à Macao.
n partant prennent leur cours vers l'Iſle grande 3. lieuës loing
e Malaca puis paſſent par pluſieurs Iſles emboucheures de ri-
ieres, Bancs, coſtes & ecueils fort Perileux par le deſtroit de
incapura dans lequel il y a 6. petites Iſles deça & de là la terre,
e Iocatra, entre leſquelles il ſe faut donner de garde de paſſer
y ayant vn Canal fort pierreux, lequel au plus profond n'a que

cinq braſſes &demie puis on va par les *Iſles* de Bintõ, Pulo Tinge, Pulo Timon, Pulo Loar, Pulo Londor, de Champel-lo Daynon, de Tio, de *Mandorin* Pulo Baby, & pluſieurs au-tres d'ou on ſe trouue a *Macao* ou Machau, qui eſt vne ville ou il y a vn grand abord, & eſtappe remarquable de toutes ſor-tes de Marchandiſes ſituees en vne Iſle proche du Royaume de la Chine, ſoubs le vingt-deuxieſme degré & demy, Nord ou il y a vn Eueſque perpetuel pour le ſpirituel & vn Gouuerneur pour les *Portugais* qui change de trois ans en trois ans, on ny apporte pas ſeulement les richeſſes & rares Marchandiſes des Indes, de la Chine, du *Iappon*, & des lieux ſuſdits mais meſmes du *Peru* de Chili, & de la nouuelle Eſpagne, d'où l'on tient apreſent qu'on y tranſporte plus de dix millions de liures qui demeurent aux Chinois, au lieu dequoy ils en rap-portent de la Soye, des Toilles de Cotton, & autres commo-ditez du pays, & diuerſes Marchandiſes d'Orient deſquelles ils ſe ſeruent apreſent au Peru & neuſue Eſpagne au lieu de cel-les d'Europpe, pourquoy Philippes II. Roy d'Eſpagne voulut reduire cette Nauigation à vn certain nombre de Nauires afin d'empeſcher ce tranſport d'argent, & obliger les habitans du Peru d'achapter & ſe fournit des Toilles, & autres Marchan-diſes d'Europpe, qu'on charge d'ordinaire dans les Nauires de la flotte en Eſpagne tant afin d'en leuer l'Alcaualle, & les grands impoſts d'entrée & de ſortie qu'il prend ſur les Marchandiſes qu'on y porte & raporte que pour l'entretenement des Gallions & flottes : mais toſt apres le Roy de la Chine auſſi fin que luy deffendit le trafic, & tranſport des Marchandiſes de la Chine à *Macao*, pourquoy le Roy d'Eſpagne preuoyant que cela rui-neroit ſes deſſeins & ſes traittes remiſt la Nauigation du Peru libre par la mer du Sud, comme elle eſtoit auparauant.

La Ville & Iſle de Macao, eſt habitée de Portugais & de Chinois traficquans enſemble. Lorſqu'il y eſt arriué quelque

Macao & Marchandise en icelle.

Nauire le Mandarin ou Gouuerneur en prend l'impoſt ſelon la longueur & largeur d'iceluy : puis les Portugais deputent vn facteur d'entr'eux pour aller à Canton, Ville Capitalle de la Prouince de Canton, deſpendante de la Chine, ou ils negotient pour recharger & faire les affaires de ceux de ſa compagnie ſans toutesfois oſer en enuoyer la nuict dans la ville. Il venoit auſſi tous les ans vn grand Nauire d'Inde à Machau auec paſſe port du Roy d'Eſpagne pour Nauiger de la au Iappon, d'où rapportant grande quantité de commoditez, au retour venoit encor traitter à Macao : puis à Malaca & finallement à Goa, & d'autant que c'eſt le plus riche voyage & la meilleure traitte qui ſe face aux Indes, lequel on ne pouuoit entreprendre qu'auec permiſſion du Roy d'Eſpagne qui eſt apreſent du Roy de Portugal en recompenſoit ceux qui luy auoient fait quelque ſignalé ſeruice aux Indes. Ce voyage eſt ordinairement de trois ans à cauſe des Muaiſons des vents qu'il falloit attendre pour le faire, mais les Portugais qui ont apreſent repris leur pouuoir & authorité en ces pays là en vſent comme il leur plaiſt, ſans y appeller le Roy d'Eſpagne ny les Eſpagnols.

La principalle marchandiſe que les Portugais portent à Machao derniere Iſle de la Nauigation Orientalle ſont des reaux d'Eſpagne, ſur leſquels ils gaignent plus des deux parts, ils y portent auſſi quantité de Marchandiſes d'Europpe comme vins draps de laine, Eſcarlatte rouge, ouurages faicts de Verre & de Chriſtal, Horloges, Toilles de Cotton, Pierreries entaillées & artiſtement miſes en œuure en Bagues, Cheines, Carquans, enſeignes, pendans d'oreilles, bracelets, du Velours, des Miroirs & autres inuentions & gentilleſſes d'Europpe, outre les diuerſes ſortes de Soye qu'on tire du pays, on en rapporte auſſi grande quantité de celles qui y viennent d'ailleurs de toutes parts, comme Poiure, Clou de giroffle, des Noix Muſcades, du Maſſis, du Sandal blanc & rouge, l'Indico le Palo d'A-
quilla

quilla, la Ciuette, le vif Argent, l'Or en feuille, l'Yuoire, le
Musc, l'Ambre gris, le Bois d'Aloes, l'Airain, l'Estain, le
Plomb, l'Huille de fleur des noix, Muscades, la Verdetta, la
Rosomallia, le Beniouin, le Camphre, & diuerses autres sortes de Marchandises qu'on y pese chacune a son poids : car tout
ce que l'on vend & achapte en la Chine & en ce qui en despend
est au poids.

Le Royaume de la Chine est situé soubs le Tropicque de Le Roi-
Cancer toute sa coste s'extend au Nord-est & au Sud-est, sa yaume
longueur est de 400. lieuës : a vers le midy le Royaume de de la
Cochinchina, au Nord, la Tartarie & le Cattay borné de la Chine.
Perse. Du costé de la Tartarie il y a vn grand mur de cinq
cents lieuës de long qui le separe, ce grand Royaume de la
Chine est composé de quinze Prouinces, dont la Ville principale de chacune porte le nom d'icelle. Il y a grande quantité
de riuieres & de bateaux. L'Air y est fort doux la terre fertille
& abonde en fourment, Ris, & legumes ou l'on seme & mois-
sonne en toute saison de l'année, il y a des Elephants, des
Lyons, des Tygres, & de petites bestes grandes comme chats
desquelles on fait le Musc. Il y a des mines d'Or & d'Argent:
mais il est deffendu d'y fouller, l'on y pesche aussi des Perles, &
y a quantité de vif-argent dans le païs, de l'Airain, du Fer, de
l'Acier, du Plomb, de l'Estain, du Souffre, de l'Ambre gris, &
tant de Soye de toutes sortes, que tous les ans on en transporte
de la seulle ville de Canton aux Indes, plus de trois cents quin-
taux, outre ce qu'on en enuoye aux Isles Philipines, en Sian, &
au Iappon, & ce qu'on en tire au Peru, & nouuelle Espagne,
ou l'on en transporte aussi quantité de Toilles de lin de Cotton
& de la Porcelaine.

Le Iappon encor au de la de la Chine est vne grande Isles, Le Ia-
de laquelle plusieurs autres despendent est arrousée de plu- pon.
sieurs riuieres, commence au 30. degré & s'extend iusques au

K K

38. est eslongnée de 80. lieuës de la Chine vers l'Orient, & de 300. lieuës de Machau au Nord-est. Le port ou les Nauires Portugais y abordent & trafiquent est appellé Naugasche entre autres ils y portent des draps, de la Soye, du blanc d'Espagne, & autres Marchandises d'Europpe & d'Espagne, & en raportent de l'Argent fort fin: mais au retour ils le laissent à Macao en trocque d'autres Marchandises rares & excellentes qu'ils en raportent, dont nous auons ja parlé.

Le païs est froid, pluuieux & plain de neges, il y croit du fourment mais les habitans y vsent encor plus de Ris, il y a aussi des mines d'Argent ils sont ennemis des Chinois bien qu'ils en soient originaires & de pareille Religion. Les Roys y ont des Seigneurs soubs eux qui ont pouuoir de Iuger a mort comme les Seigneurs hauts Iusticiers de France & sont subiets de seruir leurs Roys à leurs despens aux occasions de guerre, ce sont les Gentils-hommes François qui tiennent les fiefs pour cét effect.

En l'année 1648. apres le deceds du Roy de la Chine, il est suruenu vn grand remuëment en son Royaume, par vn mescontentement des plus grands d'iceluy, portez du Roy de Tartarie, lequel depuis long-temps à enuié le Royaume de la Chine qui estoit separé d'auec le sien, par vn grand mur de cinq cents lieuës de long, en ce grand trouble d'Estat il s'y est trouué quinze cents mille hommes & Cheuaux armez, de part & d'autre, l'vn pour entreprendre, & l'autre pour se deffendre, n'estant demeuré tres paisible au Roy fils du deffunct que la tierce partie du Royaume, appellée Quantum.

Le Roy de Tartarie faisant proffit de cette reuolte à gaigné l'oncle du fils du Roy, à promis toute assistance, rescompense & bien-veillance aux reuoltez, pardon de tous les crimes aux coupables, & remise de toutes les debtes des Chinois au

Roy & à la Couronne ; permis leur libre conuerſation auec les Chreſtiens , & fait agir ſon amitié & alliance auec les Portugais , & permiſſion à ceux de la Ville de *Macao* d'entrer & traficquer librement en ſon Royaume , qui nous donne vne grande eſperance d'y planter la Religion Chreſtienne : A laquelle fin il y à pluſieurs Peres leſuiſtes , leſquels n'en perdent pas le temps & l'occaſion , qui s'y ſont tranſportez & y font merueilles & miracles pour planter l'Egliſe , comme font les autres de la meſme *Miſſion* & Societé aux autres pays & Iſles de ce coſté-là , Tant au Iopon qu'aux enuirons , pluſieurs y ſouffrent le martyre pour cét effect : Entr'autres le Pere Prouincial & ceux qui y ſont , y à eſté bruſlé , & encor vn autre d'entr'eux depuis peu de temps : nonobſtant la promeſſe qu'on en auoit faicte a l'Ambaſſadeur des Portugais de ne les y moleſter. Toutesfois le Pere Almaro Procureur General de la *Miſſion* de l'Eſtat de la Chine , ne ceſſe d'y trauailler auec ſes compagnons. Ce qui nous faict eſperer par tels ſoldats de *Ieſus-Chriſt* portez ſi loin par le moyen du commerce , vne grande victoire & recognoiſſance de l'Egliſe par tout le monde , pourquoy auſſi proprement le commerce eſt appellé admirable auec exclamation aux Pſeaumes 92. 99. 109. & cent douze.

En cette milice pour l'honneur de Dieu & l'auancement de ſon Egliſe , les meſmes Peres s'eſtants introduicts en la Cour du Roy de Canara aux Indes Orientalles , y ont procuré bien du progrez a la Religion Catholique , par la conſtruction de deux belles Egliſes , l'vne dans la Cour du Roy, & l'autre dans la principalle de ſes villes , & commencent à reſider dans le fort d'Onor poſſedé par les Portugais, deſquels le Roy de *Iapon* reçoit le trafic , en a chaſſé les Hollandois qui l'ont auſſi eſté de *Manille* ville Capitalle de l'Egliſe de Luſſon, la plus importante des Philippines.

Ie n'obmettray aussi pour finir en cét endroict le grand progrez de ces Peres qu'ils ont faict encor bien plus loing: ayans mesnagé l'esprit de feu Pascha Zanguier grand *Mogor*, & le principal Roy des Indes , pourquoy il est aussi appellé grand Indestan , ils auoient faict que de quatre enfans qu'il auoit il en fist baptiser deux , & ediffier vne magnifique Eglise auec vn grand clocher , & de belles cloches , laquelle y est encor apresent seruie , & Officiée par des Iesuistes ayant eu dessein par le refus qu'on luy fist d'auoir plusieurs femmes. Son fils & successeur apresent y permet encor les mesmes Peres , & le trafic aux Portugais qui nous faict esperer du profit par nostre commerce , tant au spirituel qu'au Temporel.

Ports sorts & Isles que les Hollandois tiennent aux Indes Orientalles.
Mais ayant parlé comme en passant des Indes Orientalles où les Portugais traictent , & ont du pouuoir , il faut que nous touchions de celles ou les Hollandois traficquent sont bien venus, puis nous viendrons aux Mollucques dont nous toucherons , ensemble des Forteresses que les vns & les autres y tiennent c'est en effect ce qui les y maintient.

L'Isle de Sumatra
L'Isle de Sumatra l'vne des meilleures & plus renommée des Indes , autres fois appellée Traprobane par Titte Lyue & autres historiens est situee sous la ligne Equinoxialle, dix lieuës loin de terre ferme assez pres de Malacha , & six cents lieuës loin des Maldines, elle est si grande qu'elle s'extend depuis le quatriesme degré du costé du Nord iusques au sixiesme de la bande du Sud & contient plusieurs Royaumes fertilles & abondans en toutes sortes de commoditez , & principallement en bon & gros Poiure , il s'y trouue aussi quantité d'Or, d'Argent & d'Airain tant en la terre que riuieres , dont ceux du pays font de la monnoye. Elle est aussi abondante en Espiceries , bois odoriferant , & herbes Medecinalles. Il y a vne Montagne ardante de souffre , & vne fontaine qui rend
vne

vne pure liqueur de Baume, & abondance de foye, ils y void auſſi quantité de Canon, & nommement en la Cité d'Yor, lequel eſt faict long-temps auparauant que l'vſage en fuſt en l'Europpe. La principalle ville de cette Iſle eſt Achen, en laquelle ſe faict le plus grand trafic, & de laquelle le principal Roy d'icelle prend le nom, lequel a touſiours particullierement fauoriſé les François, & en ſigne d'amitié a enuoyé diuers preſens au Roy, comme auſſi a faict ſa Majeſté, la mutuelle bien-veillance, deſquels on auroit nourry & augmenté vne tres-grande entre leurs ſubiects, & eſtably vn riche & heureux commerce entr'eux ſans les trauerſes qui leur y ont eſté donnees par les Hollandois.

Il y a deux bons Havres en ceſte Iſle, l'vn nommé Achen a la hauteur de 4. degrez vn tiers, l'autre a Piedo a la hauteur de quatre degrez, l'vn & l'autre du coſté du Nord de l'Equinoxial, & en ſuitte ſe veoid le Cap de Tauiamburo au 5. degré de l'Equinoxial du meſme coſté, & le deſtroict d'entre Sumatra & la grande Iaue eſt ſituee a cinq degrez au Midy de l'Equinoxial.

Les Hollandois en ont entrepris tout le trafic, y ont des facteurs & pluſieurs reſidens de leur compagnie de l'Eſt, grande quantité d'armes, de victuailles, de munitions de Guerre & de bouche, marchandiſes, d'ouuriers, & toutes choſes neceſſaires pour la Nauigation & marchandiſe, & y ſont grandement fauoriſez par le Roy d'Yor Capital ennemy des Portugais, lequel en eſt voiſin.

Ils ſont auſſi bien venus & traittent librement en la grande Iaue qui eſt vne grande Iſle ſituée à la pointe de Sumatra au midy, tirant vers le Leuant, ny ayant qu'vn deſtroit de vingt cinq lieuës de large qui ſepare ces deux grandes, riches, & opulentes Iſles. Celle cy de la grande Iaue contient auſſi pluſieurs Royaumes, deſquels celuy de Bantan eſt le principal, au

L1

quel le Roy d'icelle 'fait fa refidence en la ville de Bantan fituée fur le bord de la mer, de laquelle il porte le nom. Elle eft
enuironnée de muraille de bricque, dans le circuit de laquelle
y a cinq grandes places publicques, aufquelles on tient marché
tous les iours de toutes fortes de viures & Marchandifes, & au
milieu de la Ville eft vne Mofquée parce que à caufe du grand
trafic de Turquie, la plus part des habitans y font de la Religion de Mahommet. Le milieu de cefte Ifle eft fitué au 6. degré de l'equinoxial du cofté du midy, le Roy de Bantan ayme
auffi grandement le Roy de France & les François, & a enuoyé
plufieurs prefens à fa Majefté. Il y a auffi vn autre grand
Royaume, en cette Ifle appellé Tuban, duquel la principalle
ville pareillement fituée fur le bord de la mer eft appellé Tu-
bam du nom d'iceluy, dont le Roy eft fi puiffant qu'en 24.
heures, il met fur pied trente mil hommes de guerre, tant de
pied que de Cheual, cette Ifle eft auffi grandement fertile &
abondante en toutes fortes de commoditez & principallement en gros Poiure & bien Oriente ainfi que celuy de Sumatra.

Le peuple de ces deux Ifles eft de couleur iaunaftre, & eft
fort faineant a caufe des grandes commoditez de Poiure, & autres chofes neceffaires & requifes en la vie humaine qui y viennent naturellement en abondance & faus rien faire, pourquoy
il y a vn grand trafic & commerce à l'vne & à l'autre de toutes
fortes de gens & de Marchans, & principalement des Arabes,
Perfe, & Mahommetans, qui fait qu'il y en a plufieurs de la
Religion de Mahommet, les Giuzerates, Malabares, Bengalles,
& ceux de Malaca y traficquent auffi, comme font les Chinois
qui y viennent tous les ans, auec dix grands Nauires chargez
de Marchandifes de la Chine artiftement faites & façonnée,
tant de Soye, Toille, Porcelaines, Mufc, que autres raretez Je
leur païs, les François, Anglois, & Hollandois traficquent

pareillement à l'vne & à l'autre de ces deux grandes Isles celebres, & y sont bien venus : mais principallement les François,
le nom desquels y estoit ja fort cognu & en reputation soubs le
nom de Franchi ou Fraranhci, en l'antienne langue de leur pays
des long-temps auparauant que les Portugais eussent esté aux
Indes Orientalles.

Les Hollandois y ont leur principalle estappe de Trafic &
abord de Nauires , de charge & descharge de Marchandises:
pourquoy ils y tiennent vn fondicque & plusieurs facteurs, il y
ont ja fait bastir grand nombre de maisons, estably vn grand
Magazin de munitions de guerre , de Marchandises, victuailles, & ouuriers pour construire , armer , radoubber , auictuailler & charger Nauires ; ce qui se fait & se raporte
à la disposition & ordre du contoir qu'ils ont à Bantan en la
grande Iaue.

Mais les Espagnols & Portugais ny traficquent que par soubs
main & par le moyen d'autres Marchands d'autant qu'ils sont
ennemis des Roys & habitans de ces Isles & du Roy d'Ior.

Il y a encor au de la de Sumatra, & de Iaua deux autres Isles
l'vne appellée Madura & l'autre Bally en la route des Moiluc-
ques, ausquelles il y a force viures & chairs, mais point de Poiure, les habitans sont aussi ennemis des Espagnols, Portugais
& Mores. Les femmes s'y bruslent & se reduisent en cendre
incontinent apres le deceds de leurs maris, ainsi que faisoient
antiennement celles des Gaulois, mais peut-estre que ces femmes Indiennes de Madurra , & de Bally se bruslent ainsi de
peur de deuenir esclaues apres le deceds de leurs maris comme font celles de Sumatra , & de Iaua aux Roy d'icelles estans
vefues.

Ciceron lib. Tu cul.

Mais nous ne pouuons passer ces Isles que nous ne disions
que les Hollandois estans ialoux que les François y fussent encor mieux venus qu'eux , & plus fauorisez des Roys & habi-

tans d'icelles. Il les y ont fort mal traictez, & principallement
lors qu'ils ont veu que suiuant la volonté du feu Roy Henry
Quatre & Louys XIII. son fils & successeur auoit authorisé
par Edict de l'annee mil six cens quinze, les traictes, compagnies & societez Françoises pour y traficquer, & nommement
la flotte de Montmorancy, laquelle y ayant faict deux voyages
fut grandement fauorisée du Roy de Bantan & malmenées des
Hollandois, lesquels au dernier voyage d'icelle, qui fut en
l'année mil six cens dix-neuf, comme elle estoit ancrée à la
grande Iaue, voïantsque les François y faisoient meilleure
emploite qu'eux & qu'on leur apportoit de toutes parts du poiure & autres commoditez, les contraignirent de leur vendre a
leurs mots le plus grand Nauire de leur flotte nommé l'Hermitage, du port de six cens thonneaux, & aïant veu qu'on auoit
traicté en peu de temps, des meilleures, plus riches & exquises
marchandises du païs, dont le Navire nommé l'Esperance du
port de cinq cents Tonneaux aussi de cette flotte auoit sa plaine charge, ils le bruslerent entierement sans en sauuer aucune
chose. Pourquoy sa Maiesté en iugea huict cents mil liures de
reprise, & rescompense sur la compagnie & societé des Indes
Orientalles d'Amstredam : de sorte qu'il ne reuint de cette flotte que le Nauire nommé Montmorancy commandé par le sieur
de Beaulieu de Roüen, dans lequel il raporta sans les autres
marchandises qui y estoient, le nombre de douze cents quatre
vingts cinq balles de Poiure, lesquelles furent vendus par le
sieur Iacques Muisson marchand de Roüen à ce preposé de la
compagnie, au sieur Talemant de Paris, le prix & somme de
deux cents soixante & quatorze mil huict cents liures saize sols,
suiuant le compte examiné par Monsieur maistre Michel Sarrus
Conseillier au Parlement de Paris, Directeur de la Compagnie,
& le sieur François Magny Tresorier d'icelle, le 12. may 1624:
ce qui sauua de perte : mais si on luy eust laissé apporter sa pleine
& entiere

& entiere charge, & aux autres vaisseaux, il y euſt en plus de douze cents mil liures de profit. Ie rapporteray auſſi entr'autres en cet endroit.

La cruelle de predation du Nauire nommé la *Magdaleine*, où commandoit le Capitaine le Liepure de Honneſleur, la-quelle fut faite en l'année 1616. par le Capitaine *Iacques Pan-cras* dit *Vitrebol*, de la ville de Fleſſingue de la compagnie de l'Eſt de Hollande, lequel auec ſon grand Nauire du port de 800. Tonneaux ayant pris & depredé en mer celuy de la *Mag-daleine*, fiſt ſerrer & eſtraindre tellement la teſte de ce pauure Capitaine, le Lieure qui y commandoit & celle de ſon Lieute-nans auec des cordes & garrots qu'il leur en fiſt ſortir les yeux, puis les fiſt poignarder & ietter dans la mer, ayant fait pendre ſaize de leurs compagnons aux hauts bancs du Nauire, & faiſt bruſler la plante de leurs pieds, iuſques a ce qu'ils fuſſent morts : & apres auoir fort malmené le reſte, s'empara de leurs Marchandiſes d'Or, de Perles, Eſpicerie, & autres ri-cheſſes de l'Orient de valleur de ſix cents mil liures, pourquoy il en fut condamné par coutumace l'année ſuiuante au ſiege General de l'Admirauté de France à la Table de *Marbre* du Palais à Roüen, apres information bien & deument faite a eſtre tenaillé de tenailles ardantes, & rompu tout vif ſur vn gril & quelques vns de ſes complices auec luy, & à la reſtitu-tion de ſix cents mil liures enuers vn ſurnommé *Euſtache* principal Bourgeois Auiſtailleur du Nauire depredé, Diſtila-teur de la Reyne Regente Mere du Roy, dont neantmoins quelque repriſe & reſcompenſe qu'on en euſt Iugée ſur la com-pagnie de l'Eſt des Hollandois, on n'en à peu eſtre ſatisfaict où bien l'on en a retiré ſi peu qu'il n'a pas vallu les frais de la pourſuitte, ſe fut Monſieur Poirier ſieur d'Anfreuille qui eſtoit lors Lieutenant General au Siege, qui donna ce Iugement, c'eſt apreſent le ſçauant eloquent Religieux & digne Preſi-

Mm

dent du Parlement de Roüen, en la place de son Illustre Pere, & aux vertus duquel il a succedé.

Les Iugements de reprise qui ont aussi esté donnez contre eux des depredations de plusieurs Nauires, de ceux de Sainct Mallo aux mesmes Indes Orientalles ont pareillement esté inutils, car ils s'entrentendent tellement & couurent si bien leur ieu qu'il est imposible d'auoir cognoissance de leurs effects & meffects : mais nous laisserons ce discours chatouilleux des Hollandois qui sont antiens Gaullois, liges de cette Couronne, nos amis & confederez ausquels en cette consideration nous n'enuions leur bonne fortune & esperons que leur ayant aydé à la faire, ils ne seront à l'auenir contraires a la nostre.

Outre le principal trafic qu'ils ont de ces deux grandes Isles de Sumatra & de la grande Iaue, ils trafiquent encor a Borneo & en diuerses autres, ou ils ont des facteurs & chefs de marchands voire iusques au Iappon, ou ils en entretiennent vn fort, magnifiquement logé, & bien accommodé.

Reprise des Portugais auec les Hollandois. En l'année mil six cens trois, les Portugais preuoyans que l'habitude & traitte des Hollandois aux Indes, seroit preiudice à la leur, firent vn grand effort pour les enchasser, pourquoy faire ils vindrent de Goa auec quatorze grandes galleres pour les combatre & empescher d'y traficquer, & principalement aux Mollucques : mais les Hollandois à la faueur & assistance des Insulaires, les deffirent entierement firent couler bas les vnes & prindrent les autres, de sorte que tout ce que les Portugais peurent faire apres, ce fut de coupper les girofliers & autres arbriceaux d'icelles pour les diuertir d'y traficquer.

Neantmoins ils ont continué, s'y sont habituez, & des le mesme voyage, ils en ramenerent en Hollande six grands Nauires chargez de fines Espiceries tres-excellentes & de grand prix, dont la pluspart estoit clou de Girofle qui les y a depuis tellement affriandez qu'ils n'en ont quitté la traicte , y entretiennent tousiours vne flotte expres , y ayant conquis plusieurs Isles & basty grand nombre de forts qui les y ont puissamment establys & habituez : De sorte qu'ils y sont apresent plus forts & redoutez que les Espagnols & Portugais , au preiudice desquels & malgré eux ils traittent fort librement , & y nauigent non seullement par la routte du Cap de Bonne Esperance & lieux susdits : mais par les destroicts de Maggelan & du Maire entrants par la mer Oceane dans la mer du Sud d'où l'vn ny va qu'en verd.

On remarque neuf principalles Isles aux Mollucques, situées sous l'Equinoxial : à sçauoir Ternatte, Amboin , Magnian, Bassian, Mothir, Marigoram , Gilolo, Caiel & Tidor, lesquelles sont toutes ensemble comme vn Archipelague en la mer du Sud où elles sont fort recherchées & en reputation , pour la grande abondance de clou de gyrofle & fines Espicerie qui y croissent.

Elles furent premierement descouuertes par les Portugais qui y allerent par la routte du Cap de Bonne Esperance , puis les Espagnols qui en furent enuieux , y penetrerent par le destroict de Maggelan & par la mer du Sud , la rencontre desquels les y fist battre pour la preoccupation d'icelles , comme pour la possession des terres , ou il se trouue autant de raretez qu'en aucune autre du monde , pourquoy les Roys de Castille & de Portugal , estans sur le point de se declarer & faire la guerre : Le Pape Allexandre y interuint , lequel par accommodement moyenna entr'eux, que toutes les Indes Orientalles , & les terres du Brezil du costé du Sud demeureroient aux Portugais & quelques autres Isles & terres qu'ils auoient encor descouuertes : Mais que le Roy d'Espagne se contenteroit des Indes Occidentalles & du Peru.

Depuis les Anglois & Hollandois estans allez aux In-

des Orientalles auec leurs puissantes flottes de l'Est & des Mol-
luccques en ont chassé les Portugais de plusieurs d'icelles, qui a
faict ouuerture aux Espagnols d'y retourner sur leurs premieres
brizées, & d'auoir entrepris sur les Isles de Tidor & de Ternatte & sur les frontieres de la coste de Gilolo, dont ils tiennent les
meilleures places & forteresses.

Il y à vn Roy en l'Isle de Tidor qui ne faict que ce qu'il
plaist aux Espagnols à cause des places fortes qu'ils y tiennent
& qu'ils y ont faict bastir, munitionner & entretenir,
dont l principal fort est situe sur le haut d'vne montagne de
la Ville de Taroula, ou le Roy faict sa demeure : Ils tiennent
aussi en l'Isle de Terule, vne grande Ville qu'ils ont nom née
Nostra Signora Del Rozario : laquelle ils ont pareillement
fournie de quantité d'Artillerie, & de munitions de guerre, en
laquelle, le Roy, la Noblesse & les Principaux du païs font leur
residence.

Les Espagnols ont aussi le principal pouuoir en l'Isle de Ternatte, à cause de la principalle ville & de plusieurs forts qu'ils
y ont fait bastir. Ceux de cette Isle ont autresfois commandé
à toutes les autres, & les ont fait obeyr a leur Roy : mais depuis que les Espagnols y ont eu mis le pied, ils les ont entierement abastardis & ruiné leur puissance : au voyage de François
Drac, lors qu'il fist le tour de la terre en l'an mil cinq cents quatre-vingts cinq, Il contracta aliance auec le Roy de Ternatte,
pour y traitter librement par les Anglois, ce qui y fut continué
quelques années.

Il y a aussi plusieurs forts en la coste de Gilolo pour les Espagnols aux places frontieres d'icelle, entre autres ceux de Sabu-
jeo, Pilolo, & Aquilanio, desquels Iehan de Silue Espagnol
s'empara durant la trefue en l'année 1611.

Mais les Hollandois y tiennent les Isles de Mothir,
Magniam, & Bathesiam, & ont des forts en plusieurs autres

tres qui leur donne moyen d'y traficquer.

L'Isle de Mothir située entre celle de Tidor, & de Maguiam, est conservée par vn fort que l'Admiral Vuitere Hollandois y fit construire vers le Septentrion.

L'Isle de Maguiam conquise par l'Admiral de Carden est conservée de trois forts, l'vn nommé Trafason situe vers l'Occident, l'autre Noffagia vers le Septentrion, le 3. Thebelola vers l'Orient auec plusieurs bourgades à l'entour d'iceux. Il n'y a pas seullement abondance de clou de Giroffle en cette Isle, comme aux autres; mais de toutes sortes de bons fruits pour la nourriture & le contentement des hommes, dont elle fournit a plusieurs autres qui y en viennent querir.

L'Isle de Batheziam est vn Royaume lequel a esté du commencement en l'alliance des Portugais & Espagnols, lesquels y auoient long-temps gardé vn fort, nommé la Bona : mais en l'année mil six cents, il fut gaigné par les Hollandois qui le gardent par vne bonne Garnison & munitions de guerre & de bouche, comme vn grand nombre d'autres places qu'ils tiennent aux Mollucques, à la faueur de ceux du pays qui ne leur ont pas seullement accordé de leuer des peages & tributs sur les estrangers qui y viennent traficquer : mais sur eux mesme afin de se conseruer & maintenir ensemble, contre les Espagnols, Portugais & autres, car ceux qui ont souffert vne fois, le ioug de la domination Espagnolle ny veullent iamais retomber.

Les Hollandois y tiennent aussi les Isles de Màciam, & Barciam en la premiere desquelles sont les forts de Tafoca, Tabalole, & Noffaca auec vn port de mer & en l'autre est le fort Barnauel.

En l'Isle d'Amboina ils ont vn bon fort, auec vne garnison Hollandoise, mais aux autres forteresses, il y a des Ternatins qui les gardent pour eux estans les plus belliqueux de toutes les Iſles des Mollucques.

En l'Iſle de Ternatte qui eſt la principalle des Mollucques, les Hollandois y tiennent, & y ont fait baſtir pluſieurs forts le premier nommé Orange ou Maleia ſitué vers l'Orient, le deux-ieſme Hollandia, ou fort Mollucque, demie lieuë au de la vers le Septentrion ſur vne haute montagne pierreuſe, pour la deffence du Haure : Et le troiſieſme Tacomme ou ville Guil-lemme ſitué entre le Septentrion & l'Occident de Ternatte, le-quel ſert grandement pour la recolte & tranſport en ſeureté des Giroffles qui y abondent. Cette Iſle a trente deux lieuës de tour, les arbriceaux qui y portent le clou de Giroffle ſont com-me Lauriers, & dont la feuille en eſt preſque ſemblable, reſer-ué qu'elle n'eſt ſi dure, ains plus molle & vn peu plus menuë reſſemblant a celle de Saulle, on la recueit deux fois l'année, en Septembre & en Ianuier. Ils portent fruict au bout de huit ans & durent cent ans & viennent ſur la coſte enuiron demy lieuë loing de la mer.

Les Hollandois ont auſſi em l'Iſle de Banda 24. lieuës loin de celle d'Amboina deux bons, forts l'vn nommé Naſſau & l'au-tre Belgica, & en l'Iſle de Polene deſpendante de Banda vn autre fort nommé Reuange. Banda eſt fort conſiderable pour la Muſcade & macis qui y abondent, & d'autant plus qu'il n'en vient en aucune part du monde qu'en icelle, & y meurit trois fois l'an, en Auril, Aouſt, & Decembre, donc celle d'A-vril eſt la meilleure : le Macis eſt vne eſcorche rouge laquelle enueloppe la noix Muſcade, qui à vne grande vertu contre la froideur & debilité d'eſtomac, les habitans y ſont de la Reli-gion de Mahommet a cauſe du trafic de Turquie qu'il y a in-troduite.

Les deux Villes de Magapaton & de Maſſepatan ſont du party des Hollandois, & traficquent enſemble comme ils ſont auec ceux de l'Iſle de Solebes, ou autresfois ils ont tenu vn fort appellé Macasser.

Il y à encor vn grand nombre de petites Isles en cette mer & aux enuirons de ces Isles de Mollucques , que les Portugais appellent de la Soüde ou du Sud , ce qui y rend la Navigation perilleuse à cause des bancs ecueils & destroicts qui s'y rencontrent, pour se tirer & demesler, desquels il est necessaire d'auoir des Pillotes des mesmes Isles , & ny aller que de iour tenant tousiours la sonde en la main. C'est en icelles & non ailleurs que l'on trouue ces Oyseaux admirables appellez oyseaux des Mollucques, parce qu'il ne s'en trouue qu'en icelles ou bien oyseaux de Paradis , parce qu'ils sont tousiours en l'air , ny viuent que des bonnes odeurs de ces Isles, & ou on ne les y void iamais que morts en terre , l'on y void pareillement quantité de Cinges, Guenons & Sapajons aussi des Perroquets qui sont plus petits & diuersifiez de plumage que ceux de Brezil , Guinée où Cap de Verd , mesme aprennent mieux à parler & plus aisement que les autres.

Apres ces Isles des Mollucques, il y à encor vne autre navigation plus loing-taine , qui est celle des Isles Philipines possedées par les Espagnols, desquelles celle de Manille située sous le 14. degré est la principalle , pour le grand trafic & abord de toutes sortes de Marchandises qu'on y apporte tant du Peru Mexique ou nouuelle Espagne,Chili que autres lieux par la mer du Sud , elle est tres-riche & celebre , elle & les autres Isles qui en despendent ont esté appellées Isles Philipines , pour auoir esté descouuertes soubs le regne de Philipes II. Roy d'Espagne. Car auparauant on les appelloit Isles de Luçon elles sont fertilles & abondantes en viures de toutes sortes de bons fruicts , il y a de grandes Tortuës, comme en celles des Maldines , & quantité de Ciuettes , elles sont du rapartiement des Indes Occidentalles en la despendance du Viceroy de Mexico,& y à vn Euesque.Elle est conseruée fort soigneusement par bon-

Isles philipines possedées par les Espagnols

nes garnisons nõ seullement pour le trafic: mais pour l'execution des desseins du Roy, d'Espagne tant au Royaume de la
Chine qu'aux Mollucques & aux enuirons, car en quelque
pays & terres de conqueste que se soient, il ny à que les garnisons & places fortes qui en asseurent les Conquerans, & qui les
y face craindre & obeyr aux estats mesme & pays d'obeyssance
volontaire, & de succession antienne & legitime, il a tousiours
esté pratiqué d'y auoir des places fortes pour retenir les subiets
de ceux qui y commandent en deuoir & resister contre les entreprises des Estrangers, principallement aux frontieres, Havres & emboucheures des riuieres en la mer. Si les François
eussent esté aussi soigneux de l'auoir practiqué aux Isles, terres
& pays qu'ils auoient conquis & descouuerts, comme ont esté
les autres, ils n'en auroient pas moins qu'eux en leur possession,
& ne seroient pas empeschez d'y traitter suiuant la liberté, laquelle de droict diuin & humain, doit estre commune à tous
les hommes.

D V

DV

GRAND MOGOR

ET

TRAITTES PAR TERRE
AVX INDES ORIENTALLES,
IVSQVES EN LA VILLE D'AGRA,
CAPITALLE D'ICELVY.

CHAPITRE VI.

TOVTES les Richeffes, le Commerce & poffeffion des Royaumes, Ifles, Villes & dominations, dont nous venons de parler fommairement, ne font que peu de chofe à l'efgal du Grand Royaume du Grand Mogor, auffi appellé grand Indeftan, comme le plus grand & principal des Indes Orientalles, dont ie ne parleray par le menu, il m'en faudroit faire vn gros volume, ie ne puis neantmoins que ie n'en touche quelque chofe comme en paffant de fa magnificence:

Oo

Estant le plus magnifique & le plus Grand Seigneur d'icelles.
Il se nomme Pacha Baiani fils & heritier de Pacha Zanguier
aussi grand Mogor , il faict sa residence & sa demeure ordinaire en la Ville d'Agra Capitalle de son Royaume , comme
faisoient son pere & les predecesseurs , & quelquefois en celle de Lahor , eslongnée d'icelle de quarante iournées , c'est
le plus Riche & somptueux Roy , qui se lise auoir iamais esté
au monde, lequel à vne plus grosse Cour, & qui va à plus grand
Train , n'allant iamais d'vne Ville en l'autre, qu'il ne face
Rouler quarante Canons deuant son Camp , lequel combien
qu'il soit portatif, contient trois lieuës de tour. Estant arresté
est circuit & enuironné de deux grosses & fortes Toilles
doubles faictes en forme de Sangles si fortement tissuës, qu'ils
ne resistent pas seulement aux Flesches , mais aux coups
de mousquet , & ses tentes auec celles de son fils & de leurs
femmes sont encloses dans le tour de ces Toilles & lors qu'il
campe, faict marcher cinq ou six mil hommes huict iours deuant pour preparer les voyes & dresser la place du camp , son
train est si grand que celuy de son grand Chancelier ne peut aller auec , ains part vn mois apres.

Ce Roy mene & est accompagné de douze cens cinquante
mille hommes , dont les trois parts sont a Cheual sur des Ele-
phans & Chameaux, où dans des Carrosses tirez par des bœufs,
& quelquefois on y a veu dix mil Elephants. Son Pere par
le moyen des Peres Iesuistes, y auoit faict bastir vne Eglise, laquelle y est encor bastie , y fist Baptiser deux de ses enfans
& ne tint qu'a peu de chose qu'il ne se rendit Chrestien.

Le Chancelier met tous les Gouuerneurs, tant dans les Prouinces que dans les Villes , ayant pour sa garde vingt mil hommes de pied, & douze mille Cheuaux.

Le fauory du Roy à dix mille Cheuaux pour sa garde , & a
dans la Ville d'Agra cent cinquante Seigneurs qui y ont

chacun pour leur garde 500. Cheuaux, lefquels il y en à vn qui eſt Chreſtien. Ce Roy eſt fort ſuperſtitieux & adonné aux augures comme auſſi ſon peuple.

Le Chancelier eſtant pourueu en ſa charge par le deceds de ſon Predeceſſeur, il fiſt preſent au Roy de valeur de quatre millions, tant en Dyamants, Perles, Rubis, Balais, qu'Emeraudes.

Ce grand Royaume conſiſte en dix-ſept Prouinces, ou entr'autres en l'vne d'icelles appellée Nagracut y à vne Riche Chappelle, pauée & planchée de Lames d'Or Maſſif, laquelle eſt fort frequentée des Indiens, qui y vont Sacrifier vn Petit Morceau de leur Langue, à vne Idolle appellée Matta, pour ſe garantir des maux que le trop parler peut apporter aux hommes & aux femmes.

La Prouince de Bengala qui eſt la derniere d'icelles, luy fournit annuellement cent cinquante Tonnes d'Or. Il y en à encor pluſieurs autres, deſquelles chacune luy en paye auſſi grande quantité, & diuerſes autres commodi-tez.

Le vent y ſouffle ſix mois l'année du coſté du Nord, & autant de celuy du Midy, les femmes y ſont veſtuës comme les hommes & y ſont tous Bazanez, les vns y ſont Mahommetans, les autres y adorent les Choſes d'exceſſiue grandeur, comme les plus hautes Montagnes, le Gange pour ſa grandeur, & qu'on ny à peu trouuer l'Origine en quelques endroicts les vaches, & autres eſtaror, mais point Iupiter ny aucuns des Dieux des Grecs ou Romains.

Depuis peu de temps le grand Chancelier de ce Roy, & qui Gouuerne principalement en ſon Royaume, à enuoyé dans Goa, pour y traicter de Perles, Pierreries, Orfeure-ries, & de toutes les raretez curieuſes & artiſtement faictes qui y viennent d'Europpe & d'ailleurs, & à promis toute fa-

ueur & feur accez pour cét effect par le Roy de Mogor en fon
Royaume , lequel est fort curieux & amateur de telle Marchandise : Pourquoy par deux fois ayant voulu faire la guerre à Yalcan-Roy de Bifnaga poffedant les mines où fe trouuent
les plus beaux Dyamants du monde afin de s'en emparer.
Mais pour l'en destourner , il luy à enuoyé par deux fois,
deux des plus beaux Dyamants qu'on ait iamais veus , defquels le premier pefoit foixante & dix Fanons , & l'autre foixante , chaque Fanon pezant huict de nos Grains. Se font
vrayes , belles & dignes pieces de Cabinet Royal : i'ay veu
le Dyamant de feu Monsieur de Sancy qu'on tenoit le plus
beau de l'Europpe : Mais il n'approchoit pas de la beauté
& valeur de ces deux-là : Car en l'année mil fix cens ou mil
fix cens fept , il l'expofa en vente , & le voulut vendre au
Roy d'Angleterre , auquel il le laiffoit à fix vingts mil efcus &
moins.

On conte de Paris par terre en la Ville d'Agra trois mil-
lieuës , ainfi qu'il enfuit , de Paris à Marfeille cent cinquante
lieuës , de Marfeille en Alexandrette dans la Siri,e dont elle
eft le principal port de mer mil deux cents lieuës : d'Alexandrette en Alep, Metropolitaine , de la mefme Prouince de Si-
rie cinquante lieuës, d'Alep iufques à Bagdet ou Babilone
cinq cents lieuës , qui fe font en cinquante-fix iours par marche
de Carauane, ou affemblée de Marchands de diuers lieux du
monde, de Bagdet en Hifpaon Metropolitaine de Perfe trois
cents lieuës , qui fe font auffi par Carauane dans trente iours
eftans bien armez , & accompagnez en l'vne & en l'autre pour
euitter les voleries, de Hifpan iufques en la Ville d'Agra
Capitalle du Grand Mogor il y a huict cents lieuës & fe peuuent toutes faire par Carauanes par terre en moins de fix
mois.

Auant que les Portugais euffent defcouuert par mer, la
Routte

Routte du Cap de Bonne Esperance, ou les Anglois, Hollandois & autres les ont suiuis pour aller aux *Indes Oriental-les* : on y souloit aller par terre en Carauanes par plusieurs des lieux dessusdits , & en raporter les riches Marchandises de Soye , Dyamants, Perles , Pierreries , & Epiceries , qui en venoient en Italie , puis à Marseille , & à Lyon , qui y rendoit nostre douenne bien plus grande & plus riche : Et au lieu nous auons apresent ces fines & riches Marchandises là , par les mains cheres des mesmes Anglois & Hollandois , qui nous les apportent deguisées , empacquetées, & emballées , en de grosses derrées , encombrantes, pour frauder les droits d'entrée du Roy , & les imposts qui luy sont deubs. Ne se contentans pas encor de cette fraude pour cet effect : mais amontans la riuiere de Seine , pour venir à Roüen , qui est la plus grande estappe de toutes sortes de *Marchan-dises* estrangeres qu'il y ait en France , ils en deschargent la pluspart d'icelles abord de terre en diuers endroicts d'icelle. Entre autres à la posée de Barneual , à Sainct Iacques du val. Hullin, & endroict les Carrieres de Saincte Barbe pres de Roüen, en ayant informé & decretté prise de corps des y à plus de quarante ans , contre des plus puissans du pays qui les auoient fauorisez & recelez en la mesme posée de Barneual.

I'ay mieux aymé finir ce Chapitre par la grandeur & Magnificence de ce Grand Roy , & par ses grandes Richesses & abondances, que par le rapport du Trafic, emploicte, trocque, mesnage & debit des marchandises des autres lieux precedens plus proches , affin d'inciter grands & petits d'aller bien loin par mer & par terre , à la recherche & Conqueste des plus grandes, riches, rares & excellentes choses du monde pour en enrichir le Roy , ses subiects & eux-mesmes, & enfin par ce Commerce admirable , faire recognoi-

P p

ſtre Dieu̇ & le Roy par tout.

Ayant trouué l'Autheur de la Gazette fort veritable, &
ſe raporter aux memoires qu'on m'auoit donnez de ce que deſſus, ie n'ay fait difficulté d'en auoir employé vne partie en ce
petit Chapitre.

DES FLOTTES

D'ESPAGNE ; QVI SE FAISOIENT AVX INDES

ORIENTALLES , ET QVI SE

FONT ENCOR AVX Occidentalles.

CHAPITRE VII·

Yant parlé des *Indes Orientalles* & *Occidentalles*, il ne sera mal a propos de toucher des flottes, que le Roy d'Espagne faisoit faire equipper & entretenir pour cette Nauigation, puis que par le moyen d'icelles, & des grandes richesses qui en prouenoient, il en tiroit comme par deux grosses veines, le sang & les esprits qui nourrissoient, animoient & augmentoient le grand corps de son estat.

Flotte n'est autre chose qu'vne compagnie de Nauires , allans & venans ensemble sur la mer, soit pour la guerre, prouision , ou *Marchandise*, ce qui estoit antiennement appellé par les Grecs στόλος & par les Latins *Classis*.

Et tout ainſi comme vn Nauire compoſé de pluſieurs pieces, ne fait qu'vn corps, & retient touſiours ſon nom, ainſi fait vne flotte, compoſée de pluſieurs Nauires, dont nous parlerons de l'ordre cy-apres.

Le Roy Salomon en fiſt equipper pluſieurs fois auec Hyeramus Roy de Thir, pour aller querir de l'Or, de l'Yuoire, de l'Hebene, & autres richeſſes aux Indes Orientalles.

Les Grecs en auoient pour apporter l'Or & l'Argent de leurs mines de Laurium. Le Roy d'Egypte en entretenoit auſſi & auoit touſiours des Nauires de prodigieuſe grandeur aux Ports & Haures de ſon Royaume : non ſeulement pour la garde d'iceluy : mais pour en tranſporter ſeurement les commoditez, & en rapporter d'autres, des pays eſtranges.

Les Romains pareillement en auoient en diuers Ports, Coſtes & Havres de l'Empire, tant pour la guerre, le ſecours & conſeruation d'iceluy, que pour apporter l'annone, les munitions, le fourment & diuerſes commoditez & richeſſes de l'Orient, d'Egypte, de Sicille, & autres parties du monde. Les Hollandois en ont pour la Guerre & Marchandiſe en leurs compagnies de l'Eſt, de l'Oueſt & du Brezil, des plus grandes, plus fortes, & plus riches, qui ayent iamais eſté au monde, leſquelles de noſtre temps, ont rendu de ſi grands effects qu'ils en deſroberont la creance à l'auenir, qui me fera ceſſer de parler des vnes & des autres : Mais toucher ſeulement de celles d'Eſpagne, comme des premieres, qui ſont allez de flotte & de conſerué aux Indes Orientalles & Occidentalles. Car les Iſles du Peru ayant eſté premierement deſcouuertes par Chriſtophle Colomb Genois, du regne de Ferdinand Roy d'Arragon, & d'Yſabelle Reyne de Caſtille ſon eſpouſe, leſquels par ce moyen ayans reſſenty les grandes commoditez & l'importance de cette Nauigation heureuſe, ils commencerent ces flottes des premiers, qui leur donnerent incontinent moyen, par les grandes

des

des richesses, l'or & l'argent qu'on rapportoit , de fournir aux appointements, & frais de la guerre, de chasser les mores de Grenade entreprendre & enuahir le Royaume de Nauarre, de Sasse , de Naples, Scicille, & de faire de grands progrez en Italie, ce qu'ayant esté bien recognu par Charles V. leur successeur releué de la qualité d'Empereur, & qu'en effect ces flottes auoient esté le fonds de la grandeur de ses predecesseurs pour paruenir au comble de la sienne & de son ambition : se monstra encor plus soigneux qu'ils n'auoient esté de cét entretenement & augmentation de flottes qu'il y enuoya puissamment, fist reformer la Carthe Marine, & establir vn grand Conseil pour cette Nauigation & gouuernement des Indes & du Peru, qui luy donna vn tel accroissement & vne si grande force, qu'il ietta des lors les yeux de son ambition extresme sur tout le monde & y fist effort lequel fut rompu & rendu inutil, par la force des armes & par la vertu de nostre Roy François I. lequel s'y opposa tousiours fort genereusement.

Puis Philippes 2. son fils marchand encor sur les brisées de son pere, & voyant qu'il n'auoit succedé à l'Empire d'Alemagne se fist attribuer la qualité d'Empereur des Indes , & pour auoir la preseance au preiudice du Roy Charles, encor mineur au Concile de Trente, augmenta, & regla les Flottes, Gallions & Carraques, tant des Indes Orientalles que Occidentalles du meilleur ordre, qu'aucun eust encor faict , dont ayant recommandé l'entretenement à son fils Philippes III. par son Testament plus que chose du monde, il s'en monstra aussi fort Religieux obseruateur, qui a faict que depuis par cette tradition paternelle, cét ordre aux Indes Orientalles, à continué puissamment & maintenu la domination iusques à Philippes IV. sur lequel le Duc de Bragance ayant repris le Royaume de Portugal auquel il appartenoit, & tout ce qui en despendoit à l'aide des Portugais, lesquels estans sur les mesmes voyes, &

marginalia:
niq; e.
de lit.
& iii-
ner.cu-
stodia-
& enla
l. Seim
Saturs-
nimus,
Dad Se
nainf.
turpil.
pareil-
lement
en lal.
Iulia
& en
la l.Im
perato-
res dad
l. Inj.
de an.
no.

Qq

repris les mefmes flottes.

Pour auoir la ioüiffance de ce qui leur appartenoit , ie ne changeray point le procedé que i'auois efcr.t du Roy d'Efpagne & des Efpagnols en cette Nauigation , laquelle fe faifoit de mon temps , puis que le Roy de Portugal , & les Portugais y tiennent le mefme Ordre , & retournent fur les mefmes brizées.

La Flotte donc du Roy d'Efpagne aux Indes Orientalles, eftoit compofee ordinairement de trois grandes Carracques, plufieurs moyens Gallions de Bifquaye & Navires Flamens, tous appartenans au Roy d'Efpagne , faicts equippez & auictuaillez à fes defpens. Comme nous dirons plus amplement cy-apres.

Car tout ainfi comme les premiers Empereurs de Rome, pour la conferuation de l'Empire , auoient diuifé en deux parties, leurs Nauires & Armées Navales, pour la Guerre & pour apporter les munitions, l'vne pour l'Orient, l'autre pour l'Occident, dont celle-cy comme la principalle auoit fa retraitte & affemblee au Port de Miffene , pour la deffence des mers, Coftes d'Italie & des Gaulles , Bretagne, Efpagne , Mauritaine; Affricque, Ægypte , Sardagne , Corce , Scicille & autres pays Maritimes de cette routte là, l'autre à Rauanne laquelle conferuoit l'Epyre, Albanie , Macedoine, Achaye , Propontide , le Pont, Crette, Cypre, Rhodes, & autres endroits de la partie Orientalle.

Ainfi le Roy d'Efpagne, qui les vouloit inuiter pour mefme confideration auoit eftably deux fortes de flottes entretenuës, pour la Guerre & Marchandife , l'vne pour les Indes Orientalles, l'autre pour les Occidentalles , dont la retraite & principal feiour des premieres eftoit & fe faifoit au port celebre de l'Ifbonne Ville Capitalle du Royaume de Portugal , & celle de l'autre aux Havres de Seuille , Cadis , & Sainct Lucque en

Espagne : par le moyen desquelles, comme par deux grosses
veines il tiroit & aportoit le sang & les esprits, des deux meilleures parties & extremitez du monde, aux entrailles & au
cœur de son estat, pour en viuifier le corps, au detriment des
autres, & aussi comme antiennement les Atheniens & Romains auoient des Officiers notables appellés par les Grecs
ἐπιμελητὰς ἀπρατοῦ, & par les Latins *Duumuiri Classis præparendæ,
ordinandæ & reficienda* aux Havres susdits, & autres, ou il y
auoit moyen d'en faire construire & bastir : ainsi le pratiquoit
soigneusement le Roy d'Espagne : non seulement aux Havres
sus nommez. mais en tous les autres de son obeissance, & ou la
commodité de ce faire si rencontroit.

Les Carraques donc estoient basties & equippées au port de
l'Isbonne, pour la commodité d'iceluy, & des Officiers, Marchandises, matieres, vtensilles, agreils, & apareils, qu'il y
auoit tousiours suffisamment pour cét effect, elles estoient ordinairement du port de saize ou dix huict cents, & deux mil
tonneaux, chacune a quatre ponts ou estages, ausquels on se
pourmenoit aysément comme en des Chambres, ou Galleries
d'vne maison, la Poupppe, & la Prouë estoient plus hautes
esleuées que le Tillac, de plus de vingt pieds, semblant de
deux grosses tours, au bouleuerts aux deux bouts, & estoient
d'ordinaire fournis de quarante pieces de Canon de fonte verde, sans les Pierriers, desquelles la moindre estoit tousiours du
poids de plus de trois mil liures, les autres moindres vaisseaux
qui leur faisoient escorte durant le voyage, ne le faisoient au
retour, d'autant qu'ils demeuroient aux Indes pour la Guerre
& assister le Viceroy, porter les aduis en dilligence, & faire
les voyages de Goa, Macao, Malacha, la Chine, Iappon, *Mozambique, Ormus,* & autres lieux des Indes. Car s'ils reuenoient auec les Carraques, lesquelles n'alloient que pour la
Marchandise. Il ne se fust trouué assez d'hommes pour les ra-

mener tous , par ce qu'ils en meurt ordinairement plus de la moitié auant qu'ils soient arriuez : & aussi que bien souuent il ne se trouue assez de Poiure pour les charger.

Le Capitaine auoit commandement sur huict cens ou mille hommes qui entrent ordinairement dans chaque Garraque, dont les Soldats n'estoient subiets qu'aux occasions de combat, & a faire la garde toutes les nuicts, sans pouuoir estre commandez d'aucuns autres que de luy seul.

Apres le Capitaine qui auoit le commandement sur tout ce qui entroit dans le Nauire ou Carraque , tant Soldats que autres : voicy les premiers & principaux qui commandoient chacun en ce qui est de sa charge les premier & second Pilotte, le Maistre & contre Maistre, le Maistre Canonnier , le gardian , & deux Trinquers.

Le Pilotte estoit tousiours attaché a faire sa charge à la Pouppe à veoir & considerer son aiguille & sa Boussolle, à l'ayde d'vn second Pilotte, l'vn & l'autre auoient commandement sur les Maistre & contre Maistre qui leur doiuent obeyr, la charge de Pilotte estant en effect la plus importante & consequentieuse du Nauire pour la conduite d'iceluy & la plus noble pour sa function, laquelle ne consistant qu'en iugement & pure action d'esprit, merite bien de commmander aux autres c'est pourquoy on ny en admet point qu'ils ne soient fort eximentez & examinez long-temps auparauant tant en leur suffisance que conscience & fidelité , pourquoy aussi ils sont appellez en Espagne Pilottes Examinados , & retenus pour cét effect desquels on y en a tousiours bonne prouision.

Le Maistre commande a tous les Mariniers, Gourmettes & autres gens de trauail du Navire , il y auoit aussi le commandement depuis la Pouppe , iusques au grand Masts iceluy compris, tant à amener & faire deployer les Voilles qu'a tout autre trauail necessaire : Le contremaistre deuoit

ſtre deuoit commander & prendre garde depuis la Prouë
iuſques au *Maſt de Myſane*, lequel eſt du compris, &
outre auoir le ſoin de la charge, & deſcharge du Navire.

Le maiſtre Canonnier de la Carraque commandée, apres le
Capitaine, à 25. Canonniers qui y eſtoient d'ordinaire, & pour
cét effect auoit la charge & le commandement des deux grandes eſcoutes d'icelles.

Le Gardien auoit pouuoir & commandemeut ſur les
pauures Gourmettes, ordinairement au nombre de ſoixante & dix, leſquels ſont comme les ſeruiteurs des Mariniers, aux moindres deſquels ils ſont tenus d'obeïr, &
de ſeruir iuſques aux plus vils Offices de la Carraque, en
laquelle ils n'ont d'autre place pour coucher, que ſur le Tillac
d'icelle.

Les Trinquers eſtoient deux mariniers qui auoient la charge
des Voilles & cordages.

Les Chirurgiens, Charpentiers, Calfadeurs, & Tonneliers y font chacun leur office, deſquels le Loyer & ſal-
laire eſtoit limité ſelon leurs charges, Il n'y a que les
paſſagers dont y en a touſiours grand nombre, leſquels
n'en auoient, neantmoins ſont contraincts d'obeyr aux
Capitaines, & de ſeruir en cas de beſoin comme les autres.

Pour le ſeruice Diuin il y auoit vn Preſtre qui diſoit la Meſ-
ſe ſans conſacrer, parce qu'il n'eſt permis de ce faire eſtant
en mer.

Et pour la police & intereſt du Roy d'Eſpagne il y auoit vn
Eſcriuain, lequel obſeruoit voyoit & enregiſtroit tout ce qui ſe
paſſoit à ſon preiudice, & celuy du public & des particuliers,
pour en eſtre faict Iuſtice au retour.

Pour cette Flotte, il partoit ordinairement trois Carra-

ques de Lysbonne, auec quelques Gallions de Bisquaye & Navires Flamens, sur la fin de Fevrier, où le commencement
de Mars.

D'autant que s'ils en sortoient plus tard ils ne pourroient
passer assez-tost le Cap de Bonne Esperance, doubler les
Abrolles, & trauerser le mauuais passage de la terre de Natal, pour aller de droicte routte à Goa suiuant leur ordre, ou
se rafraischir à Mozambique, qu'il faut passer auant la fin du
mois d'Aoust, pour euiter les courantes basses & vents contraires qui se rencontrent ordinairement apres ce temps-là en telle
routte, entre la terre ferme d'Affricque, & la grande Isle S.
Laurens.

Les places des Carraques se vendoient bien cher, où se
donnoient pour merite ou recompense : Mais les autres
Vaisseaux estoient remplis de toutes sortes de gens ra-
massez.

Durant tout le voyage les vns & les autres auoient à boire &
à manger esgallement : à sçauoir chacun demy pot de vin, &
vn pot d'eau pour iour, & du pain tant qu'ils peuuent manger
auec chacun vn arrobe de chair salée par mois, du poids de
trente liures, & du Sel, du Vinaigre, de l'Huille, des
Oignons & du Poisson : Le reste des victuailles estans arriuez à Goa, appartenoit aux Intendans des Navires du Roy
d'Espagne, lesquels aussi estoient obligez de les rauictailler au
retour.

Outre toute cette despence de bouche, & celle de ce grand
equippage, chacun deuoit auoir cinquante croysades, estant
arriué à Goa pour faire emploicte, s'il veut des marchandises
du pays excepté du Poiure.

Ils souloient ordinairement gaigner cinq pour vn, parce que tant eux, que ceux de Commandement des Navires, estoient exempts de payer aucuns droicts, iusques à

vne certaine quantité de Marchandiſe. Pourquoy de quatre Ponts qu'il y a pour le Roy d'Eſpagne dans les Carraques, il leur en laiſſoit deux auec la Pouppe & la Prouë.

Le Roy d'Eſpagne ny enuoyoit que de l'argent enuiron quarante mil eſcus en chaque vaiſſeau : les particuliers y portent de la Drapperie, Chappeaux, Bonnets, munitions de guerre, Quinquaillerie, Plomb, Patenoſtres, Papier, toutes ſortes de fruicts ſecs, Poiſſon, Vins, Huilles, fourmage de Hollande, Olliues, Vinaigre, Liures Imprimez ou l'on gaigne quatre pour vn, & bien ſouuent cinq, & ſur les Reaux quarante pour cent, les particuliers raportoient toutes ſortes de rares, riches & excellentes marchandiſes : mais non du poiure lequel eſtoit reſerué pour le trafic du Roy d'Eſpagne, priuatiuement à tous autres.

Au commencement il reuenoit vn grand proffit de cette flotte au Roy d'Eſpagne par l'accommodeme..t & les traittez, que les Portugais auoient faicts auec les Roys des Indes pour auoir la liberté d'y traficquer & en tirer le poiure a certain prix, au moyen des conditions arreſtez entr'eux, qui eſtoient entr'autres que les Portugais les deffendroient par mer & par terre de tous Pyrates & ennemis, leur donnant cauteleuſement à entendre que leur Roy eſtoit le plus puiſſant du monde. Mais ayant trouué le contraire, les Portugais & eux en chaſſent tant qu'ils peuuent le Roy d'Eſpagne, pour le preſcrire aux Indes Occidentalles.

Pour les flottes des Indes Occidentalles du Roy d'Eſpagne elles ſont compoſées, de Gallions qui ſe font & baſtiſſent en Biſquaye, pour la grande commodité de bois, fer, & bons ouuriers qui y ſont pour cét effect. Tels Vaiſſeaux ſont ordinairement du Port de plus de ſept cents tonneaux iuſques a mille, ont deux Tilacs, auec vn pont de barrots & quelque batterie au deſſus, portent quarante & cinquante pieces de Canon

de fonte verde, auec des Pierriers. Il y a vn Admiral & Vice-Admiral de la flotte, & en chaque Gallion vn Capitaine qui
commande à cinq cents hommes qui y entrent tant Soldats que
Matelots, en outre les passagers, ou l'on garde a peu pres
le mesme ordre qu'on faisoit aux Carraques & vaisseaux
de la flotte des Indes Orientalles, & que nous faisons aux nostres.

Le Roy d'Espagne fait partir tous les ans deux flottes des
Ports de Sainct Lucque, & Callis, l'vne en Mars, pour neufue
Espagne, & l'autre en Iuin pour terre ferme, en chacune d'es-
quelles il y a d'ordinaire sept ou huict Gallions pour luy, les
autres vaisseaux en fort grand nombre sont Nauires particuliers afretez pour les Marchans, & chargez de grande quantité
de balots de Toilles blanches qu'ils appellent Rouens, Toilles
de chambre, appellées brins, Patenostres de toutes sortes, des
draps de Soye, passements de Soye, Soye a coudre, drapperie,
Chapeaux, bas d'estame, & toutes sortes de Quinquaillerie,
Marroquins, bottes & souliers de Marroquin, Vins d'Espagne, Huilles d'Ollif, Olliues, Cappres, Vinaigre & eau de
vie. Mais il n'appartient qu'au Roy d'Espagne d'y faire
porter & traficquer de Bulles, Carthes, Cuiure, & Vif
Argent : estant deffendu de le faire a tous autres à peine de la
vie.

Chacune de ces flottes partant de Calis ou Sainct Lucque va
prendre ordinairement la cognoissance de la Gratieuse, l'vne
des Isles de Canarie, laquelle demeure de hauteur a vingt-
huict degrez & demy Nord de la ligne Equinoxialle, en distance de cent quatre-vingts lieuës d'Espagne, ou elle se rafraischit
prend des eaux douces & des farines : puis rengeant les autres Isles, ioinct encor quelques Nauires & Fregattes chargées
de vin, pour porter au Peru, & au partir de la va mouiller l'ancre & se rafraischir encor aux Isles du Cap de Verd, à deux cens
                                                                    trente

fronte lieuës au de la, où ordinairement le General ouure le pacquet du Roy d'Espagne pour sçauoir ce qu'il doit faire, & la route qu'il doit tenir : neantmoins l'ordinaire est de s'en aller de droite routte aux premieres Isles du Peru ou il y a huict cents lieuës, & en raudant ces Isles, ou passant outre, selon leur ordre, pour la nouuelle Espagne, ou terre ferme du Peru, ont charge de prendre ou faire couler bas tous Nauires François qu'ils y trouuent : afin de leur faire abandonner la traite & qu'il n'en reste aucuns qui la puissent aprendre aux autres.

Tellement que au partir du Cap de Verd, les Gallions & Nauires de la Flotte de Nouuelle Espagne, estans repartis & arriuans à Nombre dy Dios, d'Arienne, Carthagene & autres Villes & Havres de trafic de la Coste de Mexique, ou nouuelle Espagne, ils y baillent les lettres & pacquets du Roy d'Espagne, font la descharge de ses marchandises qu'ils liurent soigneusement à ses Officiers, Fermiers, Receueurs & preposez, lesquels seuls les distribuënt & en disposent. Puis celles des autres aux marchans & facteurs selon les cognoissements, des maistres de Nauire & lettres d'adresse de leurs correspondans, bourgeois & associez.

Le semblable se practique aussi à la terre ferme du Peru, par la Flotte qui y va allant plus loing, est aussi plus longtemps pour faire ses restes, sa descharge & son emploicte selon l'ordre qui luy est donné, soit à la Platte ou autres Havres du Peru. Elle en rapporte de l'argent monnoyé, en lingots & en Barre, & ce qui vient de net auec les Quincts des Mines & autres droicts de Douenne d'entree & de sortie du Roy d'Espagne, & outre tout cela & ses autres droicts, prent encor deux pour cent des marchandises des marchands particuliers, pour l'entretenement des Galions.

Il y a desia long-temps que la mine y est tirée à force d'hommes & d'Esclaues des entrailles de la terre : elles s'y

S.ʃ

broye par des moulins bastys à la descente de la Montagne de
Potossy, dont vn Alemant par le bon saut qu'il y auoit d'eaux,
amassées dans les fosses des mines, y en donna l'inuention, laquelle estant broyée & moulüe on en separe facilement l'Argent, par le moyen du vif Argent, puis on
l'affine & purifie, & est mis en barres & Lingots d'Argent,
est porté de Lima Ville Capitalle du Peru, tant par mer que
par terre a Panama, d'où on le charge auec la Cossenille, les
Cuirs, & autres Riches marchandises pour les mettre
dans les Gallions qui se vont rendre à la Hauane, & y
prendre & recueillir encor ce que la flotte de neufue Espagne y auoit laissé, d'où quelquefois elle vient de droicte
routte en Espagne sans s'arrester nulle part.

La flotte de neufue Espagne part de la Hauane ordinairement sur la fin du mois d'Aoust : d'autant que si elle en partoit
plustost, elle couroit risque d'estre perdüe ou fort endommagée
du houragan, qui est vne tempeste qui s'esleue tous les ans aux
enuirons d'icelle au commencement du mesme mois, de là elle
fait sa routte, pour aller querir les Iardines distantes de trente
lieuës, à la veüe en vne terre fort basse, toute couuerte d'arbres, à la coste de la Floride. Pourquoy faut mettre en partant
pour y aller, le Cap au Nord quart de Nord-est. Tout le long
de cette coste : au debouquement il y court de grandes marées,
ou vn Nauire estant pris de Calme, deriuera hors trente lieuës
en vingt-quatre heures : desorte qu'il faut tousiours tenir le
certain du costé de la terre ferme, iusques a ce que l'on
en soit forty : car l'autre costé est dangereux ; a cause des battu-
res & rochers.

La flotte estant hors le debouquement prend ordinairement
la routte des Açores, & le General d'icelle despesche aussi tost
vne barque d'auis, & bien souuent deux, l'vne en Espagne pour
donner aduis au Roy & l'autre à l'Isle de Terchere, pour en ad-

uertir le Gouuerneur, afin que ſi d'auenture les Gallions auoiét
beſoin de Radoub de rafraiſchiſſements & de ſecours , on le
fiſt tenir preſt & partir en dilligence par la barque d'auis , pour
Sainct Lucque, & le donner au Roy d'Eſpagne, auec lettres &
pacquets , tant du Viceroy, Gouuerneurs, Officiers, Inquiſi-
teurs , & Confidents des Indes , que du Gouuerneur de la Terchere, leſquels luy ſont baillez en main , leus , & ouuerts en ſa
preſence en quelque endroit qu'il ſoit , lequel apres les auoir
leus , enuoye l'ordre qu'il veut tenir au general de la flotte,
lequel apres l'auoir receu , part des Açores , vient , de droicte
routte recognoiſtre le Cap ſaint Vincent, à la coſte d'Eſpagne,
eſlongnée de trois cents lieuës de la Terchere, & a la hauteur de
trente-ſept degrez , Nord puis acheuant ſon voyage , paſſe par
deuant l'entrée de Sainct Lucque, qui en eſt diſtant de quarante-huict lieuës , ou les petits Gallions & Nauires entrent,
mais à l'occaſion de l'emboucheure de la riuiere à laquelle il y a
vne barre & banc de ſables , les Gallions de la Platte & autres
grands Gallions des Marchans, vont moüiller l'ancre au port
de Callice , lequel eſt fort propre pour toutes ſortes de vaiſſeaux , & n'en eſt eſlongné que de ſept lieuës , ou les Gallions
eſtans ainſi arriuez on y deſcharge la plus grande partie de
leurs richeſſes , dans des alleges , afin de tirer moins d'eau :
puis eſtans allegez vont aiſément amont la riuiere , ancrer a
Bonnano , trois quarts de lieuës au dedans de Sainct Lucque,
ou puis apres en toute ſeureté ſe fait la deſcharge entiere des
Gallions , dans des Barques & alleges , qui vont porter l'or, l'argent, les Perles, la Cochenille, les Cuirs, & riches Marchandiſes en la ville de Seuille.

On obſerue a peu pres le meſme ordre , tant en allant que
venant aux Gallions & flotte de terre ferme , laquelle au retour paſſant par la Hauane, on y a retraitte & rendez vous, tant
de Mexique que de terre ferme , recueit ce qui y a eſté laiſſé

par la precedente, & si d'auanture elle ne reuient en l'année, qu'elle est partie, elle raporte le double en l'autre.

S'il se fait quelque rencontre & qu'on combatte chaque Nauire doit estre bastingué à l'entour des armes & couleurs d'Espagne, puis mettre les Canons en pare, les afuster & charger tous a balle, faire mettre vn chacun en armes en son rang, le Capitaine à la Pouppe, & le Lieutenant à la Prouë : puis les quatre Canonniers & leurs gens aux quatre coings du Nauire, auquel le Capitaine faict mettre l'enseigne sur le Masts de Misaine, mais il n'appartient qu'au General de la Flotte de le faire mettre sur le Grand masts lors qu'il faict obscur, & & quand on ne se peut veoir que de iour, on tire le Canon, & de nuict on allume plusieurs Chandelles en vn fallot dans le Navire Admiral pour le recognoistre & le suiure à la file.

Le proffit que ces flottes aportent au Roy d'Espagne est tres grand, tant a cause de ce qu'elles portent & raportent pour son compte, que pour les grands imposts qu'il en leue, car elles font que de diuerses parties de l'Europpe, & principallement de France, il se fait vn grand trafic en Espagne, & qu'on y aporte grande quantité de commoditez, pour en raporter d'autres prouenantes, tant d'icelles que des Indes : sur toutes lesquelles au lieu de l'y auoir amoindry les Imposts ; pour l'affluence nouuelle des Indes ; il les a tellement augmentez que bien considerez, il se trouuera que toute cette nauigation & trafic ne se fait que pour luy seul : car pour les droicts de sortie des moindres marchandises qu'on porte en Espagne & qu'on en raporte, il leue dix pour cent pour le droict d'Alcaualle institué par Ferdinand dés le mesme temps de la descouuerte des Indes, & quinze pour cent à la proportion du prix des marchandises qu'on y apporte, puis sur le Vin, l'Huille, la Cochenille, les Figues & Raisin, iusques à vingt-deux & demy pour

my pour cent, en ce compris les cinq pour cent pour le droict
d'AlcauaIle institué par Ferdinand dés le mesme temps de la
descouuerte des Indes, & quinze pour cent à la proportion
du prix des marchandises qu'on y a apportées, puis sur le Vin,
l'Huille, la Cochenille, les Figues, & Raisin, iusques a vingt-
deux & demy pour cent, en ce compris les cinq pour cent pour
le droit d'Almouxarifasgo, & deux pour cent d'autres petits
droits: puis pour les Marchandises qu'on transporte d'Espagne
aux Indes, il prend quinze pour cent d'entrée, & dix pour cent
de sortie, & encor autant sur ce qui arriue des Indes en Espagne, en outre les autres droits d'entrée & de sortie qu'il leue
dans les Indes, mesme en sorte que par ce moyen il attire tous-
jours plus du tiers de la valleur des flottes, lesquelles souloient
estre de dix & douze millions chacune, de sorte que le Roy
d'Espagne est le principal Marchant, lequel prend presque
tout le profit de cette traitte & Nauigation & en prend apresent encor d'auantage a cause des grandes Guerres ou il est em-
barassé.

Car pour le trafic comme il s'estoit reserué à luy seul celuy
de l'Argent & du Poiure aux Indes Orientalles, il a fait le semblable en celles cy de celuy du Cuiure, vif argent, des Carthes,
& des Bulles, qu'il y vent à son mot plus vingt fois qu'elles
ne luy coustent, à sçauoir le Quintal de Cuiure cent Ducats,
l'once de vif argent huict reaux, chaque ieu de Carthes
huict reaux, & autant chaque Bulle desquelles les Indiens
sont obligez d'achater, & en prendre chacun vne de temps
en temps, & bien souuent quatre pour meriter d'auantage, &
prier pour l'amé de leurs predecesseurs, iusques au quatriesme
degré, faisant par ce moyen seruir la Religion a son estat & a
son trafic. Tellement que le reuenu & profit qui prouient de
cette Marchandise meslée de ces Imposts, & du Quint qu'il
prend de l'Or & de l'Argent des mines, des Perles & Pierreries,

T t

luy souloit valloir plus de vingt millions par an.

Et pour le regard des Espiceries qui venoient des Indes Orientalles à Lysbonne, il leuoit vingt-deux & demy d'entrée pour cent : mais ne prenoit que deux & demy de sortie pour auoir prompte descharge d'icelles, par ce que en vieillissant elles empirent & se corrompent : mais pour les autres Marchandises, il prenoit presque par tout vingt-cinq pour cent de sortie.

Pour la Nauigation des Indes Orientalles le Roy d'Espagne durant l'vsurpation du Royaume de Portu-gal & despendances d'iceluy, il n'y a iamais esté s'y fort ny si bien establiy qu'aux Occidentalles : ny traficquant que par precaire comme ils disent en la coustume de Normandie & suiuant la bonne grace, & les accords d'entre luy & les Portugais auec les Roys d'icelles.

D'ailleurs que des-y a plus de soixante ans les Hollandois luy ont trauersé, en ayans entrepris la traitte, par leur flotte de l'Est, qui les y a rendus plus puissans, tant sur les lieux ou ils ont basty des forts, ont des ports & faict des alliances, auec les Roys & peuples du pays que sur la mer, pour auoir plus de Nauires, d'hommes & de commoditez propres pour la Nauigation : qui les fait auiourdhuy entreprendre celle des Indes Occidentalles ou ils ont desia eu de bonnes rencontres, qui y affoiblissent grandement son pouuoir, & le reuenu de ses flottes. Car depuis la prise de la flotte de neufue Espagne faite par eux en la baye de Matance, près de la Hauane en l'année mil six cents vingts-sept, qui les y mit en cœur & en curée ils n'ont cessé d'y chasser & faire des bonnes prises, il ne reste maintenant que d'y auoir des places fortes, des Havres & lieux de retraitte; comme ils ont fait depuis au Brezil, par la prise de Fernambource, Paraiba & autres qui leur faict y contracter sa puissance, ruiner son commerce, les effects & les impoſts qu'il en tiroit.

A preſent vne bonne partie s'en va par la mer du Sud aux Indes Orientalles, où on en tranſporte auſſi grande quantité tres, qui diminüent grandement maintenant ſes Impoſts en Eſpagne.

DES PRISES

ET

REPRESAILLES,

ARMEMENTS ET COM-

BATS DE MER.

CHAPITRE VIII.

A MER est vn Element si cruel & impitoya-
ble, qu'il ne pardonne à aucune chose qui soit
en sa puissance. Pourquoy contre la nature des
plus cruels animaux de la terre, qui nourrissent
naturellement : neantmoins & esleuent tendre-
ment les petits qu'ils y ont engendrez, les Poissons mangent &
deuorent cruellement les leur en la mer, ou les moindres de
quelque espece qu'ils soient, y seruent de pasture aux plus
grands, & où il semble mesme que les hommes qui y habitent
ou en aprochent, comme par vne mauuaise influence deuien-
nent plus meschans que les autres. Pourquoy les Grecs disoient
qu'il y en auoit en trois endroicts de plus meschants que les
autres,

autres, aux Isles de Cicille, de Crete & de Capadoce enuironnées de mer.

Il y à eu des Empereurs autresfois qui se sont preua-
lus de donner les loix sur la terre, mais non sur la mer,
remettans la decision de ce qui s'y passoit aux loix Rhodien-
nes.

C'est pourquoy nos Roys plus prudens au Gouuernement
de leur Royaume qu'aucuns autres, en outre leurs Loix & ordonnances pour le Gouuernement de la terre, ils en ont aussi
faict de l'Admirauté, pour celuy de la mer, & leur y en ont
donné puissance & Iurisdiction expresse : creé, constitué &
estably Iuges & Officiers pour cét effect, & auoir la cognoissance & Iugement de la Navigation & du commerce maritime, qui se faict en diuerses parties du monde, sous les congez
de l'Admiral de France. Mais mesme des Estrangers qui y seroient venus habiter, veullent comme il est entr'autres nommement & expressement porté par l'article troisiesme de l'Ordonnance de Henry III. de l'an 1584. qu'ils cognoissent priuatiuement à tous autres Iuges, des causes Ciuilles & Crimi-
nelles de ceux de la Hance Theutonicque, Austerlins,
Anglois, Escossois, Portugais, Espagnols & autres Estrangers,
soit que les procez & differents fussent entr'eux & les subjects
de sa Maieste ou aucun d'eux, pour quelque cause & occasion
que ce fust.

Mais ils ont encor plus trauaillé pour empescher les prises
& depredations qui se font & commettent sur cét impetueux
cruel element, ou le plus fort prend le plus foible, afin que
Iustice & equité soit renduë par tout, & au foible comme au
fort.

Car les premieres & plus expresses Ordonnances qui ayent
esté faictes en France, pour l'entretien de la Nauigation & du
commerce maritime, ce furent celles de François I. en l'an

V v

1517. 37. & 43. pour empefcher les entreprifes, que par monopolle & intelligences auoient faictes & formées, Ferdinand Roy d'Arragon & Yfabeth Reine de Caftille fon Efpouze, auec les Roys de Portugal & d'Angleterre qui en vouloient auoir enfemble la meilleure part, puis pour faire bien armer & equipper en guerre pour les en empefcher, & en ce faifant donner ordre aux prifes & depredations qui fe faifoient d'ordinaire fur la mer : Pourquoy ie raporteray tout enfemble, & en mefme fubftance les articles de prife de ladite Ordonnance de François premier de l'an mil cens quarante trois, & de celle de Henry III. de l'an mil cinq cens quatre-vingt quatre ainfi qu'il en fuit.

François I. orden. de l'an 1543. art. 22. & 23.

Si aucuns auoient commis faute en leurs voyages, foit d'auoir mis à fonds aucuns Nauires, defrobé, ou fuftrait des biens d'iceux punition exemplaire en doit eftre faicte, quoy qu'ils atteftaffent qu'ils ne fçauent qu'ils fuffent amis ou alliez.

Henry 3. Orden. de l'an 1584. art. 35. & 36.

Deffendu a tous Maiftres Contre-Maiftres, Patrons, Quarteniers Soldats & Compagnons de ne faire aucune ouuerture des Coffres, Balles, Bougettes, Tonneaux, ny autres vaiffeaux ny iceux rompre de quelque prifes qu'ils facent, ny aucunes chofes d'icelles receller, tranfporter, vendre, ny defcharger, a peine de confifcation de corps & de biens.

François I. art. 24. Henry 3. art. 37. & 38. François I. art. 25. Henry 3. art. 39.

Et bien que par cy-deuant il n'apartint que la huictiefme partie des prifes aux bourgeois des Nauires maintenant le quart leur eft attribué, & des trois quarts reftans les auictuailleurs en auront quart & demy & les Mariniers & autres compagnons de Guerre autre quart & demy pour repartir entr'eux en la maniere accouftumée, afin de leur donner occafion de faire faire entretenir & mettre hors, de bons, grands, forts & puiffans Nauires, mantenant la pratique eft qu'ils partagent par tiers le prouenu de la prife.

Deffendu aux Maiftres de Nauire & Compagnons de faire

ferment fur le Pain, fur le Vin, & fur le Sel que de ce qu'ls
pourront prendre piller & defrober des prifes, foit or, argent,
Perles ou ioyaux & autres chofes de valeur, ils n'en receleront
aucunes chofe à Iuftice ny aux Iuges & victuailleurs.

Fran. I art. 25
Hen. 3. art. 40

Toutes lefquelles prifes feront amenées au mefme Port dont
les Nauires feront parties qui auront pris, ou au lieu de leur refte a peine de punition corporelle: & de perdre le droit de la
prife.

Fran. I art. 28
Hen. 3. art. 43

Et afin de donner occafion aufdits Compagnons de s'employer vertueufement aux effects de la Guerre, la defpouille des
ennemis qu'ils auront forcez, leur eft accordée pour pillage
iufques à la fomme de dix efcus, le furplus demeurant à Butin & en commun pour eftre partagé, & deffendu d'en mettre
en Bateaux ny faire defcente à terre, a peine de punition corporelle auant que d'en auoir fait inuentaire & raport deuant le
Lieutenant de l'Admirauté.

Fran. I art. 29
Hen. 3. art. 41 42. & 43

En cas que les Maiftres ou Capitaines du Nauire qui auront
faict la prife, fuffent contraints de fe fauuer & defcendre en
autre Port, que celuy dont ils font partis, le dixiefme & autres
droits a partiendront à l'Admiral tels & femblables, que fi le
Nauire fuft retourné au Port dont il eftoit party : mais s'ils re-
lafchent autre part, & que par force d'ennemis ou mauuais
temps ny ayants efté contraints ils perdront tout le droit qu'ils
pourroient pretendre en la prife & Butin, & outre feront punis d'amende & de punition corporelle, & nulle chofe pourra
eftre dicte pillage, qui excedera la valeur de dix efcus.

Fran. fois I. art. 28 29. & 30. Hen. 3. ar. 44

Deffendu a tous Marchans a peine de confifcation & de
prifon d'achapter ou de celer, prendre pardon ou autre couleur les Marchandifes depredées & amenées de la mer auant
que l'Admiral ou fon Lieutenant aye declaré la prife de bon &
licite gain.

Fran. I art. 32 Hen. 3. ar. 48

Les Capitaines & Maiftres de Nauire feront ferment en

Fran.I
art.33.
Hen.3.
art.49
partant de deffendre les amis & alliez, & que des prifes qu'ils ameneront à terre, ils en donneront cognoiffance à l'Admiral ou fon Lieutenant, declareront le mesfaict de ceux qui ont delinqué.

Fran.I
art.34.
Hen.3.
art.50
De toutes prifes qui fe font en mer les ventes butins & departements en feront faicts deuant l'Admiral ou fon Lieutenant qui en fera faire inuentaire, & le retiendra afin de cognoiftre a qui le departement aura efté fait.

Fran.I
art.37.
Hen.3.
art.51.
Les Iugements prouifoires donnez au profit des Marchans contre les auenturies & Pyrattes feront executez nonobftant l'appel.

Fran.I
art.38.
39.&
40.
L'Admiral aura le dixiefme des chofes prifes fur la mer & grefues d'icelles, & mefmes des prifonniers auec le droit de faufconduit d'iceux.

Fran.I
art.42
Hen.3
art.69.
Si les Nauires François font pris des Nauires des amis & alliez, aufquels y ayt des Marchandifes apartenantes, aux ennemis le tout fera declaré de bonne prife & confifqué.

Fran.I
art.43
Hen.3.
art.70
Pour obuier aux abus & fraudes qui fe peuuent commettre efdites prifes, incontinent apres l'abordement des Nauires fera faicte dilligence de recouurer les lettres, papiers de carquaifon, charte parties, & autres faifans mention du chargement de Nauire, qui aura efté pris, & s'ils les ont iettez en la mer pour en celer la verité, feront declarez de bonne prife.

Fran.I
art.44
Hen.3.
art.71
Les Marchans & autres qui auront equippé & auictuaillé Nauires ne feront tenus refpondre des prifes & depredations qui feront faictes par leurs gens de guerre fur la mer, d'autant que fe feroit leur ofter le cœur de feruir en temps de Guerre & de faire mettre hors des Nauires.

L'Ordonnance de Henry III. article 71. dit finon qu'ils euffent pris part aufdites prifes, auquel cas ils feront tenus à la reftitution ſtitution de la valeur ſeulement de ce qu'ils en auront eu: mais les depredateurs ſeront condamnez vn chacun pour le tout, & punis ſuiuant les ordonnances.

Si les Nauires François ſont aſſaillis, ſoit des ennemis ou Pyrates & que la victoire leur en demeure, ils doiuent amener les perſonnes deſdites Pyrates és mains des Officiers de ſa Majeſté en l'Admirauté, pour en eſtre faict punition exemplaire. *Henry 3. art. 60.*

Si aucun Nauire François pris par les ennemis a eſté entre leurs mains iuſques a vingt-quatre heures, & apres il ſoit reſcoux & repris par les Nauires de ſa Maieſté ou de ſes ſubiects, la priſe en ſera declarée bonne : mais ſi la repriſe eſt faicte auant les vingt-quatre heure, il ſera reſtitué auec tout ce qui eſtoit dedans & aura le Nauire de Guerre qui l'aura ſauué reſcoux & repris le tiers. *Henry 3. art. art. 61.*

Si aucune priſe a eſté faicte en mer autres que ceux qui l'auroient faicte, ny pourroient demander aucune part, ſi ce n'eſt qu'ils ayent combatu, ou fait tel effort que pour ſon deuoir l'ennemy ayt amené ſes voilles, ou bien qu'il en ayt eſté en quelque partie cauſe, ou qu'il y euſt eu promeſſe de partir les priſes. *Hen. 3. art. 62.*

Si le Nauire de Guerre qui a faict volontairement amener les voilles de l'amy ou allié, & neantmoins luy a deſrobé ou pris quelque choſe de force en ſon Nauire, les Maiſtres & Compagnons doiuent eſtre executez a mort au ſupplice de la roüe, nenobſtant appel pourueu qu'il y ayt ſix Aduocats au Iugement, & ſeront les coupables condamnez à la reſtitution, vn chacun pour le tout. *Hen. 3. art. 64.*

Les François ayant armé vaiſſeaux en Guerre, pour chercher l'aduenture de profiter ſur l'ennemy, deſcouurant Nauires peuuent courir apres, pour ſçauoir s'ils ſont amis ou ennemis, & les ſemondre d'amener leurs voilles, leſquels eſtans re- *Hen. 3. art. 65.*

fufans de ce faire doiuent tirer l'artillerie & les y contraindre
par force, en quoy faifant venans au combat & eftans pris, la
prife doit eftre declarée de bonne prife.

Par l'article trentiefme de l'Ordonnance de Henry III.
faut regarder que le Nauire foit fuffifant propre & conuena-
ble, pourueu de gens de Guerre harnois artillerie & de tout ce
qui eft neceffaire pour la Guerre, & qu'il ny ayt gens de
neant & fans cœur, afin d'atacquer & fe deffendre, & qu'il ne
puiffe eftre pris à la diminution de la reputation de nos forces
en mer.

Par l'article foixante de l'Ordonnance de Henry III. de l'an
mil cinq cents quatre vingts quatre, le Nauire de trente a
quarante tonneaux, doit auoir douze hommes, deux pages
deux doubles Barces, deux moyennes, & leur munition
fix demies picques & quatre Harquebutes ou Arbaleftes : &
le Nauire de cent dix à fix-vingts tonneaux, de quarante-cinq
hommes, deux Cardinalles, ou autres pieces tenans boullet
de baftarde, quatre paffeuolants du nouueau calibre, douze
Barces, deux douzaines de picques, vne de demies picques,
douze lances a feu, deux fauces lances, d'arcs de hune ferrez
a fuffifance, vne douzaine d'arbaleftres ou harquebufes, ledit
Nauire auffi bien pointé & panoifé, & ainfi des autres a l'equi-
polent, & deffendu de fortir a peine de punition corporelle
qu'ils ne foient armez comme deffus, foit pour la Guinée, la
pefche, ou autrement, & ne s'abandonnent les vns les autres,
fi ce n'eft par force de mauuais temps & ou ils feront affaillis,
foit de Nauires ennemis ou Pyrattes & que la victoire leur en
demeure, qu'ils amenent la perfonne defdits Pyrates és mains
de nos Officiers, pour en eftre faict telle punition que les autres y prennent exemple.

Mais ayant parlé des prifes reprifes & depredations qui ne
fe font ordinairement que par le combat, nous faut parler en

paſſant de la forme d'iceluy & dire que s'il ſe faict quelque rencontre & qu'on combatte , chaque Nauire doit eſtre baſtingué
a l'entour des armes & couleur de France , ou de l'Admiral,
puis mettre les Canons en parc , les afuſter & charger tous a
balle , faire mettre vn chacun en armes en ſon rang, le Capitaine à la Pouppe ; & le Lieutenant à la Prouë , puis les quatre
Canonniers & leurs gens, s'il y en a aux quatre coings du Nauire
auquel le Capitaine fait mettre l'enſeigne ſur le Maſts de Mi-
ſaine, mais il n'apartient qu'au General de la flotte de les faire
mettre ſur le grand Maſts lors qu'il faict obſcur , neantmoins
quand on ne ſe peut veoir de iour , on tire le Canon , & de
nuict on allume pluſieurs chandelles en vn fallot dans le Nauire Admiral, pour le recognoiſtre & le ſuiure à la file , le Nauire de Guerre & de combat doit eſtre couuert d'vn grand Trillis
de bois percé a clere voye, & y auoir vne viſiere ou meurtriere
qui eſt le trou par ou les Soldats tirent, & ou le long du Nauire
ſe meſure par la Quille , & le large par le Ban.

Le Chaſteau du Navire de Combat , eſt d'œuure haute , & qui prend depuis l'Eſtrane , iuſques au plat bord,
enfermant le Maſts de mipzane , ſur lequel on tend le Pont de
cordes au Combat, & y met-on de l'artillerie.

Gallion eſt vne ſorte de Navire dont ſe ſeruent les Eſpagnols, lequel eſt plus renforcé que le Navire , & porte voille
carree , eſtant fort propre à la Guerre & au combat , & portant grande quantité de Canon, dont l'Eſpagnol en faict faire
baſtir bon nombre , pour la commodité de bois cordages, &
bons Ouuriers qu'il tire pour cét effect de Biſquaye , &
en faict faire à Cals & Sainct Luc d'où ils partent , &
où ils compoſent les Flottes tous les ans pour la nouuelle Eſpagne & la terre ferme du Peru, puis y font leur retour & dernier reſte.

Les Corſaires vont touſiours à voilles & bourſets de haue,

c'eſt à dire petites Voilles de la cage, deſployés comme ils cin-glent de grand vent & roideur, fendans l'eau fort roi-dement, Il ſemble qu'ils ne voguent que ſur l'eſcume, auſ-ſi ils ſont appellez Eſcumeurs, parce qu'ils enleuent tout ce qu'ils rencontrent en leur voye, comme l'eſcume lege-re d'icelle.

Carauelle eſt vn moyen Navire François leger, bon de voille, dont le Roy ſe ſeruit contre les Anglois à la repriſe de l'Iſle de Ré, eſtant fort propre pour la Guerre, ſemblable à peu pres aux Navires, longues & moyennes, deſquelles ſe ſeruit princi-palement Octaue Cæſar, à la Bataille Actiacque qu'il gaigna Contre Marc Anthoine, accompagné de ſes grands & prodi-gieux Vaiſſeaux qui reſſembloient à de grandes Monta-gnes ou à des Iſles flottantes en la mer qui ne luy ſeruirent de rien.

Les Carracques ſont d'autres grands & monſtrueux vaiſ-ſeaux du Port de quinze cens & deux mil Tonneaux, où il y a quatre eſtages ou ponts, en chacun deſquels, le plus grand Homme ſe peut pourmener ſans toucher le Tillac, ils ſe font & baſtiſſent au port de Lisbonne pour la grande bonté d'i-celuy, eſtant de Grand nombre de braſſes & des grandes commoditez qu'on y apporte pour cet effect de diuers en-droicts.

Mais ſe n'eſt aſſez que d'auoir de grands & bons vaiſſeaux, il eſt beſoin qu'il y ayt de la Police & de l'œconomie pour s'en ſeruir & faire la Nauigation & le commerce Maritime, tel qu'il faut, ſoit dans la Nauire Admiralle vice-Admiralle, ou les au-tres moindres leſquelles vont en flotte, où il y a le General, le Lieutenant General, le particulier, le Capitaine, le premier Pilotte, le deuxieſme Pilotte, Maiſtre, contre-Maiſtre, le Marchant, deuxieſme Marchant, vn Eſcriuain, les Chirur-giens, les Deſpenſiers, les Cuiſiniers, les Maiſtres, valets, le
Maiſtre

Maiſtre Canonnier, les ſoubs Canonniers, qui ſont toutes les perſonnes de commandement d'vn Nauire François bien mu-1.y, auictuaillé, armé & equippé en Guerre.

Le Capitaine commande abſolutement en toutes choſes, le premier marchant apres ſur la Marchandiſe, & le commerce ſeulement, l'eſcriuain eſcrit la Marchandiſe, qui entre & qui ſort du vaiſſeau. Le Pilotte n'a autre commandement qu'en ce qui concerne la Nauigation, le Maiſtre a pouuoir ſur les gens de mer, eſt à la charge du Nauire & de tous les vſtencilles & viures, y met des deſpenſiers à ſa volonté, les maiſtres valets ſont les plus habilles de tous les Mariniers, qui ont ſoin des cordages, voilles manœuures & qui commandent aux ieunes Mariniers, & donnent le fouet aux garçons & aux pages du Na-uire, leſquels ne ſeruent qu'à appeller le monde a haute voix au pied du grand Maſts, prendre garde aux chandelles a la cui-ſine & faire des meſſages.

Le Matelotage cét mettre les gens du Nauire deux à deux, comme on fait les Camerades, afin de s'entr'aider, on partage auſſi tout le Nauire, afin que pendant qu'vne partie dort l'autre veille & face ſentinelle.

Les Diepois & Mallouins ont bonne cognoiſſance du glo-be & de la Carthe, les premiers ont deſcouuert le Brezil & quand les Portugais y allerent ils y trouuerent l'Iſle aux Fran-çois, par laquelle ils trocquoient & traficquoyent auec ceux de la terre.

Le principal fondement de la cognoiſſance & Iuriſdiction de l'Admirauté, conſiſte aux congez que les Capitaines & maiſtres de Navire doiuent prendre du Sur-Intendant de la Navigation, & du commerce, ou de ſon Lieutenant au port d'où ils partent, & du raport qu'ils y doiuent faire à leur retour & dernier reſte, le congé doit contenir le nom du Capitaine ou Maiſtre de Navire, le port, equipage, armes & marchan-

Y y

7. aff.
47. &
48. de
l'or. de
1584.
de Hen
v j 3.
confor-
mémēt
à celle
de Frā-
çois I.
de l'an
1543.
difes d'iceluy ; declarer ou il va en faire & laiſſer la liſte au
Greffe , en dreſſer papier de Carcaiſon & Charte-partie , puis
au retour faire bon & fidelle raport de tout ce qui s'eſt paſſé
durant le voyage , & ou les marchandiſes raportées auront
eſté priſes ou traictées, pour ſçauoir ſi elles ſont de bonne priſe ou de loyalle traicte , par ce que les hommes armes & marchandiſes ſont au Roy. Tellement que ſi vn Capitaine ou maiſtre de Navire ayant eſté pris & depredé en mer , ou que par
quelque accident il y euſt perdu de ſes hommes, armes, Navires ou Marchandiſes: neantmoins à ſon retour s'il n'en faiſoit
ſon rapport, ou qu'il le fiſt par deuant autres perſonnes ou Iuges que celuy de l'Admirauté duquel il auroit pris ſon congé ,
on procederoit extraordinairement à l'encontre de luy & fe-
roit-on ſon procez , par ce que ſe feroit vn moyen de delin-
quer & faire du mal impunement de celer , couurir & faire
tranſport & deſcente de leurs Marchandiſes abord ou a terre,
au preiudice de leurs Bourgeois , Marchans affreteurs & auictuailleurs ce qui eſt rigoureuſement practiqué , pour recognoiſtre ce qui eſt depredé, ou de bonne traitte.

Se fut pourquoy Nicolas l'Hoſte Marchant Flament pour
luy & conſorts de Roüen , fiſt Haro & Arreſt ſur la perſonne
de Nicolas Tueur maiſtre de Nauire,lequel il auoit affreté au
Havre de Grace pour porter ſa pleine charge de Bled à Viare-
gio en Italie : neantmoins ayant eſté contrainct , par force de
mauuais temps de relaſcher en l'Iſle d'Inice , les Gouuerneurs,
Iurats , gens de guerre, & de Iuſtice auec les habitans d'icelle
ſuiuant les lettres & anciens priuileges d'Alphonſe Roy d'Arragon ayant pris & s'eſtans ſaiſis & emparez de force & d'authorité dudit Bled, dont il auoit des atteſtations & en auoit
fait raport deuant les Tabellions dudit lieu du Havre , apres
ſur le contraſte & debat de Iuriſdiction d'entre les Iuges de
l'Admirauté du Havre & les Prieurs & Conſuls , la cauſe eſt

ayant esté deuolutte à la Cour dont la voye de venir auoit esté trouuée bonne & ou preuoyant qu'il y auoit de la faute ou Barat de Patron pour n'en auoir fait raport par deuant le Iuge de l'Admirauté, le renuoya par deuant nous au Siege General de l'Admirauté à la Table de Marbre du Palais à Roüen, ou veu lesdites attestations dont on demeura d'accord, il y fut dit par Sentence du neufiesme Avril mil six cents neuf, que ledit l'Holte & Conforts ennoyroient dans trois mois par deuers les Gouuerneurs & habitans de l'Isle d'Inice pour se faire payer du prix dudit Bled, mentionné en la Charte-partie, & cependant ledit Tueur lequel estoit arresté fut eslargy à sa caution iuratoire. Et tost apres en l'année mil six cents dix Charles de Drouslin Escuyer Sieur du Manoir Gentil-homme qualifié d'Argenten en la basse Normandie, estant party du mesme Havre de Grace auec vn bon armement & equippage, ou auoit frayé & contribué principallement le sieur de Montauban Moysset, pour aller au de la de la ligne au Brezil y traitter ou faire prise, lequel par ignorance des Loix & Ordonnances de l'Admirauté, alla en la mesme année faire son retour au Havre de Granduille auec son Nauire, equippage & Marchandise de Succre du Brezil estant plus proche de sa maison, dont ayans esté aduertis en l'Admirauté de France au Siege General de la Table de Marbre du Palais a Roüen, nous decretasmes prise de corps contre luy & ceux de son equippage, sur quoy ayant comparu deuant nous & iceluy interrogé, nous ayant ingenument recognu que n'ayant iamais fait aucun voyage en mer que celuy là, sçauoit esté par ignorance des Ordonnances de l'Admirauté qu'il estoit allé aborder audit Havre de Grandville, d'ailleurs qu'il y auoit esté ietté par force de mauuais temps, puis estant constant que toutes les prises de Marchandises qui se font au Brezil & au Peru qu'il en auoit raportées sont de bonne prise.

Nous l'eſlargimes & luy accordâmes main-leuée de ſes Marchandiſes, eſtant conſtant d'ailleurs que quand çà eſté par force de mauuais temps que l'on a eſté ietté en quelque autre port
que celuy de ſon dernier reſte , le Capitaine où Maiſtre de
Nauire n'en eſt pas puny ny priué de ſon fret, comme il fut Iuge au raport de Monſieur Blondel Conſeiller par Arreſt de la
Cour du 18. Aouſt 1629.

Car il eſt certain que des priſes faictes au de-là de la ligne
de l'vn ou de l'autre Tropicque , ou ſur les Ennemis ou Pyrattes , le dixieſme en appartient à l'Admiral ou Sur-Intendant de
la Navigation comme pris en guerre : neantmoins autres fois il
y auoit certains lieux ou on traictoit & trocquoit, & où les François auoient de bonnes habitudes , & ſe retiroient & rafraiſ-
chiſſoient comme en l'Iſle de Maragnan , au Brezil & en celle
de la Dominicque Sainct Chriſtophle & autres prochaines, vis
à vis de la Mexique , & vers la terre ferme du Peru auec les
ſauuages & habitans deſquelles on ſe retiroit , s'apriuoiſoit &
commençoit-on de ſe bien habituer & accommoder : Pourquoy maiſtre Guillaume le Monnier Receueur General des
droicts de Monſieur l'Admiral en Normandie , Ayant pretendu pour ledit ſieur d'auoir le dixieſme des marchandiſes
traictées a Maragnan , pays & Iſle du Brezil par Blaize Marie,
& raportées dans la Nauire du Capitaine Querard , main-leuée diffinitiue des deux tiers en exemption du dixieſme , luy
en fut accordée par le Lieutenant de l'Admirauté à Dieppe, le
vingt-huictieſme Iuillet mil ſix cens trois , de laquelle y ayant
eu appel en noſtre Siege General de l'Admirauté a la Table de
Marbre du Palhais, elle y fut confirmee le dixieſme Nouembre
enſuiuant.

Nous auions de bonnes retraictes & habitudes en ces Iſles-
là : Mais ie ne puis laiſſer paſſer ce qui arriua proche celle de
la Dominicque en l'année mil ſix cens cinq , que Pierre le Fevre Eſcuyer

vre Escuyer Sieur de la Lotherie mon frere, y laissa genereusement la vie , puisque cela succeda au bien de la France, s'y estant arrouté auec plusieurs autres Gentilshommes au Port de
Honnesleur dans le Grand Navire du Capitaine Pont-pierre, &
quelques autres moindres vaisseaux Domp Lodouico Faschar-
do Admiral d'Espagne , qui en estoit party auec Ordre de son
Armée Navalle, de degrader, perdre, & faire mourir tous les
François qu'il trouueroit aux Indes Occidentalles, il voulut
commencer par la Dominicque , où il auoit descouuert que
le Nauire du Pont-pierre estoient ancrez ; ce que Pont-pierre
& son Lieutenant ayants aperceu, ils firent incontinent voille
au vent dans la Barque de leur Navire, laquelle estoit bonne
de Voille , passerent à la barbe de l'Armée Espagnolle, laquelle sans se destourner, fondit, & descocha sur le grand Navire
de Pont-pierre, lequel s'estant vaillamment deffendu, auquel
d'abord Iacque de Malsillastre Escuyer , fils du sieur de la
Haulle qui en estoit enseigne y fut tué , puis mon frere apres
sa mort en ayant pris le commandement s'y deffendit si valeu-
reusement contre toute l'Armée Espagnolle, qu'il y fist mourir
plus de cinq cents Espagnols sans les blessez , en perça, des-
mata & brisa la pluspart des Navires ennemis : neantmoins
le sien en ce combat estant tout desmaté criblé de coups & prest
de couler bas , cét Admiral s'en empescha , plus pour sauuer
le Navire que les hommes, lequel ayant recogneu que ç'auoit
esté mon frere qui auoit ainsi obstiné le combat , & à esté cause de la mort de tant d'Espagnols, & d'auoir ruiné son voyage
à son commencement ; i'ay apris qu'il le fist tuer à sang,
fret.

Mais ce cruel ayant veu que son armée n'estoit plus bastan-
te de voguer & de combattre , dans le vostre des Indes, du
Peru & du Brezil pour en auoir meilleur marché, & prendre
les François plus à sonaise, se resolut de retourner sur les voyes

Z z

& d'aller vers le deſtroict prendre aux paſſages ceux qui en re-
uiendroient:ou y eſtant l'Armée Hollandoiſe y paſſa, laquelle enfin le rencontre ou auec le feu, le fer & l'eau les fiſt tous
perdre & couler bas, tellement *qui exitu diro temerata Ponti iu-
ra pinuit*. Neantmoins cét eſchec, le Roy d'Eſpagne ayant
arreſté de faire prendre de nos Nauires vers le deſtroict & en
deça, reuenants de au de-là de la ligne, Henry IV. en ayant
eſté aduerty y voulut dóner Ordre. Pourquoy en l'année 1607.
moy eſtant ſeis a coſté de Monſieur l'Admiral de Dampuille
en la maiſon du ſieur Collier célebre marchant de Roüen, i'ay
declaré ſuiuant la volonté du Roy qu'il m'en auoit faict entendre, que l'intention de ſa Maieſté eſtoit, qu'on priſt les Nauires
chargez des marchandiſes priſes au de-là de la ligne, en quelque endroit qu'on les pourroit trouuer ; puis que le Roy d'Eſpagne en vſoit ainſi apreſent.

Au meſme temps que cela fuſt entendu ſur les Quays de la
Ville de Roüen, ou il y a touſiours quantité d'Eſpagnols, de
facteurs & Commiſſionnaires d'iceux, le Roy d'Eſpagne en fut
ſoigneuſement & promptement aduerty, & de la reueuë que
i'aurois faicte, peu auant que de l'auoir ainſi declaré, qui
eſtoit de ce qu'il y auoit de Nauires, tant aux Quays de cette
Ville de Roüen, de Honnefleu, que du Havre de Grace &
de Dieppe, qui ſe trouuerent au nombre de plus de huict cens
pour ſeruir promptement le Roy à coup de beſoin, Sa Maieſté
ayant deſiré que ſe fuſt moy qui auoit faict promptement & à
ſon gré la reueuë qui en fiſſes la pronontiation que deſſus, &
tout ce qui en deſpendoit.

Cela fuſt cauſe que les entrepriſes du Roy d'Eſpagne ſur nos
nauires de long cours qui ſe commençoient deça la ligne, ceſ-
ferent incontinent. Et qu'il ny eut aucune entrepriſe, iuſques
en Decembre mil ſix cens dix, ſept mois apres l'aſſaſſinat de
noſtre grand Roy, l'Ambaſſadeur du Roy d'Eſpagne eſtant

en Angleterre, y vit le Nauire du Capitaine l'Ambert chargé
de marchandiſes du Brezil , lequel y auoit relaſché par force de mauuais temps à Pleume, il fut ſi oſé d'y faire arreſt, di-
ſant qu'il n'appartenoit aux François d'y traficquer. Ce qui y
fut puiſſamment empeſché par Meſſire Anthoine le Févre
Cheuallier ſieur de la Boderie Ambaſſadeur de France , lequel en eſcriuit à la Reyne Mere du Roy lors Regente. Et
ayant l'honneur d'eſtre ſon parent, puis ſçachant bien qu'il ny
auoit pas long-temps que i'auois eſté l'organe & inſtrument
d'auoir faict ceſſer l'entrepriſe qu'en auoit voulu faire le Roy
d'Eſpagne en l'année mil ſix cents ſept , il m'en reſcriuit auſſi
pour en ayder des memoires en l'occaſion, tant que la Reyne
en ayant eſcrit puiſſamment au Roy d'Angleterre, le Nauire
& marchandiſes priſes au Brezil en furent renuoyez en France
à mondit ſieur l'Admiral , & pour tous les effects, & deſ-
pendances du Navire & marchandiſes eſtre pour iuger , &
Iugées en noſtre Siege General de l'Admirauté de France à la
Table de Marbre du Pallais à Roüen : mais d'autant que les
lettres de la Reyne Mere au Roy d'Angleterre ſont notables & ſeruent de Loy , i'en inſereray la Teneur en cette
ſuitte.

Tres-hault , tres-excellent , & Tres-Puiſſant Prince , noſtre tres-cher, & tres-aimé bon Frere, Couſin & antien allié,
Ayant eu aduis du ſieur de la Boderie Ambaſſadeur que depuis
ſix ou ſept ſepmaines , vn Nauire de Dieppe reuenu du
Brezil ſurpris en la Coſte de Normandie d'vne tempeſte, &
contraint de relaſcher dans le Havre d'Artemuë y a eſté arreſté
par les Officiers de voſtre Admirauté qui apres auoir interrogé
les matelots, & recognu ingenument par leurs confeſſions le
ſuccez de leur voyage, en auroient informé l'Ambaſſadeur de
noſtre tres-cher Frere le Roy d'Eſpagne reſident pres de vous,
qui a l'inſtant fiſt ſaiſir le Nauire en vertu d'vne commiſſion

de voſtre Admiral entre les bonnes intentions des traittes cy-
deuant faicts & renouuellez pour la liberté du commerce d'entre les communs ſubiets des deux Couronnes , par leſquels il
eſt expreſſément porté , que tous Bateaux & Nauires, qui ſeront contraints par tempeſte de ſe retirer en aucun Port ou
Havre de l'vn ou l'autre Royaume, pourront en ſortir quand
bon leur ſemblera ſans empeſchement, outre bien qu'ils ayent
faict quelque capture reuendiquée par les Ambaſſadeurs , ils
ne peuuent comme les Roys predeceſſeurs de noſtre tres-cher
Fils n'ont iamais recognu le Roy d'Eſpagne pour Roy & Seigneur des Indes, y ayant autant de droit que luy, comme tous
autres Princes , eſtre abſtraints apres le Iugement a aucune reſtitution que par action prealable par deuant leurs Officiers, ny
ayant au de la de la ligne, & ſur la Coſte de l'Amerique aucune paix: de ſorte que quand les ſubjets ſi rencontrent le plus
fort eſt le Maiſtre, ſans qu'il y eſchée puis apres repetition, ce
qui eſt confirmé encor par le Iugement que donne tous les iours
en cas pareil, l'Admiral d'Eſpagne declarant telles priſes bonnes & bien faictes eſtant certain que ſi l'Ambaſſadeur pretend
reclamer cette priſe , il ſe doit adreſſer aux Iuges naturels des
ſubiets du Roy noſtredit Seigneur & fils puis qu'il eſt queſtion
du contenu du traitté d'entr'eux & ceux d'Eſpagne : eſtant
d'ailleurs à conſiderer que ceux qui ont faict cette priſe ne
ſont Pyrattes : mais vrays Marchands allans en trafic ſoubs le
congé & adueu de leur Admiral auquel il eſt raiſonnable de
defferer. Au moyen dequoy nous vous prions commander
qu'en conformité deſdites traittes , ledit Nauire ce qui eſt de
Marchandiſe & equipage d'iceluy ſoient rendus & deliurez,
ſauf à ceux qui pourront cy apres y reclamer quelque choſe à
ſe pouruoir par deuant les Iuges qui en doiuent cognoiſtre en
ce Royaume, ou ie tiendray la main que bonne & briefue Iuſtice leur ſoit faicte, comme merite l'amitié d'entre Princes voisins ,

fins, & bons amis, & vous assure que nous nous reuangerons
de la grace que vous ferez ausdits Marchands en cet endroit,
quand il s'offrira occasion de gratifier les vostres ainsi que
vous dira le sieur de la Boderie, priant Dieu tres-haut tres-
excellent &c. Donné à Paris le 7. Decembre 1610. Signé
Marie.

Conformement aux lettres cy-dessus le Roy d'Angleterre
ayant faict deliurer le Nauire & Marchandises en baillant caution, la Reyne Mere escriuit autres lettres ainsi qu'il ensuit cy
apres pour descharger les cautions.

Tres-hauts, tres-excellent, & Tres-Puissant, ayant esté Lettre de la Reyne au Roy d'Angleterre
aduertie & informée par le sieur de la Boderie cy-deuant Am-
bassadeur du Roy nostre tres-cher Fils pres de vous comme
sur la lettre que nous vous escriuismes au mois des Decembre
dernier, touchant vn Nauire de Dieppe, vous en fistes donner
main-leuée, nous auons bien voulu par cette, vous tesmoi-
gner le bon gré que nous vous en sçauons, toutesfois comme
main-leuée n'a esté accordee que à caution, à cause de l'oppo-
sition que faisoit l'Ambassadeur d'Espagne, lequel n'ayant raison de reuendiquer les biens qui sont pris au de là de la ligne sur les subiects du Roy sont Maistre par les subiects du
Roy nostre Seigneur & fils, attendu qu'il ny a aucune paix entre les subiets des deux Couronnes, ainsi qu'il se peut remarquer par tous les traittez qui se sont faicts depuis le Roy François I. encores que toutesfois & quantes que les Commissaires
de part & d'autre se sont assemblez, ce point ayant esté arresté veritablement entre lesdits Commissaires, que tous les
actes d'hostilité qui se feroient au de là du Meridien, dès Esso-
res pour l'aual, & du Tropique de Cancer pour le Midy, ne
seront subiects, complaintes & repetitions, & que les plus forts
en ces quartiers là y seront Maistre, & le Roy nostre Seigneur
& Fils, ne recognoissant non plus que ses predecesseurs, les

Roys d'Espagne pour Roys & Seigneurs des Indes, & de l'A: merique, pour y auoir autant de droit que luy. Nous n'aten= dons de vous en cét endroit que l'effect de nostre desir qui est de commander comme nous vous prions à vostre Admiral, & autres Iuges, de descharger les cautions que ces Marchands ont baillées pour la deliurance de leurs vaisseaux & Marchan= dises, & s'il y a quelque complaingnant, le renuoyer par de: uant l'Admiral de France auquel seul la cognoissance en ap= partient, n'estimant pas que pour la bonne & parfaite amitié que nous vous portons, & le tesmoignage que nous vous en rendrons en pareille occasion, & tous autres vous veilliez souf= frir que vos Iuges cognoissent de ce faict : C'est pourquoy nous nous promettons que vous ferez remettre les choses en leur pre= mier estat, sauf aux Princes qui se trouuerront interessez en cette affaire de faire leurs remonstrances par leurs Ambassa= deurs ausquels les donnera comme nous y tiendront la main, toute satisfaction & contentement selon la Iustice de leurs pre= tentions, & en ce faisant que vous commandiez que cette cau= se soit renuoyée par deuant l'Admiral de France, & nous vous asseurons derechef qu'en tout ce qui s'offrira pour vostre con= tentement & le bien de vos subiects, nous en obseruerons de mesme ainsi que vous dira le sieur de Buisseaux auquel nous auons commandé, vous representer plus particulierement cet= te affaire, priant Dieu tres-haut, tres-excellent &c.

Par Iugement les cautions furent deschargées suiuant l'in= tention des lettres cy-dessus.

Mais pour reuenir à la practique de nos Ordonnances, il faut par icelles amener deux ou trois des hommes de la prise si faire se peut, & les ouyr & examiner, voir leurs papiers de Carquaison & autres, congez & Chartepartie auant que de Iuger la prise, ny d'en disposer d'aucune chose, ny mesme en ouurir les coffres, ny en mettre, ny descharger à terre, &

pour les autres y ayant des marchandifes du Peru & du Brezil, encor qu'elles ayent efté traictées à terre dans le pays & auec Sauuages, il faut auffi l'ouyr & interroger bien exactement, le Capitaine de Navire & equippage, & furquoy il y eut reglement faict publier par le Siege General de l'Admirauté, le vnziefme Avril 1617. par toute la defpendance de l'Admirauté de Normandie, ayant ledit Siege plus parfaicte cognoiffance de ce qui defpend defdites prifes & de l'Admirauté qu'aucuns autres Iuges, pourquoy par Arreft du Priué Confeil du Roy du vingt-huictiefme Iuillet mil cinq cens quatre-vingt quatorze, le procez d'entre Charles le Peltier fieur de Chafteau-Poiffy, appellant du Lieutenant de l'Admirauté à la Hogue, & le fieur de la Haye Reuille Capitaine de marine du Ponant Intimé, en la prefence de Meffire Charles de Gontaut de Biron Admiral de France, fuft renuoyé audit Siege de l'Admirauté pour en Iuger en circonftances & defpendances, & de la validité où inualidité de la prife dont eftoit queftion, comme auffi par autre Arreft dudit Confeil du vingt-deuxiéme Avril mil fix cens trois, le procez extraordinairement encommencé par le Lieutenant Particulier de l'Admirauté à Bayeux, contre vn furnommé le Fevre, & autres defnommez au procez, pour vne prife d'importance, y fuft auffi renuoyé auec plufieurs Portugais arreftans, ou entr'autres il y eut deux Tonneaux de Morfil declarez confifquez, auec plufieurs autres Marchandifes, pour auoir efté celez par le raport du Capitaine, lefquelles fe trouuerent auoir efté chargées à bord du Navire, & de la prife faicte par le Capitaine Cauuillon.

Par Arreft de la Cour du 13. May mil fix cens quinze nous cogneufmes auffi & Iugeafmes en noftre-dit Siege General de tout le prouenu & prife faicte au de-là de la ligne, par Ezaye Pœtou Capitaine du Navire nommé la Marie, de laquelle comme bien faicte par Sentence du mois d'Aouſt enſuiuant, nous luy accordaſmes main-leuée pure & ſimple du Morſil, bois verd & bois Iaune prouenant du Brezil, & pour le ſurplus conſiſtant en pieces de Sarge, Camelots, Toilles & autres marchandiſes d'Europpe à ſa caution iuratoire de les repreſenter dans l'an & iour ſi elles eſtoient reclamées, d'autant que ſi quelqu'vn fuſt François ou des Amis & Alliez, ſe preſentoit dans ce temps-là, & monſtraſt qu'elles luy appartinſſent où euſſent-eſté mal priſes, elles luy fuſſent reſtituées : mais non les autres prouenantes du Peru ou du Brezil.

·En quoy il eſt remarquable que ſi d'auenture les Capitaines de Navire François eſtoient afretez pour nos Marchands, & qu'ils fiſſent quelque priſe, dont ils ſe doutaſſent de la recherche, il eſt en la liberté des affreteurs de renoncer & prendre ſeulement celles qui leur ſont apportées de bonne & loyalle traitte. Mais en cas que celles de priſe ne fuſſent ſuffiſantes pour le payement du fret enuers les Capitaines, Soldats & Compagnons, on les condamne au ſurplus enuers eux, par ce que le fret eſt touſiours le plus Priuilegié, comme il fut iugé en noſtre meſme Siege General en la cauſe, laquelle y fut deuolutte par apel, entre Abraham du Queſne marchand & Conſorts, & Nicollas le Bon Capitaine de Navire, par laquelle il fuſt dict veu la declaration faicte par du Queſne marchand, qu'il n'entendoit prendre part à la priſe du Morſil & autres Marchandiſes ſemblables du Brezil qu'elles ſeroient recenſées, pour ce faict eſtre procedé à la venduë d'icelles, comme de bonne priſe, pour y eſtre leué premierement le dixieſme de l'Admiral, puis la ſomme de dix-neuf cents liures pour le loyer dudit le Bon, & la ſomme de quatre mil cinq cents liures, pour le fret du Navire. Et en cas que leſdits deniers prouenans d'icelle priſe ne fuſſent ſuffiſans pour le payement dudit fret, le ſurplus iuſques à la concurrence de ce qui s'en

defaudra

defaudra fera payé au marc la liure , fur les Huilles & autres
marchandifes appartenantes audit du Quefne & autres marchands affociez.

Mais fi les marchands bourgeois avictuailleurs auoient
confenty ou pris part à la prife , ils en auroient & payeroient
leur part chacun, à la proportion de ce qu'ils en heritoient, ou de
la part qu'ils auroient au Nauire comme il eft porté au liure Imprimé à Venize en l'an mil cinq cens foixante & faize, intitulé
Il Tratato de li Trafici , & au manufcrit de la Bibliothecque
de Florence intitulé *Il Confolato del Mare* , nommement au
Chapitre deux cents quatre-vingt cinq, *Si naue di Mercantis,*
fi rifcontraffe , con naue di Nimki. Ce qu'eftant d'importance , le Roy en prend bien fouuent luy-mefme la cognoiffance. Se fut pourquoy autresfois eftant queftion d'vn Arreft
qui auoit efté faict en Bretagne, par Iean de Vaucenis marchand , fur le Navire de Iean Lalloüette pour quelques deniers qu'il pretendoit luy eftre deubs, & dont Lalouëtte fe plai-
gnoit de force , le Duc de Bretagne en ayant voulu entreprendre la cognoiffance , elle fut euocquée par fa Majefté en fon
Parlement de Paris, l'an mil cinq cens vingt-deux , d'autant
que le Roy eft le conferuateur de la Navigation & du commerce. Il y à auffi la Chambre Souueraine en l'Admirauté de la
Cour d'Angleterre ponr les mefmes raifons , & le Conte Ca-
rolois affifta le Duc de Berry fous pretexte du bien public, contre le Roy Louys vnziefme , pour fe vanger de ce qu'il ne
luy auoit rendu Iuftice pour la reftitution d'vne Carauelle ,
que le Vice-Admiral de Rugempré auoit prife apartenante à
vn defes fubiets.

Henry IIII. euocqua à fa Majefté le procez d'vn appellé
Martiffans Gourgues, lequel ayant efté pris & depredé par les
Anglois en pourfuiuant la reprife de fon Nauire & marchan-
difes, ils fe complaignoient auffi de leur part en fuitte contre le

Bbb

Receueur des traittés Foraines de Roüen, Caën & autres endroits, difants qu'ils contreuenoiét à l'Arreſt donné en leur faueur au Parlement de Normandie pour lors ſeant à Caën, le cinquieſme Octobre mil cinq cents quatre-vingt traize, par lequel il eſtoit dit que les *Marchands* Anglois demeurans à Caën, jouyroient des meſmes priuileges que les Bourgeois & demeureroient exempts du payement de l'otroy des Toilles, Bougrans, & Caneuas, qu'ils achapteroient pour porter hors du Royaume, neantmoins qu'ils l'exigeoiét d'eux. Ce qu'ayant eſté trouué de conſequence, ſa Majeſté toutesfois n'en voulut ſuger qu'apres en auoit eſté amplement inſtruicte par les formes des ſuges ordinaires de l'Admirauté, ayant premierement ordonné par Arreſt du Conſeil de ſa *Majeſté* du quatorzieſme feurier mil cinq cents quatre-vingt quinze, ſur l'appel interietté par leſdits Anglois de l'apretiation Iugee par le Iuge de l'Admirauté des *Marchandiſes* dudit de Gourgues, & ordonné que les Receueurs d'icelles traittes ſeroient appellez, ſurquoy enfin s'enſuiuit Arreſt au Conſeil de ſa *Majeſté* à Roüen le vingt-deuxieſme Octobre mil cinq cents quatre-vingt ſix, par lequel ſa *Majeſté* ordonna que les Arreſts du cinquieſme Octobre mil cinq cents quatre-vingt traize ſeroit executé, & que les lettres de marque ou represaille ſeroient octroyées audit de Gourgues, iuſques à la ſomme de vingt-trois mil deux cents quatre-vingt douze eſcus, ſuiuant l'apretiation du Lieutenant de l'Admirauté à la Table de Marbre du Pallais, à Paris a prédre ſur les marchands Anglois, tant ſur mer, que par terre en ce nom compris les marchands Domiciliez & reſidens en France : Neantmoins l'Ambaſſadeur d'Angleterre obtint vne ſurſeance de ſa *Majeſté* de cette represaille, par lettres du douzieſme Ianuier mil cinq cents quatre-vingt dix-ſept, qu'il fiſt lyre & enregiſtrer ſix iours apres à la Table de Marbre du Pallais à Roüen : Surquoy depuis y ayant recogneu la bonne Iuſticê du Rõÿ , s'enſuiuit Iugement en la Cour Soûueraine de l'Admirauté en Angleterre , le vingt & vniesme Nouembre mil cinq cens quatre-vingt dix-ſept , de la valeur dudit Navi-re & marchandiſes audit Gourgues , ce qui donna occaſion apres de traficquer publiquement & librement , long-temps les vns auec les autres , tant François , Anglois que Hollandois par la reſtitution des priſes par eux faictes , non ſeule-ment du Regne de ſa Majeſtémais de céluy de Henry III. par la leuee de trente ſols pour Tonneau ſur chaque navire pour le premier voyage , & de vingt-ſols pour autres iuſques a ce que les intereſſez fuſſent reſcompenſez de la valeur des priſes de leurs navires & marchandiſes.

Les Repreſailles ſe Iugent contre la nation de celuy qui à depredé quand on n'en peut auoir autrement de reſcompenſe contre luy , comme de celle de ſix cents mille liures auec l'In-tereſt Maritime contre le Capitaine Pymentel Eſpagnol Iugee par le Roÿ Henry III. pour la depredation des Nauires & Mar-chandiſes de Iacques le Seigneur eſcuyer ſieur de Marromme & de ceux de ſa Compagnie de Roüen eſtans ancrez au Caſtel de Mine ſur les Eſpagnols , & Portugais , de celle de pareille ſomme encor de ſix cents mil liures ſur les Hollandois , faicte par le Capitaine Pancras dit vitribol Hollandois , du Nauire & Marchandiſes du Capitaine le Lievre de Honneſleu, reuenant des Indes Orientalles en mil ſix cents dix-huict par Sentence de l'Admirauté de France au Siege General de la Table du Palais à Roüen , par laquelle encor en outre il fut condamné par Coutumace à eſtre rompu ſur la roüe , & auparauant tenail-lé par les mammelles auec des tenailles ardantes , & ſon corps mis en quatre quartiers , puis mis ſur les greſues & riuages de la mer de Callais , pour les horribles cruautez par luy commiſes & perpetres en faiſant ladite depredation à la perſonne & gens de l'equipage dudit Capitaine le Lieure , & vn an apres celle de

huict cents mil liures aussi Iugee sur les Hollandois pour la depredation faite par leur compagnie de l'est au Royaume de
Bantan aux Indes Orientailles, du Nauire & Marchandises
nommé l'Hermitage du Port de huict cents tonneaux, & encor d'vn autre du Port de cinq cents au mesme lieu l'vn &
l'autre de la compagnie de Montmorum en mil six cents dix-
neuf.

Par le traicté de Veruins en l'annee mil cinq cens quatre-
ving dix-huict , entre Henry quatre & Philippes deux , afin
que les lettres de reprise sur les subiects des deux Roys ne fussent cause à l'aduenir de les emouuoir , & se faire la guerre les
vns aux autres , il fust arresté qu'ils n'en bailleroient plus de
lettres ; mais seulement que l'on en poursuiuroit les particuliers
qui auroient faict les prises.

Toutesfois il me dit a tousiours, & le laissa par traditiue à ses
Successeurs de nous faire perdre la cognoissance des Indes du
Peru & du Bresil, & sur tout de nous en chasser : Pourqouy il
tascha d'establir la societé Anseatique autresfois proiectee par
l'Empereur Charles V. afin qu'il n'y eust que les subiects de
l'Empereur du Roy d'Espagne, & de leurs amis & alliez qui en
fussent & en iouïssent pour en exclurre & priuer artificieuse-
ment tous les autres.

L'Estappe, les raports, leurs preposez, les comptes & con-
toirs auec leurs ressorts en deuants estre a Seuille & respondre
a Madry.

Mais il vaudtoit mieux prendre reprendre & depreder com-
meil en suit que d'en vser ainsi.

En l'an mil cinq cents quarante-cinq Ioachin, Michel, &
Iacques , dit Pœteuin de la Basse-Normandie, tous trois du
Mestier de la mer, firent construire vne Barque du Port de
quarante tonneaux , dans laquelle s'estans embarquez auec
deux Compagnons à loyer , apres auoir faict plusieurs voyages,

ges, comme ils faisoient leur retour de la Coste de Bretagne
endroict la Hogue , chargez de Sel , & de Laine , ils furent ren-
contrez d'vne Fregatte equippee en Guerre, commandee par
le Capitaine Radre de Dunkerque qui les prist,& fist entrer
quatre de ses Matelots dans leur Barque le dixiesme d'Octobre
mil six cents quarante cinq , Ordonne de le faire conduire a
Dunkerque pour le faire Iuger de bonne prise, ou y allans,elle
est iettée par force de mauuais temps à la rade de Graueline,
où le sieur de Valhebert Lieutenant du Seigneur Conte de
Grancé Gouuerneur de la place , ayant veu ladite Barque
portant la Baniere d'Espagne il se mit en armes & la prist , les
quatre Compagnons, Marchandise, leur laine , & Sel qui
estoient dedans, & en mit hors les deux compagnons à loyer
desdits Pœtuin , ou cette Barque demeura comme abandon-
née iusque au mois de May 1646. de l'année suiuante , & deux
habitans de la ville de Callais , l'vn surnommé Caué Escheuin
d'icelle,& l'autre de la Bye qui l'auoient achaptée desdits
sieurs Conte de Grancé, & de Balhebert, puis en firent reuente
à Guillaume Fauconnet de Sainct Valery en Caux, par le prix
de 1800. liures au principal, & cinquante liures de pot de vin,
il fait despense de mil vingt-cinq liures pour la remettre en
mer & la faire Nauiger : Ce qu'ayant desia fait plusieurs fois &
luy mesme Fauconnet estant dans la mesme Barque deuant les
Quays de Roüen , ou elle fut recognuë par vn desdits Pœtuins
elle y fut Arrestée,& assignation donnée audit Fauconnet pour
voir adiuger ladite Barque au Siege General de l'Admirauté à
la Table de Marbre du Palais à Roüen , Fauconnet y fait venir
en guarantie les deux Bourgeois de Callais , Caué & de la Bye,
lesquels mettent en auant vne Sentence de l'Admiral de Brezé
donnée à Paris le 14. de Iuin 1646. par laquelle ladite Barque
auoit esté Iugee de bonne prise , que par les articles 42. de
l'Ordonnance de l'Admirauté de l'an 1543. & 18. de celle de

Ccc

de l'an 1584. il est deffendu sur de grandes peines de vendre des Marchandises depredees auant que d'auoir esté Iugee de bonne prise, par l'Admiral, aussi que le Iugement de bonne prise donné à Paris ledit 14. Iuin 1646. ne pouuoit subsister estant constant que ledit Admiral auoit esté tué d'vn coup de Canon, le mesme iour en l'armée Naualle estant sur la mer Mediterranee en Italie, qu'il n'aparoissoit d'aucun des quatre Compagnons fut ramené de ladite Barque, ny aucune chose des inuentaires agreils, apareils, & despendance de ladite Barque & qu'elles n'auoit esté 24. heures dans Dunkerque, comme il est porté par les articles cy-dessus des Ordonnances.

Il fut dit à bonne cause l'Arrest faict faire par ledit Pœteuin, ordonne qu'ils auroient deliurance de leur barque en l'Estat qu'elle estoit, en remboursant ledit Fauconnet par lesdits Pœteuin, de la somme de 800. liures pour les ragrements, cables & voilles, qu'ils auoient faict mettre audit vaisseau, depuis l'achapt qu'il en auoit faict, lesdits Labye & Caué condamnez insolidairement a rendre audit Fauconnet lesdit 1850. liures qu'ils auoient receus de luy auec despens enuers les parties.

Ladite Sentence fut confirmee par l'Arrest de la Cour de Parlement de Roüen du mois de Nouembre 1648. sur l'appel interietté par lesdits Caué & de la Byé.

Plaidans Pillastre & Maurry Aduocats pour les appellans & appellez, & Castel pour les Intimez.

DV
PAYS·CONQVESTE
ET
TRAITTE DE
CANADA·

CHAPITRE IX.

E Grand & vaste Pays de Canada, contenant ſaize cents lieuës de long & cinq cens de large, fuſt premierement deſcouuert & appellé nouuelle France, ſous le Roy François *I.* lequel ayant recognu le Fruict que Ferdinant Roy d'Arragon & Yſabelle Reyne de Caſtille ſon eſpouze, auoient recueilly de la deſcouuerte des *Indes Occidentalles*, les riches deſpoüilles qu'ils en moiſſonnerent, & le prompt auancement qu'elles auoient apporté à leur Eſtat, & celuy de leurs ſucceſſeurs, puis les conqueſtes & autres nouuelles deſcouuertes des Portugais, tant aux *Indes Orientalles*, qu'en l'Affrique, qu'au Brezil ; dont ils amaſſoient auſſi vne ample moiſ-

son d'or, à l'enuy les vns des autres, pour faire succeder leurs
desseins en l'Europpe, & ioüir des meilleures parties du monde, voulut dés ce temps-là en auoir sa part, faire entreprendre les voyages de long cours, de Lamont & de Laual, bastir, avictuailler, armer & equipper plusieurs grands Vaisseaux de Guerre à la coste de Bretagne, que Lazare Baïf qui
estoit de son temps Ambassadeur à Venize, dit auoir esté faicts
& bastis en façon de Maioparons, qui estoit vne sorte de grands
Naviresprops pour le combat, lesquels estoient en vogue du
temps des Romains, comme il le raporte doctement au Com-
mentaire qui l'en a fait.

L. 2. c.
cap. &
p.B. re-
nir. Puis en suite fist faire, publier & obseruer de son regne les
plus belles Ordonnances de la Marine pour cét effect, qui eussent esté auparauant. Et encor non content sa generosité sen-
siblement picquée au plus haut point de la gloire des Roys &
de l'honneur de Dieu ou toutes choses doiuent tendre, desira
aussi de son costé faire ranger les Costes du Nord, pour y descouurir & conquerir nouuelles terres, y chercher passage au
Catté & en la mer du Sud, afin qu'il ne restast rien en l'Vniuers, qui ne fust descouuert, non seulement pour en tirer les
commoditez en son Royaume & subuenir de l'abondance
des vns, au deffaut des autres, d'où est venuë la premiere societé communication & ciuilité des hommes. Mais pour faire
recognoistre l'Eglise, porter & prescher la parolle de Dieu par
toute la terre & iusques aux extremitez des Indes, afin que ce
qui est dit en l'Escriture Saincte, & plusieurs propheties fust
accomply, par le Ministere des deux principaux Roys de la
Chrestienté, comme il est raporté par ce sçauant personna-
ge le sieur de la Boderie mon Cousin, au commencement
du nouueau Testament par luy translaté mot a mot, & dedié à
Henry trois, Imprimé à Paris l'an mil cinq cents quatre-vingt
quatre.

Le pre-

Le premier embarquement remarquable que sa Majesté
enuoya en Canada , fut celuy du Baron de l'Ery , lequel si ar-
roura en l'an 1518. auec plusieurs Nauires bien armez auictuaillez & equippez en Guerre , dont entr'autres , y en auoit
qui estoient chargez de quantité de Bestiail & de toutes sortes
de commoditez de France , pour y habiter nourrir & faire peuplade.

Mais les victuailles & eaux douces , luy ayant manqué , il fut
obligé de relascher , pensant se rafraischir en l'Isle de Sable ,
distante de 25. lieuës de la grande terre de Canada , ou n'ayant
trouué aucunes commoditez , ny rafraischissements , fut contrainct de s'en reuenir à faux fret sans passer outre , & y faire
descharge de son bestiail , lequel multiplia tellement que cet
Isle en est deuenuë amplement fournie & principallement de
vaches & pourceaux , qui seruirent grandement comme par
vne prouision du Ciel à la nourriture de ceux de l'equipage du
Marquis de la Roche, que le feu Roy Henry le Grand y enuoya
quatre-vingt ans apres en l'an 1598. aussi-tost que par ses armes victorieuses il nous eut donné la paix Generalle en France.

Neantmoins pour monstrer que les François y auoient desia
Nauigé & qu'ils auoient certaine cognoissance du pays de sa
fertilité, & de ce qu'il pouuoit porter ce grand embarquement
du Baron de l'Ery chargé de diuerses sortes de bestiaux , & autres commoditez pour y peupler & accommoder , en faict foy
indubitée, n'estant a presumer qu'on se fust hazardé d'entreprendre vn si lointain voyage, & de faire vn tel transport de
bestiaux auec tant de frais & auaries , s'y on n'auoit auparauant bien recognu , le pays, sa situation, & proprieté par le
raport certain de ceux qui y auoient esté.

Car il est constant que les Normans, Bretons, & Basques,
qui ont tousiours esté grands pescheurs & hardis Nauigateurs,

Ddd

alloient des y auoit fort long-temps à la pefche des Moluës aux
Coftes des terres Nœufues, bancs & banquereaux vers le Cap
Breton, & qu'en ce faifant y auoient auffi defcouuert la terre
de Canada, comme on tient qu'ils auoient autresfois fait celles du Brezil, & des Indes Occidentalles, allans à la pefche du
poiffon qui abonde au Cap Blanc, où ils auoyent efté iettez par
la force des vents.

Les noms François impofez de longue antienneté, a diuers
endroicts terres, Caps & Riuieres de la nouuelle France, Cap
Breton, Rochelay, Breft, Ifles Perfes ou percées, & plufieurs
autres, font Iuger que les François y ont premierement Nauigé, Hakthuit Thome trois raporte vne lettre efcripte par Seba-
ftian Cabot à Henry VII. Roy d'Angleterre l'an mil quatre
cents quatre vingt dix-fept, dans laquelle il appelle ces terres
là, Ifles de Bacalleos, qui eft vn mot commun entre les Baf-
ques qui nomment encor les Molluës Bacaleos a caufe de la
grande quantité qu'on en prend au lieu où ils les pefchent, ou
bien qu'ils ayent donné le nom au lieu, à caufe du poiffon qu'ils
nomment ainfi de tout temps en leur pays.

Apres l'embarquement du Baron de l'Ery le mefme Roy
François I. y en depefcha, & fift equipper vn autre de bon
nombre de François, conduicts par Iean Verazzano Floren-
tin en l'an mil cinq cents vingt-quatre, lequel y Nauigea plufieurs fois, fi arrouftant vers la Cofte du Nord, depuis le Cap
Breton iufque à la Virginie & floride, ou il defcouurit depuis
le 34. degré iufques au 45. de fort beaux pays, lefquels
nous auons appellez terres Nœufues & nouuelle France ou Canada.

Mais Verazzano au dernier de fes voyages y ayant efté
mangé des Sauuages en faifant cefte defcouuerte, & conquefte auec les François, au nom du Roy : Il fe paffa quelque in-
teruaalle de temps, iufques en l'an mil cinq cents trente-quatre

que fa Majefté y enuoya le Capitaine Iacque Quartier de
Sainct Mallo auquel il fift bailler & equipper pour c'eft effect,
deux Nauires de Guerre par l'Admiral Chabot, auec lefquels
s'y eftant arrouté, defcouurit encor plus auant, entra dans la
grande riuiere de Canada, laquelle depuis a efté appellée le
grand fleuue Sainct Laurens, a mont lequel il alla iufque au
grand fault, maintenant appellé Sainct Louys, defcouurit plufieurs Ports, Caps, Terres, le Golphe de chaleur, Sagnay &
plufieurs autres particulierement remarquez au liure du fieur
Champelain & aux relations des Peres Iefuittes qui y font
pour la foy Catholique, en quoy ils profitent grandement y
faifans la fonction des Apoftres, & y fouffrans le martyre
Chreftien & digne du nom qu'ils portent.

De forte que le pays ayant efté recognu le Roy Iugea que la
conquefte & habitude en eftoit neceffaire : non feulement pour
y planter la Religion Catholique & les loix du Royaume : mais
pour l'entretien de la Nauigation & du commerce des François, fa Maiefté y renuoya en l'an mil cinq cents quatre, Iehan
François de la Roche fieur de Robertual en qualité de Viceroy
& Lieutenant General d'icelle ; auec pouuoir & Commiffion
d'y faire fortiffier & baftir Havres & Chafteaux, conduire &
mener Colonies Françoifes, creer toutes fortes d'Offices &
d'Officiers, tant pour la Iuftice, que pour la Guerre, donner
Loix, Polices & Reglements en l'vn & en l'autre, dont il s'ac-
quita fort bien, en plufieurs voyages qu'il y fift, ou entr'autres
il fortifia le Cap Breton & y eftablit plufieurs Loix, Polices &
Reglements, donnant diuers noms François à plufieurs chofes
remarquables qui les y retiennent encor, & comme i'ay entendu de grand nombre de perfonnes qui y ont efté, & qui
m'en ont faict raport comme ils y eftoient obligez, mefme
comme la laiffé par efcrit Iehan de Biancourt fieur de Guillebert Mefnil-Gentil-homme dignefde Foy, eux-mefmes fe fuf-

sent volontiers nommez François a cause de sa nation, sa
commission tres-ample, en est enregistrée en la Chambre des
Comptes à Paris & est referée en celle qui fut donnee conformement à icelle par Henry le Grand en l'annee mil six cens
trois à *Messire Pierre du Ga Cheualier* sieur de Monts laquelle fut en registrée en nostre Siege General de l'Admirauté de France à la Table de marbre du Palais à Roüen,
de la famille duquel sieur de Robertual est Andre de la Roc-
que Escuyer Aduocat au Conseil natif de Caën, & fort bon historien.

François premier comme nous dirons cy-apres depescha
plusieurs embarquemens au quartier de la Floride: mais l'Empereur Charles cinq, lequel ne voulut auoir de tels voisins que
les François, qui l'approchassent si pres des Indes Occidentalles
& de la *Mezique* qu'il maintenoit, & qui le maintenoiét y ren-
uoyoit aussi-tost auec main armée, & y faisoit faire main basse de nos gens & de nos amis, pour nous en faire perdre la cognoissance & habitude. Puis le deceds de sa Majesté estant
arriue cette traitte & habitation fut comme delaissee & haban-
donnée, parce que Henry I I. son successeur ne se monstra pas beaucoup curieux de la Navigation, & de telles conquestes pour les troubles de ceux de la Religion pretenduë re-
formée qui affligerent grandement sous les regnes de Charles
I X. & de Henry 3. n'y ayant eu embarquemens remarquables de leur regne que celuy des sieurs de Vilegaignon, & ceux
des Capitaines Ribaut, Albert, Landonniere, Gourgues,
la Courtepré, Rauillon & Noel, lesquels sont referez par
Hakthuit en langage Anglois en suitte de ceux de Verazzan,
Quartier Robertual & Alphonse.

Mais Henry le Grand chatouillé du desir genereux de conquerir aussi bien loing que prez, au milieu des troubles de
son Royaume, eut soin d'y enuoyer en l'an mil cinq cens
quatre-

quatre-vingt vnze, le fieur de la Courpré qui y fift plufieurs defcouuertes : & auffi-toft que fa Maiefté eut faict la paix generalle, & tranché la derniere tefte dü monftre de la ligue que Philippes II. Roy d'Efpagne luy auoit fufcité & fomenté : y renuoya en l'an mil cinq cents quatre-vingt dix huict, le Marquis de la Roche en qualité de Lieutenant General, pour y defcouurir dauantage, conquerir, & gouuerner les terres de Canada, Hochelaga, Ifle de Sable, la grande Baye, la Brador, Norembega & autres contrées, y planter la Religion Catholicque & les Loix du Royaume : En fuitte de quoy fa Majefté depefcha encor les Capitaines Chauuin de Dieppe, Pont-graué de Honnefleu, & Preuert de Sainct Mallo, auec plufieurs autres qui penetrerent fort auant, & y recogneurent mieux qu'aucuns autres euffent encor faict : ce que i'ay creu bien fçauoir les en ayant interrogez particulierement.

Sur le rapport defquels y veullent pourueoir le fieur de Chattes Cheualier de Malthe, Gouuerneur de Dieppe, de la qualité de Viceroy, depuis le quarantiefme degré iufques au 52. de latitude, en laquelle charge eftant decedé fur le poinct de fon embarquement, le fieur de Monts pourueu auec tout & tel pouuoir que luy, & qu'auoit eu autresfois le fieur de Robertual, duquel nous auons parlé cy deffus, à commencer depuis le quarantiefme degré iufques au quarante-fix pour y eftablir l'authorité du Roy, & en amener les peuples à la cognoiffance de Dieu & de l'Eglife, pourueoir pour la premiere fois aux Offices de la Guerre, de la Iuftice & de la Police, puis à prefenter à fa Majefté pour y eftre pourueu, traitter, paix, amitié & alliance auec les Princes, & peuples des Sauuages, à ce deffaut leur faire la guerre, negotier & trafiquer amiablement auec eux, leur donner & octroyer graces & Priuileges, charges & honneur comme en pareil aux Fran-

Ece

çois & autres qui s'y transporteroient auec luy, ou qui voudroient habituer & traficquer, prendre pour luy & s'aproprier de ce qui luy seroit plus propre d'icelles terres, & en departir à qui bon luy sembleroit, les faire cultiuer & habiter
descouurir, rechercher toutes sortes de Mines, d'or & d'argent, cuiure & autres metaux, en reseruant seulement le dixiesme à sa Maiesté, & faire bastir forteresses, Villes, maisons, habitations, ports, havres, retraittes, logements, garnisons, & gens de guerre, à l'ayde d'iceux prendre & mettre dans
les embarquements aux effects susdits les vagabonds, tant des
Villes que des champs, les condamnez abanissements perpe-
petuels ou pour trois ans.

A l'effet de laquelle traitte, sa Maiesté recognoissant bien que
establissement d'vne compagnie & societé de marchans, bien
authorisee & bié reglée y estoit necessaire, qu'il falloit des Iuges
capables & experimentez en telles affaires, pour en cognoistre
& iuger, & qu'il estoit expedient de retrancher la longueur des
procez, diuersité de Iuges & de degrez de Iurisdiction, lesquels
ruinent principalement les effects du trafic maritime & de la
Navigation, sa Maiesté en attribua la cognoissance en premiere instance a nostre Siege General de l'Admirauté de France à
la Table de Marbre du Pallais à Roüen, & par appel en son
Conseil Priué, nonobstant les remonstrances lesquelles luy en
furent faictes par les Commissaires deputtez du Parlement
de Normandie entre autres par Monsieur du Vicquet, ce
Grand & excellent Aduoc General d'iceluy. Ayant sa Maiesté tellement affectionné cette traitre, que de son propre mouuement elle adiousta plusieurs articles du nombre de ceux qui
furent arrestez en son Conseil en sa presence pour la societé de
la compagnie.

Tellement qu'ayant esté bien reglez de Iuges à ce recognois-
sans, & de toutes choses necessaires conformement aux lettres,

Edict & articles de sa Maiesté du 6. de Nouembre huict & dix-
huictiesme Decembre mil six cents trois , & vingt & vn Ianuier 1605. le tout leu & regiftré audit Siege à la Table de Marbre en 1604. & 1605.

Cela fut de telle efficace, que pendant le temps qu'elle à duré , ony fift de bonnes traictes , lefquelles aporterent de la
commodité à la France , & fift faire & former plufieurs habitudes & habitations dans le pays, bien qu'a ce commencement , comme à celuy de toutes chofes, il s'y fuft rencontré
plufieurs fortes de difficultez,& empefchements, pour y auoir
efté trauerfez des Bifcains Rochelois & Hollandois , lefquels y
venoient toufiours à la trauerfe , pour y ruiner nos effects ;
qui fut caufe que par lettres patentes de fa Maiefté publiee en
noftredit Siege de l'Admirauté le 5. Fevrier mil fix cents cinq,
iteratiues deffences furent faictes à tous fes fubjects, autres que
les affociez du fieur de Monts , d'aller ny traicter en Canada,
ny de s'affocier auec aucuns eftrangers , durant le temps & ef-
pace de dix ans, que deuoit durer la focieté, pour traitter depuis le Cap de Raze , iufques au 4. degré , comprenant toute la cofte de la Cadie, terres du Cap Breton , Baye de Sainct
Cler & de Chaleur , Ifles Perces, Gafpay , Chichebec, Me-
tam, Leguéman, Tadouzac, & la grande Riuiere de Canada tant d'vn cofté que d'autre , & toutes les bayes & Riuieres
qui y entrent à peine de des-obeyffance , & confifcation entiere de leurs vaiffeaux , viures , armes & marchandifes au
profit du fieur de Monts & de fa Compagnie , & de trente mil
liures d'amende , pour y en faciliter la traitte & habitation par
vn bon ordre & focieté.

Et pour refpondre des affaires , defpendances & voyages,
accepter les offres des marchands , faire achapts & marchez ,
lieu fut efleu & arrefté à Roüen,ou on deuoit rapporter & faire
l'Eftappe & defcharge de tout ce qui prouenoit de la traitte &

de la Mine , pour rendre raiſ⬤a vn chacun de ce qui luy appartenoit , & en cas de differents y eſtre Iugez au Siege
General de l'Admirauté de France à la Table de Marbre du
Pallais à Roüen, priuatiuement a tous autres Iuges du Royaume , & par appel au Conſeil Priué de ſa Majeſté , ce qui y fut
ſi bien obſerué qu'on ny rendit iamais de Iugement qui ne fuſt
confirmé par ſa Maieſté , où d'ordinaire elle aſſiſtoit elle-meſme en perſonne.

Cette traitte ainſi deuenuë celebre , & de ce temps-là donnant eſperance de l'habitude , conqueſte & Domination
du Pays , & de meritter le nom qu'il portoit de Nouuelle
France.

Il y euſt des plus grands Seigneurs du Royaume qui deſire-
rent en eſtre pourueus , comme auoit eſté le ſieur de Monts, de
la meſme qualité de Viceroy & pouuoir qui en deſpendoit,
dont les lettres & article accordez par ſa Majeſté Louys XIII.
furent leus en noſtre Siege General de l'Admirauté de France
à la Table de Marbre du Palais à Roüen. D'où il ne reuſſit
pas de grands effects, & Madame la Marquiſe de Guercheuille
premiere Dame d'honneur de la Reyne Mere Regente Marie
de Medicis, en priſt & fiſt vne fieſſe du Roy releuant au Chaſteau du Louure depuis le 40. degré iuſques au 46. en Canada,
pourquoy elle fiſt faire vn bon & notable embarquement à
Honnefleu en Normandie pour y en aller prendre poſſeſſion
ſous la conduicte du ſieur de la Sauſſaye le Coc qui en fut l'Admiral & le Sr le Maiſtre fort homme de bien & notable Marchand de Roüen, qui fut prepoſé a en faire la charge, & dreſſer
l'equippage, où il y auoit vn grand nombre de Peres Ieſuiſtes
dont les lettres de fieſſe le pouuoir & le congé furent veriffiez
a mon rapport en noſtredit Siege, le 28. Ianuier 1613. Mais au
lieu d'aller de droicte routte faire deſcente a Quesbec port
Royal ou autres & autres ports & habitations ordinaires des
François

François y faire leur descharge, prendre langue & faire ce qui estoit de besoin pour l'execution de leur pouuoir, ils s'en allerent attacquer les Anglois qu'il y auoit long-temps qui estoient habituez à la Virginie, lesquels pensans que la paix fust rompuë entre France & Angleterre, il y eut quelque vns desdits Peres Iesuittes tuez, & les autres furent pris ce qui faillit a emouuoir les deux Roys à la Guerre, les vns contre les autres, chacun luy en faisant rapport de son costé à son aduantage, dont en fin en ayant esté informé la cause en fut renuoyée au Parlement de Paris, où elle est demeurée indecise.

Et cependant les Anglois de Virginie, allerent à la chaude brusler nostre Port Royal a Quesbec & toutes nos habitations sur la grande riuiere de Sainct Laurens, Tadouzac & par tout ou ils en trouuerent appartenans aux François.

Depuis Messieurs Dolu & de Lozon Conseillers du Roy en son Conseil d'Estat, eurent la direction & sur-intendance l'vn apres l'autre des effects, & de la marchandise de la compagnie & societé Françoise, qui y traictoit, & Messieurs de Poitrincourt, Piancourt & Razilly Gentilshommes qualiffiez de Normandie, y ont esté enuoyez auec commandement & pouuoir d'y conseruer l'authorité du Roy, y proteger les François, conquerir & fauoriser la traitte & le commerce d'iceux audit pays: dont depuis quelques années les Peres Iesuittes en ont pris la traicte & le commerce entier auec ceux de la societé & compagnie qu'ils y ont admis.

Mais le pays de Canada estant grand, spacieux & estendu comme il est sous diuers Clymats, & aussi bien regardé du Soleil que plusieurs des meilleures parties du monde, qui soient en semblable distance & sous pareils degrez : Il n'y a point de doute que s'il y estoit bien recognu, cultiué & habité de François l'on y feroit auec le temps vn tres-bon commerce, non-

F f f.

seulement des plus riches Pelteries & plus excellentes fourrures du monde comme l'on faict a present, mais de toutes fortes d'autres commoditez & richesses, que porte ce grand &
bon pays en diuers endroicts d'iceluy ; En outre le bien in-
comparable d'en amener en ce faisant les peuples qui l'habitent, à la cognoissance de Dieu & creance de l'Eglise, ou les
mesmes Iesuittes trauaillent incessamment en faisant le commerce qui despend de leur societé & Compagnie, & qui va de
l'vn à l'autre.

C'est pourquoy le commerce est appellé admirable auec
exclamation aux 109. & 112. Pseaumes de Dauid & autres.
Mais afin que le Royaume de Dieu arriue ce qui doit estre
sous vn Roy de France tres-Chrestien, auant la fin du monde
suiuant la teneur & les propheties raportées en cette grande
epistre liminaire faicte & dediées cy-dessus à Henry III. au
commencement du Nouueau Testament Imprimée à Paris,
en 1584. il est a propos que le Roy y commette vn Seigneur
de qualité & fort confident pour en auoir le gouuernement &
direction soubs son authorité & d'en estre aduerty de temps en
téps de tout ce qui si pourra faire & passer, pour ou contre son
seruice & celuy de l'Eglise. Ce grand vaste & large pays de Canada comprenant la Floride à present Espagnolle, apres auoir
esté tant de fois & si long-temps contestee par effusion de sang,
En re François I. & l'Empereur Charles cinq, laquelle est
fort proche de ce grand, tresbon & important port de la Hauane, en l'Isle de Cuba, où est la retraitte & rendez-vous des
Flottes & de tous les Navires d'Espagne, allans & venans aux
Isles & costes du Peru & de la Mexique y doit obliger, & y
laisser trauailler les Peres Iesuittes comme vrays Soldats de Iesus-Christ pour y planter son Eglise, au hazard de leur vie
comme elle à esté au commencement d'icelle, sous la tyran-
nie des premiers Empereurs par le martyre, la parolle & le

miracle. Ce que nous apprenons qu'ils practiquent en toutes les parties du monde nouuellement descouuertes, tant aux
Indes Orientalles, Brezil, que Canada par les relations qu'ils en
ont faictes & des autres qui y ont esté.

Plusieurs de ces peuples de Canada, croyent desia qu'il y a
vn Dieu le Pere, & vne mere l'immortalité de l'ame, le fils &
le Soleil autheurs & conseruateurs de toutes choses, que le pere est par dessus tout, que depuis il à esté seuere aux hommes,
que la mere les mange, & que le fils & le Soleil leur font du bien
les conseruent & font viure. Ils croyent grandement à leurs
songes, & à certains hommes d'Entr'eux qu'ils appellent Pilo-
tois, lesquels communiquent visiblement auec le Diable. Ils
sont eux & leurs femmes bien formez de corps & de belle sta-
ture, neantmoins bazanez, à cause des couleurs, dont ils se
peignent. Ils sont habillez de peaux, & se marient ensemble,
faisans l'amour aux filles des l'aage de 14. à 15. ans, lesquelles apres auoir experimenté le seruice de plusieurs, cinq ou six
ans apres celle qui se veut marier, choisit celuy qui lui plaist
pour mary ; & des lors cesse de s'adonner à d'autres, si ce n'e-
stoit qu'ils n'eussent d'enfans, auquel cas le mari se peut re-
marier a vne autre. Quand ils sont morts ils enterrent auec
eux leurs Chiens, Chaudieres & pots, Haches, Flesches, Arcs,
Robbes & fourreures auec ce qu'ils ont de plus cher, croyans
passans de ce monde en l'autre, des'aller resiouir auec leurs a-
mis.

Ces peuples sont iusques au nombre de quarante nations
parlans diuers langages, viuans sous diuerses Loix, & diuerses formes, & se faisans cruellement la Guerre en la pluspart les vns aux autres, desquels il y en a d'arrestez &
sedentaires en leurs Villages, les autres errans & Vagabons
d'vne contrée en autre, selon le temps ainsi que des Oyseaux
passagers. Il y en à qui habitent en des pays bien plus chauds

que les autres ; lefquels auffi font bien peuplez , & où il y a plus d'Efperance , de Conuerfion & habitation qu'ailleurs.

Les crois plus renommées parties du grand continent de Canada, font la Cadie , la Floride , la Virginie defquelles nous auons prefque toufiours poffedé la premiere , traitié & pefché à la cofte d'icelle depuis le 46. degré de hauteurr iufques au 50. noftre habitation eft principallement a Quesbec qu'on appelle pour cet effect l'habitation des François, laquelle eft par les 46. degrez & demy de hauteur fur la riuiere Sainct Laurens eflongnée pres de deux cents lieuës de l'embouchure : neantmoins la mer y amonte fi fort , que le flot donne encor plus de trente lieuës au de la & bien que nous foyons en pareils degrez d'eleuation en France , toutesfois il y faict plus froid en Hyuer & y dure d'auantage, y ayant des neges fort hautes , de puis le mois de Nouembre iufques à la fin d'Auril. L'on attribuë la caufe de cette diuerfité de temperature aux vents rudes & afpres qui y dominent & foufflent impetueufement.

Il y a vne abondante chaffe de Cerfs , Caribans , Elancs, Morfes , Daims, Buffles , Ours , Loups , Caftors , Renards, Fouines , Martres, Sebelines & autres efpeces d'animaux, & mefme d'Oyfeaux qui y viennent en leur faifon , & vne grande pefche de Poiffon, tant des efpeces que nous auons , que de celles que nous n'auons point , pour eftre le pays entre couppé & arroufé de grand nombre de lacs, riuieres & eftans ; entre autres de ce grand fleuue de Sainct Laurens , qui le trauerfe; lequel a plus de fix cents lieuës de long, & plus de trente de l'arge , vers fon embouchure.

Le pays eft arroufé de grands Lacs au de la du grand Saulc du Fleuue Sainct Laurens, entre autres de celuy appellé Arigouentan qui continuë 350. lieuës de long d'Orient en Occident;

& plus

& plus de cinquante de large. Pourquoy le sieur Champelain
qui en a faict description, au liure de ses voyages, l'appelle la
mer douce. Dans lequel il y a des Truittes qui ont plus de quatre pieds & demy de long & les moindres y sont communé-
ment de deux & demy. Il y a aussi des Brochets de prodigieuse grandeur, & des Esturgeons fort grands & excellens a
manger.

Il si trouue vne mine de Cuiure en vne montagne sur le bord
de la mer, vers la bande du Sud, en la terre & quartier nommé
Brador, habité par les Armouchicquois ennemis iurez des Al-
gomecquins, & autres peuples proches de Quesbec amis des
François qui est cause en effect qu'on n'en a pas peu tirer le
fruict & vtilité, qu'on eust bien desiré, ny mesme de plusieurs
autres montagnes, ou l'on tient par le rapport des Sauuages,
& par celuy du Capitaine Preuel lequel i'ay veu & enquis sur
ce subiect, qu'il y a des mines d'Or & d'Argent: mais ie ne puis
obmettre en ce passage de representer la figure monstrueuse
de ces Almouchiquois & d'vn grand & prodigieux monstre qui
y est, La teste de ce peuple est fort petite, le corps court, les
bras & Cuisses extrefmement menuës, & les Iambes toutes
d'vne venuë, fort longues & grosses leurs tallons à l'equippol-
lent, qui leur seruent de sieges : & lors qu'ils y sont assis,
leurs genoux passans la teste de demy pied, il semble d'hommes a trois testes aussi grosses les vnes que les autres. Le grand
horrible & espouuantable monstre est sur le passage comme
l'on va a cette mine, quelque Sauuages l'appellent Gougon, les
autres la mauuaise mere ; par ce qu'il à la figure d'vne femme,
& mange tous ceux qu'il peut prendre & attrapper, il est d'vne
si effroyable grandeur, que le bout du plus haut masts qui soit
aux plus grands Nauires ne luy viendroit pas à la ceinture
ayant vne poche, ou il pourroit bien mettre vn grand Nauire
tout entier. L'on remarque que la ou l'on a trouué des mines

Ggg

d'Or ou d'Argent , où des threfors on y a auffi a perçeu des
demons aux enuirons qui les gardoyent & faifoient du mal a
ceux qui en aprochoient.   Et au Peru ceux qui trauaillent aux
mines d'Or ou d'Argent s'aperçoiuent d'en eftre proches lors
qu'ils y aduifent des demons ou malins efprits qui leur font ordinairement du mal.

La plufpart de la Cadie & grande terre de Canada , eft
couuerte de Forefts de haut bois prefque femblable à celuy de
France , y ayant des prairies fort verdes & herbeuzes , & des
terres labourables , où il vient du Bled d'Inde & des Feves de
Brezil , & en quelques vnes du *Petun* , il s'y en trouue auffi
aufquelles il croift naturellement de la vigne Sauuage , fans a-
uoir efté plantée , où il y vient du raifin.   Mais il n'eft fi bon
que celuy de France , ny propre à faire du Vin. Quelques-
vns m'ont dict y auoir planté de la Vigne dont ils auoient mangé du Raifin qui y eftoit fort doux , ayant acquis fa pleine
maturité , qui faict croire qu'on en pourroit faire de bon Vin.
Les choux, herbes , laictuues , raues , pourpier , citrouilles ,
Melons, poids, Feves & autres fruicts , qui croiffent d'ordinaire en nos Iardins viennent auffi plantureufement en ceux-
là, lors qu'ils y font cultiuez. L'on nous à donné efperance d'y
trouuer de la mine d'Argent , en ce qui eft fitué vers le Midy,
eftant mieux temperé , habité & plus fertile que ce qui eft
vers le Nord, & en pareil ce qui eft du cofté d'Orient, comme
les coftes de la Brador , Cap Breton , Almouchiquois , & terre
Nœufue, ou depuis long-temps les François font allez à la pefche des Molluës , en quoy faifant ils traictoient auffi quelque
fois de pelterie , mais du temps de la compagnie & focieté du
Sieur de *Mont*, nous deffendifmes à tous ceux qui y alloient à la
pefche des Molluës d'en traitter fuiuant les lettres du feu Roy
Henry 4. d'autant qu'en fin de temps cela auroit ruiné la pefche de poiffon & la traicte de Pelterie.

Les deux principaux ports & eſtappes de *Marchandiſes* de
ce pays que nous y tenons ſont *Quesbec*, & *Tadouzac*, à quarante lieuës loin l'vn de l'autre ſur le grand Fleuue Sainct Laurens, où les Sauuages viennent traicter & trocquer, des *Mar-*
chandiſes de leur pays, auec celles des François.

Encor que la Floride ſoit la derniere des trois principalles
parties du grand continent de terre du pays de Canada neantmoins nous en perlerons auant que de toucher de la Virginie
pour l'importance d'icelle & le grand contraſte qu'il y eut a qui
l'auroit & poſſederoit entre François I. & l'Empereur Charles V.

Elle eſt ſituée ſoubs les 35. & 36. degré au de là-de la Virginie en vne des meilleures & plus fertilles contrées du pays de
Canada & ou les François ont eſté premierement. Il ſi trouue
de l'Or, de l'Argent, & des Perles, eſt couuerte de beaux bois,
& verte foreſts, arrouſée de Fleuues & Riuieres, entremeſlée
de prairies herbeuſes, & l'air y eſt le plus doux & ſalubre qu'on
ſeroit iamais reſpirer, qui y rend comme vn printemps perpetuel de fleurs, & ardeur, des fruicts & de ce qui eſt plus
agreable & neceſſaire en la vie humaine : qui fait auſſi que les
hommes y viuent ſept a huict vingts ans.

Elle eſt diſtante enuiron vnze cents lieuës de France 900. de
Quesbec & Tadouzac & 700. du Cap Breton, François I. &
l'Empereur Charles V. en conteſterent & opiniaſtrerent
long-temps la conqueſte pour l'importance d'icelle, durant
leur regne, par pluſieurs embarquements reiterez chacun de ſa
part, non ſeulement pour ſa beauté & bonté ; mais pour eſtre
fort proche & voiſine de l'Iſle de Cuba, ou eſt ce grand & celebre Port de la Hauane principalle retraitte & rendez vous
des Nauires, Gallions, & flottes d'Eſpagne, apres qu'ils ont
faict leurs reſtes & emploicte aux coſtes du Peru & de
nouuelle Eſpagne, & d'où elles font leur retour en flotte

& de conſeruë a Calis oũ Sainct Lueque en Eſpagne.

Le meſme Empereur y enuoya en l'an 1512. Iehan Ponce de Leon, lequel y eſtant arriué le iour de Paſque Fleurie la nomma Floride : mais y eſtant retourné fuſt tué & mangé des Sauuages. Le Roy y depeſcha en l'année 1518. Iean Verazzano Italien, auec vne Flotte de Navires François, qui y furent auſſi bien receus que les Eſpagnols y auoient eſté malmenez par les pauures Habitans, animez du bon Genye de leur Pays, qui les incitoit naturellement à aimer ce qui leur eſtoit propre, & à haïr ce qui leur eſtoit contraire.

L'Empereur y renuoya auſſi toſt dés la meſme année auec vn notable embarquement d'Eſpagnols qui y furent encor tuez & conſommez comme les autres. Neantmoins obſtinant cette Conqueſte, & ne deſirant que les François luy vinſſent muguetter & accoſter de ſi pres les Indes & la Mezicque, y depeſcha encor vn plus grand & fort embarquement en l'année 1522. conduict par Nicollas Vaſque Daillon lequel y fut traité comme les autres Eſpagnols, qui obligea ſa Majeſté Tres-Chreſtienne d'y renuoyer encor le meſme Verazzano en l'an 1524. qui y replanta encor vne fois le nom, les Armes, & les loix de France. Pourquoy l'Empereur fiſt equipper derechef en l'an 1527. vn quatrieſme embarquement commandé par Pomphille de Narues qui partit de Sainct Lueque de Baramede auec vn plus grand equippage d'hommes & de Nauires qu'en euſt encor fait, pour y entrer de force, mettre tout a feu & a ſang, & ſe vanger des affronts qu'il y auoit auparauant receuz : mais s'eſtant mis en effect d'y entrer en execution de ce cruel & meſchant deſſein: Dieu permiſt qu'ils en ſentirent la peine eux-meſme & qu'ils furent tous mis à mort par vn iuſte Iugement de ſa Maieſté diuine, Puis en l'an 1534. apres le decez de Verazzano le Roy y enuoya Iacques Cartier de Sainct

Mallo

Mallo tres excellent & renommé pilotte, tant pour le maintien
de cette habitude, que pour y trouuer passage en la mer du Sud,
lequel y fut fort heureusement receu ; puis sa Maiesté de pes-
cha en qualité de Viceroy l'an 1540. le sieur de Robertual,
dont nous auons parlé cy-dessus auec vn ample pouuoir &
commission pour tout le grand continent de Canada ; mais
en effect pour s'assurer aussi de la Floride.

Apres soubs Henry II. & Charles IX. les Sieurs de Ville-
gaigon, Laudonniere Albert, & le Capitaine Ribaut de
Dieppe y furent enuoyez les vns apres les autres, lesquels à
l'ayde de ceux du pays firent plusieurs fois mainbasse des Espagnols, ainsi qu'ils auoient fait des François.

Ils y firent bastir les forts de la Caroline, & d'Orleans, nommerent le Cap des François & y firent plusieurs forteresses ba-
stiemens & habitudes, dont ayant long temps demeuré Maistres, Philippes II. Roy d'Espagne extresmement ialoux de ce
voisinage & habitude, y renuoya au preiudice des traittez
d'entre le Roy & luy vn grand embarquement d'Espagnols
durant la minorité du Roy Charles IX. qui y exercerent la plus
horrible cruauté sur les François, dont on oyt iamais parler, n'ayant pardonné à l'aage ny au Sexe, tant de Femmes
qu'enfans qu'ils portoient mourans cruellement au bout de
leurs picques, & halbardes, & en chargeoient tous les arbres
proches de leur habitation : & apres auoir pris soubs leur foy le
braue & vaillant Capitaine Ribaut, le firent mourir à sang
froid, contre leur parolle, par des supplices & cruautez plus
que barbares & inhumaines, puis luy escorcherent toute la peau
de la face & de la teste, & l'enuoyerent en derision comme vn
masque, tant aux Indes Occidentalles où il estoit redoutté,
que depuis au Cabinet de sa Majesté Catholique ayant promis
de grands deniers pour rescompense a ceux qui le pourroient
prendre mort ou vif, dont le Roy offensé s'en estant plaint par

fon Ambaffadeur ; il n'en eut autre fatisfaction qu'vn de-
fadueu, non plus que depuis de la depredation des Nauires &
Marchandifes de la Compagnio de Roüen au Caftel de Mine,
par fon Capitaine Pymentel. Cette cruauté inaudite demeurant impunie & ces pauures peuples amis des François abandonnez, il ny eut qu'vn Gentil-homme de Gafcongne appellé
Dominicques de Gourgues, qui fe portaft courageufement a
vanger cét outrage, lequel fans declarer fon deffein a perfonne: par ce que deffors tout commençoit a aller mal en France,
les Piftolles d'Efpagne, & le pretexte de la Religion y trou-
bloient merueilleufement toutes chofes, à l'auantage du Roy
d'Efpagne.

Dreffa vn embarquement en l'an 1557. & auec trois vaiffeaux & 250. Soldats bien armez fans les Mathelots, s'en alla
de droicteroutte à la Floride, ou ayant faict defcente à l'ayde
de ceux du pays, attacqua fi vifuement les Efpagnols dans trois
forts qu'ils y auoient faicts, qu'apres plufieurs beaux faicts d'armes, il les prift & emporta d'affaut, en faifant main baffe par
vangeance diuine de cette nation inhumaine, dont Gourgues
victorieux eftant venu raporter en France les nouuelles glorieufes de fa proueffe & heureux fuccez, enfemble de la continuation & feruer de la bonne affection des Floridiens a l'endroit des François, qui n'en defiroient que le maintien pour
fe fubmettre au Roy.

Au lieu de refcompenfer ce genereux courage, & de luy
bailler du fecours, pour maintenir ce pauure peuple de
la Floride, il fut mal voulu & mal receu en Cour, contrainct de fe cacher, & toute affiftence luy fuft deniée,
par le moyen des agens & arboutans de Philippes fecond,
qui agiffoient puiffamment pres de fa Maiefté Chreftienne en
fa minorité.

Voilà le dernier effort des François à la Floride & comme

les pauures Floridiens furent abandonnez à la cruauté & Domination Espegnolle , qui les a depuis possedez & domi-
nez Tyranniquement , nous en ayant rauy la conqueste
volontaire , & la traitte qui nous eust esté vn port & retraitte asseurée , pour accoster auantageusement & ioüir des plan-
tureuses Isles du Peru & de la Mezicque , s'emparant comme il
eust esté aisé du bon port de la Hauane, en l'Isle de Cuba, si proche de la Floride.

La Virginie se trouue située sous les 36. & 37. degrez
proche de la Floride de la mænité , fertillité & beauté de laquelle elle particippe , estant meslee & entrecouppée de bois
de Sassafras & de plusieurs autres commoditez. Les Anglois
raudans les Costes de Canada , en l'an 1594. vers le quartier de la Floride y prindrent terre en vn lieu qu'ils ap-
pellerent premierement Mocosa , puis le nommerent Virginie où Virginies , a cause de la Reyne Elyzabet qui n'auoit
iamais marié , laquelle commença d'y enuoyer vne Colonie
d'Anglois hommes & femmes qui y ont multiplié , puis par
la faueur & les Priuileges à eux accordez par Iacques Roy
d'Agleterre son successeur, pour y habiter & s'augmenter, leur
ayant donné pouuoir , terres & possessions aux enuirons , Ils y
ont grandement trauersé nostre habitude par la leur, & se font
infiniement estendus hors de leurs bornes , & eniambé sur les
nostres : car encor que la Virginie fust eslongnee de plus de
cinq cents lieuës du Cap Breton , premierement descouuert ,
nommé , conquis & possedé par les François, desy a plus de
150. ans : Neantmoins ils ont tasché à toutes occasions,
non seullement d'entreprendre iusques-là , mais de passer plus
outre.

Les Anglois de Virginie & les Ambarquements d'Angleterre se fauorisans pour cét effect de toutes sortes de commoditez, de rafraischissements & d'aduis les vns les autres , s'e-

ſtans enſemble efforcez par tous moyens de s'y augmenter, &
y ruiner le pouuoir & authorité du Roy, noſtre nauigation &
commerce, tantoſt par la priſe & ſurpriſe des Vaſſeaux qui y
arboroient de France, puis par la ruine de tout ce qui y portoit
la Croix & les Fleurs de Lys, & par le changement des antiens
noms François, que les noſtres auoient donnez aux Ports,
Caps, terres, Iſles, Riuieres & contrées, y en impoſa de
nouueaux de leurs Villes, Princes & Milords, penſans s'en a-
proprier & effacer la memoire des noſtres. Le Roy d'Angleterre n'ayant faict de difficulté en l'annee 1607. d'en fieffer
donner Priuileges, & bailler en tiltres de Gouuernements &
Seigneuries aux Anglois & Eſcoſſois, depuis le 33. degré de latitude, iuſques au 45. où eſt ſitué le Cap Breton, & meſme
donné pouuoir de chaſſer tous Eſtrangers qu'ils y trouueroient
dans les terres, & tous Navires qui en aprocheroient cinquante mille de la Coſte ſans leur congé & payer quinze pour cent,
bien que Verazzano en euſt pris poſſeſſion au nom du Roy
François premier des l'an 1523. depuis le 33. degré iuſques
au 47. & en ſuitte les Sieurs de Villegaignon, Laudommie-
re, Robertual, de Monts & pluſieurs autres François qui y ont
commandé, traitté, habité, baſty & fortiffié dans les terres:
ſuiuant quoy le Sieur de la Sauſſaye obtint lettres Patentes du
Roy du mois de Septembre 1612. Veriffiees à la Table de
Marbre en noſtre Siege General de l'Admirauté à mon raport
pour y traitter, habiter & fieffer depuis le grand Fleuue ſainct
Laurens, iuſques à la Floride, ſous l'authorité de ſa Maieſté, & le pouuoir que luy en auoit donné la Marquiſe de Guercheuille, fondée au droict des ſieurs de Monts
& de Pœtrincourt, leſquels en auoient eu don du Roy,
des l'annee 1603. & au meſme temps veriffiee en noſtredit Siege.

Il eſt bien vray qu'au temps que Chriſtophle Colomb Genois

nois deſcouurit les Indes Occidentalles pour le Roy d'Eſpagne, & que les Portugais eurent la cognoiſſance des Orientalles, par le Cap de Bonne Eſperance : Henry Roy d'Angleterre y voulut auſſi enuoyer de ſon coſté, par la Bande du Nord pourquoy il deſpeſcha Sebaſtian Cabot en l'an 1499. lequel y cherchent paſſage par cette routte deſcouurit ſeulement la Brador, ſans auoir paſſé plus outre, fortiffié ny pris poſſeſſion d'aucune terre. Ne ſe trouuant que depuis les Roys d'Angleterre y cuſſent enuoyé comme auoient fait ceux de France, ſinon aux années 1576. 1577. & 1578. que la Reine Elizabet obſtinant la deſcouuerte de ce paſſage, y renuoya par trois voyages ſubſecutifs, Meſſire Martin Frobichet, puis en l'an 1584. y depeſcha Homſoy Guillebert, & toſt apres Iehan Dauis lequel y deſcouurit le deſtroit appellé Dauis de ſon nom: Neantmoins puis que ſe n'eſtoit que pour trouuer paſſage en la mer du Sud iuſques a preſent incognu, les Anglois n'en peuuent tirer aucun droit. Et partant ayants paſſé iuſques à la grande riuiere Sainct Laurens, deſtruict bruſlé les forts & habitations de Queſbec Port Royal, Tadouzac, & autres lieux, que nous y tenions & auions faicts faire & Baſtir des y auoit ſi long temps, il ny a raiſon ny aparence à eux d'y rien pretendre apreſent : & encor y ſont d'autant moins fauorables, qu'ils y ont faict ces dernieres entrepriſes par force & violence, le Roy eſtant occuppé au ſiege de la Rochelle, & à la repriſe de l'Iſle de Ré proche d'icelle, qu'ils auoient ſurpriſe ſur nous en pleine paix.

Mais ſa Maieſté tres Chreſtienne touſiours triomphante & victorieuſe aſſiſtee de ſon eſpouſe, a preſent Reyne Regente ayant pris a leur barbe cette importante ville Maritime de la Rochelle qu'ils s'efforçoient de ſecourir, & les ayant battus & chaſſez de cette Iſle, par pluſieurs Combats & Victoires, tant par mer que par terre ; puis au partir de la trauerſe auſſi toſt,

comme vn efclair ou vn foudre de Guerre toute la France,
d'vne extremité en l'autre, dompté en Languedoc & aux enuirons les rebelles de fon Eftat, pris Suze, tous les paffages d'Italie, deffaict & mis à valderoutte ceux qui fi oppofoient pour
aller faire leuer le fiege de Cazal contraignit l'Empereur & le
Roy d'Efpagne de reftituer le Duché de Mantoüe apartenant
au Duc de Neuers, & faifant rendre à vn chacun, ce qui luy
apartenoit : portant fes victoires d'vn Polle à l'autre, tant par
mer que par terre. Il auoit defia faict baftir & apareiller grand
nombre de bons Nauires de Guerre, en diuers Ports & Haures
de ce Royaume, pour enuoyer vne armée Naualle en Canada,
afin d'y recouurir ce que les Anglois y auoient entrepris & furpris ; & les faire referrer dans leurs bornes.

Mais fur ce point les deux Roys de France & d'Angleterre
par l'entremife de leurs Ambaffadeurs, demeurerent d'accord
de fe retirer & retenir dans leurs poffeffions, comme ils
eftoient auparauant, deforte que les Anglois, fe font retirez
en leur quartier de la Virginie, & tout ce que les fieurs Chauuin, de Monts, Poëtrincourt, Preuer, Pontgraué, Champelain, la Sauffaye, Guillaume de Caën, la Ralde, Daniel, Ro-
quemont, la Tour, & plufieurs autres François, auparauant y
auoient defcouuert, conquis, & fortiffié nous a efté reftitué,
& la traitte de Pelterie fourrures & autres marchandifes fi faict
aprefent par compagnie & focieté comme l'on auoit accouftu-
mé, & la pefche des Molluës, Baleines & autre poiffon, fi entretient toufiours par grande quantité de Nauires François
qu'vn chacun d'iceux y affrette & enuoye au temps & en la faifon qu'il eft permis par les Ordonnances & Reglements de la
Marine qui nous y entretient toufiours plus de fix cents Nauires, & pres de vingt mil hommes du meftier de la mer, dont il
n'en coufte rien au Roy.

DE
LA COMPAGNIE,
ET
SOCIETE' DE
CANADA, AVEC LES
ARTICLES D'ICELLE, ET LES
NOMS DES ASSOCIEZ.

CHAPITRE IX.

A fin de toutes chofes deuant eſtre à l'honneur de Dieu, & de bien faire. Henry IV. ayant premierement faict faire & compoſer la Compagnie & ſocieté de Canada, apres y auoir conquis & faict deſcouurir à l'exemple de ſes predeceſſeurs. Il voulut qu'il y euſt quatre mil hommes & femmes tous Catholicques qui y allaſſent auec des Eccleſiaſtiques, pour y habiter, gouuerner & amener les Sauuages à la cognoiſſance de Dieu & de ſon Egliſe, qui en eſt & doit eſtre en effect le premier & principal Commerce,

Aux
Pseau.
99.
109.
& 112.
pourquoy il est appellé admirable auec exclamation en l'Escriture Saincte.

Les Compagnies & Societez se contractent du consentement des parties, par actes de la mesme negotiation, où par escrit & finissent par mort, renonciation, Iugement diffamatoire, cession, pauureté, au temps prefix, ainsi qu'il est accordé entre ceux qui l'ont contractée. Ce qui ne se faisoit pas, seulement antiennement d'vne sorte de marchandise, ains de tous les biens, que les Grecs appelloient Κοινωχίχυ.

Le mesme Henry IIII. & le feu Roy Louys XIII. son fils & successeur, ne se sont pas seulement contentez d'auoir pris les plus grandes fatigues de la Guerre, & le soin extresme de la composition & conduite des armées sur la terre : mais ne se sont espargnez en ceux de la Nauigation & du Commerce, & d'en faire dresser en leur presence, les Compagnies & Societez necessaires, en arrester eux-mesme les articles en leur Priué Conseil, & iceux faire authoriser & executer puissamment aux Parlements, Sieges Generaux & particuliers de la Marine, Ports & Havres de ce Royaume, & y en faire les commandements expres de leur propre bouche.

Et pour y obliger dauantage, employer & donner pour chefs & conducteurs de telles Compagnies & Societez des premiers Princes de leur sang, & plus grands Seigneurs de leur Royaume, auec toutes sortes de Priuileges à ceux qui y entroient pour les y inciter.

Il se veoid mesme que Dieu outre la recompense en l'autre monde, pour le merite qu'il y a d'amener les peuples Sauuages, à la cognoissance de sa parolle, & au Gyron de l'Eglise, a mis & proposé pour y imiter, vn loyer terrien, comme par anticipation de celuy du Ciel de tout le bien honneur & gloire, qu'on seroit souhaitter en la terre, & a son exemple des le commen-
ment

cement y ordonne fix iours de trauail , pour le meriter, & feulement vn de repos, pour le mediter.

Auffi en l'antiquité ceux la font appellez Roys, qui font bien-
faicteurs, & Iupiter de fon viuant , pour auoir bien-faict en
ce monde , par la Nauigation & le Commerce , fut efleué au
Trofne Royal, & apres fon decez referé au Ciel , au nombre des plus grands Dieux : ou il a efté adoré plus qu'aucun
d'eux.

Noftre grand Henry IV. par fon œil cleruoyant , ayant penetré au fonds de ce grand fecret d'Eftat & du monde auffi-toft
que par fon bras victorieux , il nous eut donné la paix , il defei-
gna de nous faire participans de ces grands biens & Threfors
de la terre , par l'eftabliffement de telles Compagnies & Societez , qu'il fift faire & arrefter fort foigneufement , pour le
tranfport & raport des commoditez de part & d'autre en France & en Canada.

Pour le commerce des Marchandifes, on porte de France en
Canada Pain , Galettes, Befcuit, Bled d'Inde, Pois, Febues,
Raifin , Pruneaux , Petun & autres commoditez pour
viure , Mantes, Bonnets de laine, Chapeaux , Capots, Cou-
uertures de laine pour fe veftir, grandes Chaudieres , Poilles,
Pots , Marmites pour faire cuire leurs mets , & autres vtencilles
de mefnage haches , hançars , fers de flefches, efpées , coufteaux , Alefnes , Picois, Tranchets, & ferrements pour fe feruir a toutes leurs neceffitez domeftiques , & pour attaquer ou
fe deffendre de leurs ennemis , referué des armes a feu en trocque on raporte des peaux de Caftor & bien fouuent plus de
trente mil par an, des peaux Dorignac, Renard & Loutre, Mar-
tre, Sebeline Loup, Cernier, Blereau & Loup Marin Rat Muf-
qué & autre Pellerie.

La principalle de laquelle , eft celle de Caftor. On y porte
auffi quantité d'huille de Baleines , coftes & offements d'i-

K K K

celles , & diuerſes autres commoditez. I'en ay veu rapporter auſſi au commencement de la Compagnie & Societé du
ſieur de Monts , grande quantité de bois de cendres &
autres commoditez du pays , ſeruantes à la vie humaine.

Ce pays-là eſtant ſitué en vn climat preſque ſemblable au
noſtre, les meſmes choſes qui y viennent croiſſent auſſi icy :
eſtans les vns & les autres ſous pareils degrez de hauteur , n'y
ayant que la mer , les Negres & quelques vents qui en font
vn peu differer le temperament, pourquoy ceux qu'on y laiſſe touſiours en bon nombre, pour traicter auec les Sauuages ,&
y faire amas & magazin de Pelterie & marchandiſe , afin de
fournir l'entiere charge des Navires de la Compagnie à leur
retour, qu'ils font de leurs derniers reſtes de France, ils ne
s'en trouuent point plus mal. Nos Navires partent touſ-
jours en Hyuer pour y aller au temps que les Romains auoient
deffendu la Navigation, afin d'y eſtre plus à temps pour traicter auec les Sauuages.

Les Compagnies qui y ſeruent & ceux qui traictent auec
les Sauuages, ſont à gages & loyer & non au loth, d'autant que
la marchandiſe qu'on y traitte appartient à ceux de la Compagnie , laquelle donne plus ou moins ſelon les Offices & capacité , ou employ d'vn chacun, deſquels entr'autres les Tru-
chements ont plus grand ſalaire comme plus neceſſaires, s'ex-
poſans dauantage au hazard des Sauuages , meſme ceux qui y
ſeruent plus vtillement , bien qu'il ne ſoit faict mention de
leur ſalaire au Contract d'Aſſociation ne laiſſent de le remporter, à quoy ceux de la Compagnie ſont condamnables, à la
proportion de la part qu'ils y ont comme nous le Iugeaſmes au
profit de maiſtre Iean Ralleau Secretaire du Sieur de Monts, à
cauſe des ſeruices qu'il auoit rendus en Canada aux années
1604. 5. 6. & 7. à raiſon de deux cents eſcus par an.

Eſtant auſſi remarquable conformement à la diſpoſition du
droict Romain, qui porte qu'en compoſant les Societez, l'vn
y peut ſtippuler plus de proffit que l'autre, bien qu'il ne contri-
buë dauantage en la marchandiſe, voire meſme auoit part au
proffit & non à la perte, parce que l'habillete des hommes y
eſt bien ſouuent plus vtille que la choſe. *L. Societate* D. *proſocie.*
Iuſt. §. *& quidem* §. *illud expeditum eſt de Societate.*

Combien que telles Compagnies & Societez pour la Nauigation & le commerce aux pays eſtranges ſoient de bien plus
grandes ſommes & plus importantes au public & a l'Eſtat,
eſtans de peuple à peuple, que celles dont les Empereurs ont
parlé en leurs Loix, s'y eſt ce qu'on ne laiſſe d'y garder le plus
ſouuent les meſmes formes & de s'y comporter ſuiuant icelles
& la teneur de nos Ordonnances. Toutesfois on en a faict pluſieurs au Conſeil du Roy de noſtre temps publiées au Parlement de Roüen & Regiſtrées en l'Admirauté de France au ſiege
General de la Table de Marbre, comme elles ont eſté reuoc-
quées changées & continuées en d'autres en les mettrans hors
d'inthereſt ainſi qu'il s'eſt pratiqué, aux compagnies leſquelles
auoient eſté faictes & contractées pour la nouuelle France de
noſtre temps & de celuy du feu ſieur de Monts Premier Viceroy & Chef d'icelle ſoubs Henry I V. puis les vns apres les autres, ſoubs meſſieurs le Prince de Condé, le Duc de Montmorancy Admiral de France, & le Cardinal Duc de Richelieu
grand Maiſtre Chef ſur-Intendant de la Nauigation & du
Commerce, où bien que le temps qui leur auoit eſté limitté ne
fuſt encor expiré d'autant que pour raiſons de Religion, & d'E-
ſtat, on le peut faire, & en vſer ſelon le temps, les occaſions &
les peuples auſquels on a affaire.

Ie ne rapporteray vn grand nombre de lettres de prouiſion,
pouuoirs, articles, accords, & Arreſts qui ſe ſont paſſez pour
cet effect & qui ont eſté publiés en la Cour, & Regiſtrez en no-

ſtre Siege General.de l'Admirauté de France: Ie me contenteray d'inferer à la fin en cette ſuitte, les articles de la premiere
ſocieté du feu ſieur de *Monts* , comme ils furent arreſtez au
priué Conſeil du Roy Henry I V. & en ſa preſence.

Et depuis celle laquelle y a eſté faicte & reſtituée par *Mon-*
ſieur le grand Maiſtre chef ſur-Intendant de la Nauigation &
du Commerce , le Cardinal Duc de Richelieu pour donner
courage cy-apres a vn chacun d'y entrer & par vne petite con-
tribution de ce qui eſt en noſtre puiſſance, participer au proffit
qu'il y a pour le ſeruice du Roy, de ſoy-meſme, & pour l'honneur de Dieu: afin d'y gaigner & conuertir tant d'hommes &
dames , qui y ſouſpirent & reſpirent cette aſſiſtance , pour les
retirer de la miſerable ſeruitude du Diable, & de l'opreſſion
ou ils y ſont detenus.

***

ARTICLES PROPOSEZ AV ROY PAR
le Sieur de Monts , pour la deſcouuerte & habitation des
Coſtes & Terres de la Cadie.

Eſieur de Monts conſiderant la commodité qu'il
peut proceder au bien & aduancement des affaires du Roy, pour la deſcouuerte & habitation des
terres & coſtes de la Cadie pour les raiſons qu'il a
faict entendre, propoſe & offre ſous le bon plaiſir
de ſa Maieſté de s'y acheminer & employer luy-meſme pour y
apporter tout effort & tout deuoir , & à ce qu'il puiſſe plus facilement & auec quelque authorité s'en acquitter : Supplie
tres-humblement Sadite Majeſté luy octroyer titre de Viceroy
& Capitaine General , tant en la mer qu'en la terre en toutes les
Coſtes , Terres & Païs qui luy ſeront par elle accordez,

dez , auec pouuoir de faire la Guerre & Alliance, donner graces & Priuileges , tant a ceux du Païs qu'a ceux qui y iront y habiter departir les Terres , & y attribuer toutes terres & Seigneuries.

Le Roy loüe & à fort agreable la bonne volonté & intention dudit sieur de Monts , desire la prompte execution de son dessein , & apportera volontiers tous les moyens qui despendront de sa puissance & authorité , pour l'entreprise progrez & conduictes d'iceluy , & à aussi tres agreable l'offre que Monsieur de Dampuille Admiral de France & de Bretaigne, faict de contribuer pour vn tiers à toute la despence qu'il y conuiendra faire , & qu'il y apporte d'ailleurs tout ce qui sera besoin & requis de l'authorité de sa charge , & seront deliurez à cette fin audit sieur de Monts de la part de sa Majesté & dudit sieur Admiral, des Commissions & pouuoirs pour ce requis & necessaires ,conformes à ceux qui ont autresfois esté expediez aux sieurs de Roberual & de Villegaignon, pour la floride & terres neufues.

Qu'il plaise à sa Majesté luy octroyer,de descouurir & peupler toute l'estenduë des Costes & autres parties Maritimes dudit Pays de la Cadie depuis les quarante degrez , iusques au 46. de ce qu'il pourra en auant dans les terres , & pour ce faire ledit sieur de Monts promet porter des mesnages artifants des le premier voyage qu'il fera , & continuera toutes les autres années , & s'y loger auec ce qui sera necessaire.

Accordé à la charge de transporter & laisser audit Pays , cent personnes des la premiere année , & continuer toutes les suiuantes d'y en mener pareil nombre pour le moins, notamment des artifants, Charpentiers,Massons, & autres gens experts aux bastiments & fortifications autant que faire se pourra,& les y loger nourrir & entretenir.

LII

Pagination incorrecte — date incorrecte

NF Z 43-120-12

Qu'il luy foit permis pour cét effect prendre des perfonnes Vagabonds , & que l'on trouuera tant aux Villes qu'aux
Champs.

Accordé , & fera pour ce mandé par fa Maiefté aux Cours
fouueraines & autres Iuges de commuer deformais les peines,
condamnation , Baniffements & autres femblables au feruice qu'ils pourront faire faire pour le peuplement , habitation & demeure de fes pays & Contrées d'Acadye, ou pour la
deffence d'iceux.

Qu'il ait pouuoir de Baftir , Villes , Forts , Forterefles , eftablir garnifons & faire toutes autres chofes neceffaires pour
ledit eftabliffement en tous les endroicts que ledit fieur de
Monts iugera neceffaires.

Accordé & fera ledit fieur de Monts tout deuoir & diligence de baftir vn fort en lieu le plus aduantageux & conue-
nable que faire fe pourra.

Que toutes procedures qui fe feront à raifon dudit voyage
foient retenuës au Priué Confeil du Roy , & deffences faictes a
toutes autres Cours d'en prendre cognoiffance.

La cognoiffance en appartiendra en premiere inftance aux
Officiers de l'Admirauté eftablis a la Table de Marbre du Pallais de Roüen , pour euiter aux frais & defpences de plufieurs affaires de legere importance qui peuuent furuenir
fur ce fubiect , & s'il y à appel la cognoiffance en eft refer-
uée au Confeil de fa Maiefté , & interdicte a toutes Cours,
Chambres des Comptes , Aydes & autres Iuges quelcon-
ques.

Et pour fubuenir aux defpences qu'il conuient faire auec
toute rifque & hazard , & aduances neceffaires a l'entrée de
cette entreprife , ledit fieur de Monts fupplie tres-humblement fa Maiefté & d'octroyer , tant a luy qu'a ceux qui feront
retenus auec luy, tout le traffic de la Pelleterie en l'Abaye de

Sainct Cler & Riuiere de Canada, pendant le temps &
eſpace de dix ans, & deffences à toutes ſortes de perſonnes d'y pouuoir traficquer, à peine de dix mille eſcus.

Accordé pour ledit ſieur de Monts & ſes aſſociez, & ſera
faict expreſſe mention de ce Priuilege par ledit ſieur Admiral,
dans les congez qu'il deliurera par chacun an, pour l'effect
dudit deſſein, pendant ledit temps

qu'a ce premier voyage que ledit ſieur de Monts a promis faire
à tous ceux de ſes ſubiects qui voudront s'aſſocier auec luy
ſoient receus, & admis a contribuer a la deſpenſe de ladite entrepriſe, & ils y ſoient continuez dans vn an ſelon leurs
offres & moyens, pour participper au fruict qui en prouiendra chacun an au ſol la liure de ce qu'il aura fourny, & au
deffaut de s'eſtre par leſdits ſubiects Aſſociez, auec ledict
ſieur de Monts audit premier voyage, il ny feront de la en auant
receuables.

Et pour reſoudre des affaires & deſpenſes dudit voyage accepter les offres des Marchands, faire achapts & marchez ſoubs
le bon plaiſir de ſa Maieſté ſoit eſleu lieu à Roüen, auquel ſera
rapporté tout ce qui prouiendra tant de la traitte que de la mine pour eſtre renduë raiſon à vn chacun de ce qui luy appartiendra.

Accordé.

Fait a Fontainebleau le 6. iour de Nouembre mil ſix cens
trois. Signé Henry & plus bas Potier, vn Paraphe.

SOCIETE DE MONSIEVR LE CARDINAL.
Duc de Richelieu.

NOMS ET SVRNOMS DES ASSOCIEZ
en la Compagnie de la Nouuelle France fuiuant les iours & dabtes de leurs fignatures.

MESSIRE Armand Cardinal de Richelieu, Grand Maiftre Chef & fur-Intendant de la Nauigation & Commerce de France.

Meffire Anthoine Ruze Cheualier des Ordres du Roy, Marquis d'Effiat Chilly & long-Iumeau Marefchal de France & fur-Intendant des Finances.

Ifaac Martin fieur de Manney Intendant de la Marine.

Iacques Caftillon.

François de Sainct Aubin.

Pierre le Blond.

Martin Anceaulme.

Louys Biury.

Simon Clerantin.

Iean Bourguet tous Bourgeois de Paris.

Louys Houel fieur du Petit Prey Controlleur General des Salines de B·ouage.

François Barré.

François Berthrand fieur du Pleffis Sainct Brieux.

Maiftre Martin Hacquenier Nottaire au Chaftelet de Paris.

Adam Moyen Bourgeois de Paris.

Guillaume Nicolle Aduocat au grand Confeil.

Gilles Boiffel fieur de Seneuille.

André

André Hamel Docteur en Medecine.

Charles Daniel Capitaine pour le Roye en la Marine.

Iacques Berruyer Escuyer sieur de Mordelmont.

Pierre Boulenger Conseiller du Roy & Esleu à Montiuilliers.

Iean Feron Conseiller du Roy Payeur des gages des Messieurs du Parlement de Roüen.

Claude Postel Marchand de Paris.

Henry Cauelier marchand de Roüen.

Claude de Rocquemont Escuyer sieur de Braison.

André Feru marchand Peltier à Paris.

François Castillon.

Anthoine Rocquault Escuyer sieur de Montmor Hugues Cosnier sieur de Belleau.

Iean Poucet Conseiller en la Cour des Aydes de Paris.

Sebastien Cramoisi marchand Libraire Iuré à Paris, Imprimeur de la Marine.

Guillaume Patuost marchands de Paris.

Gabriel Lataignant antien majeur de la ville de Callais.

Dauid du Chesne Conseiller Escheuin de la Ville Françoise du Havre de Grace.

Michel Iean Aduocat a Dieppe.

Nicollas le Masson Receueur des Aydes en l'Eslection de Montiuilliers.

Isaac de Razilly Cheualier de l'Ordre de Sainct Iean de Hierusalem.

Gaspar le Loup Escuyer sieur de Monsan.

Regné de Bethoulat Escuyer sieur de la Grange Fromentenu ayde des Mareschaux de Camp és armées de sa Maiesté.

Iean du Fayot Thresorier de France à Soissons.

Iean Vincent Escheuin de Dieppe.

Nicolle Langlois vefue de feu Nicollas Blondel Conseiller & Escheuin de Dieppe.

Mmm

Iean Rozé marchand de Roüen.

Samuel Champlein Capitaine pour le Roy en la marine

Nicollas Eflyes fieur du Pin Lieutenant general a *Manny.*

Iean Ruoffé Bourgeois & marchand de Bordeaux.

Georges *Mein* chef de Penneterie de *Monfieur* Frere du Roy.

Paul Bailliau Aumofnier du Roy Abbé de Sainct Tierry.

Louys de la Court Threforier General des Frinances à Caën.

Ythier Habier Threforier des Finances en Prouence.

Simon Alix Confeiller Secretaire du Roy.

Pierre Robineau Threforier General de la Cauallerie de France.

Iacques Paget Receueur des Tailles à *Mondidier.*

Charles du Frofné Secretaire de *Monfieur* le general des Galeres.

Iean le Sage Confeiller du Roy & Receueur des Tailles en forefts.

Charles Robin fieur de Courfay.

Charles Robin fieur de Vand, grand *Maiftre* des eaux & forefts en Touraine.

Thomas Boneau fieur du Pleffis Secretaire du Roy.

Iacques Boneau fieur de Beauuais.

Paul l'Huiffier marchand de Paris.

Charles Fleureau.

Regné Robin fieur de la Roche Feron.

Mathurin Budeau Bourgeois de Paris.

Robert Godefrey Treforier General de l'extraordinaire des Guerres.

Claude de Broquelong Confeiller du Roy fur-Intendant & Commiffaire General des viures des Camps & Armées de France.

Iacques Bordier Confeiller & Secretaire du Roy.

Claude Margene Receüeur General des Finances à Soiſſons.

Hierofme de Sainct Ange Conſeiller du Roy Threſorier de France.

Eſtienne Herué Bourgeois de Paris.

Iehan Verdier Conſeiller & Secretaire.

Berthrand de Champeaux Secretaire de monſieur le Duc de Rets.

Pierre Feret Secretaire de monſieur l'Archeueſque de Paris.

Anthoine Chefaux Aduocat au Parlement de Paris.

Berthelemy Quentin ſieur Damelines.

Pregent Preuoſt Bourgeois de Paris.

Pierre du Rier Secrettaire du Roy.

Iean Poſtel Secrettaire du Roy.

Nicollas le Vaſſeur General des Finances à Paris.

Octauio May Bourgeois de Lyon.

Bonaduenture Quentin ſieur de Richebourg.

Pierre Anbert Conſeiller & Secrétaire du Roy.

Guillaume Martin Receueur General des Finances en Bretagne.

Aymé Syron Treſorier de France à Paris,

Claude Girardin Marchand de Roüen.

Iean Chyron Marchand de Bordeaux.

Iean Dauid de Bayonne.

Eſtienne Pauillon Treſorier de Xaintonge

Iean Pontac Bourgeois de Paris.

Claude le Mire Bourgeois de Lyon.

Pierre des Portes ſieur de Ligneres.

Guillaume Vernier Bourgeois de Lyon.

Claude Chaſtellain Commis de l'extraordinaire des Guerres.

Iean de Iouy Bourgeois de Paris.

Pierre Fontaine ſieur de Neully.

Iean Peleau audiencier en la Chancelerie de Guienne.

Anthoine Noyereau Marchand de Roüen.

François Mouret.

Iacques du Hamel tous Marchands de Roüen.

Iacques Houron de Houran Conseiller & president aux Enquestes du Parlement de Bordeaux.

Iean Houzon de Bouray Conseiller au Parlement de Paris & president aux Enquestes d'iceluy.

Thomas du Montel Aduocat au Parlement de Bordeaux.

Berthrand de Gombault Receueur des Tailles en Guienne.

Emanuel Hucquela de Bordeaux.

Thibault de Mats demeurant à Liborne.

François de Lauson Conseiller du Roy sieur du Baignault.

Gabriel de Pontac Escuyer sieur de Anglade.

Oliue de l'Estonac vefue de Messire Anthoine de Gourgues president au Parlement de Bordeaux.

Simonne Gaultier veufue de François Casteau de Bordeaux fondatrice des Recolez de Liborne.

Iacques de la Ferté Aumosnier du Roy Abbé de Saincte Magdelaine du Chasteau.

Vn Chanoine de la Chappelle du Parlement de Paris.

DE LA

DE LA PESCHE

DES

MOLVES AVX

TERRES NOEVFVES,

DE LA DROGVERIE
& Pesche prochaine.

CHAPITRE XL.

LES François souloient faire la pesche dès Moluës auec celle de la Droguerie & autre poisson en la mer prochaine d'entre Callais, Ostende & Douure, mesme vers le Nort d'Escosse, où ils trouuoient vne manne & vn fonds assuré pour ayder à viure en France, & y entretenir la Nauigation & le trafic aux pays estranges en la Chrestienneté, laquelle vit la tierce partie du temps de Poisson, d'où ils en faisoient transport & en raportoient d'autres Marchandises.

Mais ayans trouué celles des terres Nœufues Bancs & Bancreaux vers le Cap Breton & autres parties proches de Cana-

Nnn

da où il y en auoit vne grande abondance de la meilleure du monde , dont ils raportoient touſiours leur plaine charge , & quantité de pelterie, qu'ils y traictoient auec les Sauuages de la Coſte, cela anneantit peu a peu noſtre antienne peſche plus proche & la fiſt entreprendre par les Flamens & Hollandois, qui en tirent à preſent par leur bon meſnage plus de commodité que ne faict le Roy d'Eſpagne des mines du Peru. Le naturel des François eſtant d'aymer la nouueauté , negliger ce qui luy eſt aiſé, & de chercher pluſtoſt hazardeuſement au loing le bien & honneur qu'ils veulent acquerir, pourquoy auparauant la deſcouuerte des terres Nœufues, ils alloient faire leur peſche iuſques au Cap Blanc au de la du Tropic de Cancer, & tient-on que quelques-vns y eſtans & deſirans paſſer plus outre, ils allerent au gré des vents iuſques aux Iſles du Peru , leſquels a leur retour auant que de mourir en donnerent l'aduis à Chriſtophle Colomb en l'Iſle de Madere, ou ils auoient terry pour ſe rafraiſchir eſtans mallades d'où ils moururent, qui y fiſt incontinent faire voille aux Eſpagnols, & a priſt les routtes du Brezil & des Indes Orientalles aux Portugais, leſquels nous y faiſans la chaſſe reſerrerent noſtre Nauigation à la peſche des Moluës aux terres Nœufues, laquelle nous y auons touſiours entretenuë : mais non en Societé comme la traicte de Peltefie , chacun y arme equippe & auictuaille ſes vaiſſeaux, ſelon ſon pouuoir , y aſſocie en particulier , ou prend Argent à profit pour y ſubuenir , paſſe charte partie en Iuſtice , ou deuant Tabellions de ce que chacun doit faire, & remporter au retour du voyage, & auant que de partir les Capitaines & Maiſtres de Nauire prenoient vn congé de Monſieur l'Admiral, comme ils font à preſent de la Reyne Mere Regente ſur-Intendante de la Nauigation & du Commerce , les font enregiſtrer & en preſtent le ſerment deuant ſon Lieutenant au Siege de l'Admirauté du port d'où ils partent.

Le Maiſtre de Nauire ayant faict l'equippage, le contre-Maiſtre, Pilotte, Canonnier & Compagnons peſcheurs, Eſte-
ſteurs, Saleurs, Chirurgien, Tonneliers & autres ouuriers ou
gens de l'Equippage doiuent auoir le ſoin des victuailles, comme meſurer, Pois, Febues, Farines, conter le Biſcuit, entonner
le Sidre & Biere, ſaller les Porcs, & faire tout bien armer equipper & charger fidellement dans le Nauire dont eſt faict & dreſſé vn compte & pappier de Carquaiſon, pour veoir à quelle
ſomme le tout reuient, en ce compris vne eſtime que l'on faict
de la valeur a peu pres du muy de Sel, & du nombre qu'il en
faut à la proportion du port du Nauire qui eſt ordinairement de
vingt muis pour vn Nauire de cent tonneaux. Pourquoy on
baille Argent, lettres de change & de credit au Maiſtre pour le
payer, & s'en charger en Brouage: la pluſpart de ce que l'on a
accouſtumé d'y porter en outre le Sel, ſont les victuailles &
commodi ez, qui conſiſtent en Lard, Poids, Febues, Biſcuit,
Farine, Vin, Sidre, Biere, Vinaigre, Chandelle, chamure &
Cordage qu'on achapte des Bourgeois & laboureurs qui y profitent, & s'y il y a touſiours grand nombre d'iceux qui baillent
argent à profit ſur tels voyages aux riſques de la mer a 25. 30.
35. & 40. pour cent ; & les autres aſſurent les voyages.

Il ſeroit bien à ſouhaitter que les Pariſiens qui ont tant d'Argent y en riſquaſſent auſſi du leur, & aux voyages de long
cours, tant à l'amont qu'a l'aual, comme ils ſont aux partis
qu'ils entreprennent. Car le premier apporte vne grande
commodité au peuple & à l'Eſtat: mais l'autre le ruine, peu
de gens amaſſans le proffit de pluſieurs de la France par ce
moyen.

Cela feroit bien plus puiſſamment & auec plus d'aſſurance
entreprendre tels voyages, ou bien qu'on les fiſt par fortes compagnies & ſocietez generalles comme ſont les eſtrangers nos
voiſins, & a quoy nos Gentils-hommes François deuroient

principallement eftre employez comme il fe veoid par la premiere ordonnance de l'Admirauré que fift François I. à Ab-
beuille en l'an 1517. au mois de Iuillet, laquelle eft commencée
par la plainte qu'ils en firent & la remonftrance de Monfieur
de la Trimouille Admiral de Guienne & de Bretagne.

Mais pour reuenir a noftre pefche des Molluës aux terres.
Nœufues il eft certain que quand elle va bien il y a grand nombre de François qui y profitent & en viuent, & fe font, forment
& accouftument à la Nauigation & au Commerce fans fournir autre chofe des commoditez de la terre, que des victuailles.
cy-deffus, & des ains, lignes, filets & autres engins a pefcher, a
quoy chacun s'employe & faict fon Office, les vns à la pefcherie
qui ne fe faict que de iour & principallement au matin à midy
& fur le Soleil couchant, ou l'on remarque qu'il s'en prend d'a-
uantage, le poiffon fe repaiffant principallement a telles heures : mais non la nuict, durant laquelle il fe repofe comme les
animaux : les autres trauaillent a effondrer eftefter & faller,
defquels ce dernier Office eft le principal, qui fe faict a trois
fois, la premiere on ne faict que le Saumurer dans la fauffe faicte de Sel & d'eau de mer auffi-toft que le poiffon effondré &
eftefté, la feconde on le falle & met en pille & mouceau ou il
fe defeche & vuide de fang & d'humeur , puis deux ou trois
iours apres on le releue & reiette en pille , pour la derniere fois.
qui eft la troifiefme falure qu'on appelle empiller à laquelle on
employe encor vne grande quantité de Sel a chaque pile. Car
s'il n'eft bien fallé il n'eft iamais bon ny de bonne garde. C'eft
pourquoy il faut toufiours grande quantité de Sel. On en raporte de la Molluë verte & feche, celle qui fe prend aux grands.
bancs eft bien meilleure plus graffe & plus-grande, que celle
des Banquereaux , & de la Cofte par ce que le poiffon eftant
plus auant en la mer il y eft nourry & engraiffé des tripailles de
celuy qu'on y prend.

On

On faict auſſi vne peſche de Baleines à la Coſte de la nouuelle France , principalement vers Groueland , où il s'en
trouue grande quantité. On les frappe auec de grands har-
pons de Fer & autres engins qui les font toutes vuider de ſang.
Puis eſtant mortes & amenées a bord de la mer , on les met
par pieces & faict fondre le gras d'icelles duquel on faict de
l'huille , s'en trouuant bien ſouuent qui en rendent plus de
vingt tonneaux qui ſert à bruſler & à aſſaiſonner les draps &
laines , le maigre en eſt bon à manger , & les os & coſtes en
ſeruent à beaucoup de choſes & diuers vſages neceſſaires. Les
Baſques entr'autres , ſont fort experts à les prendre , coupper
faire boüillir, fondre & cuire les graiſſes , pourquoy faire les
Anglois & Hollandois ſe ſeruent d'eux ordinairement lors
qu'ils vont à la peſche d'icelles.

Lors que les Capitaines & maiſtres de Navire ont leur plaine charge , ils partent & font leur retour & dernier reſte au
lieu d'où ils eſtoient partis enuiron le mois de Septembre, dont
le plus grand abord ſe faict au Havre de Grace & à Dieppe en Normandie , puis en apportent le Poiſſon dans les Navires meſmes , où s'ils ſont trop grands dans des alleges aux
quays de Roüen , d'où on les voiture amont la Riuiere de
Seine à Paris , auec de grands & longs bateaux plats pour en
fournir preſque par toute la France & hors d'icelle. Ce qui a-
porte vne grande commodité, non ſeulemét pour aider à nourrir le peuple de France , en eſpargner les autres commoditez,
donner moyen ſans diminution d'icelles de traficquer aux païs
Eſtrangers & en rapporter les leur , puis finallement entretenir touſiours ſix ou ſept cents Navires & plus de vingt-
cinq mil hommes du meſtier de la mer , dont y en a
pluſieurs apres qui entreprennent les autres voyages a Lamont
& a Laual qui ſont encor de plus long cours, tant aux Indes O-
rientalles, Occidentalles que Brezil.

Ooo

Les Capitaines Maistres de Navire & Compagnons qui
vont aux terres neufues a la pesche des Molluës, sont le voyage au lot, ou à loyer : lors que c'est au lot ils ont le tiers du
prouenu de la marchandise du voyage, à quelque haute somme qu'elle se puisse monter, & les Bourgeois & Victuailleurs
les deux autres tiers : mais quand c'est a loyer, il leur faut payer seulement ce qui leur a esté promis par la charte-partie,
bien qu'ils fussent venus a faux fret sans aucune chose ou qu'ils
eussent esté depredez & les Marchandises iettées en la mer du-
rât la tempeste pour la saluation du Nauire, ils doiuent neantmoins auoir ce qui leur a esté promis exempt de toutes pertes
charges & risques, voire si quelques-vns des maistres de Nauire où Compagnons estoient decedez au voyage il ne faut
laisser de payer a leurs heritiers ce qui leur auroit esté promis.

Les obligations mesme d'Argent a proffit baillé aux risques de la mer pour subuenir au Radoub & victuailles sont pa-
yables au retour sur le corps & Quille du Nauire, agreils & apareils bien qu'il n'eust raporté aucune Marchandise qu'elle eust
esté prise & depredée ou iettée en la mer pour la saluation du
Nauire : mais si le Nauire est pris & entierement perdu, les
vns ny les autres ne peuuent pretendre ny demander aucune
chose aux Bourgeois & Victuailleurs, en vertu de leurs charte-parties où obligations d'Argent a profit, ains sont condamnez de les leur rendre comme quittes, vuides d'effect, mais
s'il y auoit eu police d'assurance passée auant ou depuis le voyage, encommencé l'assureur seroit tenu au payement de la vraye
valeur du Nauire & marchandise, au Marchand ou Bourgeois
qui auroit esté asseuré. Ce qui se pratique aussi de la sorte
en tous autres voyages pour quelqu'autres Marchandises que se
soient.

Cette pesche de Molluës aux terres Nœufues a tousiours esté

ſoigneuſement entretenuë en France depuis qu'on en a eu la
cognoiſſance, & ou on a touſiours apporté de bons Reglements pour preuenir les accidents & les deſordres que le temps
& l'auarice de quelques-vns, & que les Pyraites & ennemis y
pourroient aporter. Pourquoy apres le decez du feu Roy
Henry I V. y eſtant ſuruenu vn grand deſordre, nous en fiſmes remonſtrance à feu Monſieur de Dampuille Admiral de
France, & entr'autres choſes le priaſmes de ne donner plus de
congez a aucuns Maiſtres ou Capitaines de Nauire pour y aller que depuis le commencement du mois de Decembre iuſques au mois d'Avril, ſurquoy il fiſt le Reglement notable que
i'ay inferé à la fin de ce Chapitre, que nous fiſmes lire publier
& regiſtrer en noſtre Sieges General de l'Admirauté de France le 3. Septembre 1612. ce qui fut confirmé par Arreſt de la
Cour du 28. des meſme mois & an, neantmoins pluſieurs y
ayans contreuenu y eſtans accouſtumez, il s'en ſuiuit encor
Sentence & Reglements en noſtre Siege le 10. Février 1618.
par laquelle il fut dit que les meſmes Reglements ſeroient ſui-
uis ſur les paines des confiſcations de Nauires & Marchandi-
ſes-& amendes portées par iceux, & que ledit ſieur Admiral
ſeroit derechef ſupplié de ne bailler plus aucuns congez pour y
aller qu'à la charge de partir au temps cy-deſſus limitté, toutesfois permis de mettre en rade les Nauires des le 20. de Nouembre afin de ne perdre l'occaſion des vents & des marées, & outre que ſa Maieſté ſeroit ſuppliée pour la conſeruation de la
peſche importante des Molluës d'en confirmer le Reglement,
& qu'il fut leu & publié par tous les Havres du Royaume,
comme nous l'auions faict faire en noſtredit Siege à la Table
de Marbre du Palais à Roüen, ainſi qu'en tous les Sieges de
l'Admirauté de Normandie qui en delpendoient.

CHARLES DE MONTMORENCY
Duc de Dampuille, Pair & Admiral de France
& de Bretaigne : A tous ceux qui ces presentes
lettres verront, salut : Sçauoir faisons que estant
estant du deuoir & pouuoir attribué à nostre charge &
Estat d'Admiral, comme Lieutenant General de sa Maiesté
en ses Mers, tant par les Edicts & Ordonnances faictes par sa
Majesté, sur le faict de l'Admirauté, & particullierement
sur toutes sortes de Pescheurs, dont la cognoissance nous est
attribuée, & à nos Officiers pour Regler les Abbus & mal-
uersations qui arriuent generallement en toute la Marine, selon l'exigence des cas, & qu'ayant apresent entendu & receu
les plaintes de plusieurs Marchands & habitans des Villes &
Communautez de la Prouince de Normandie, tant en General qu'en particullier, & nommement des Conseillers &
Escheuins, Marchands & habitans de la Ville Françoise de
Grace : Sur la remonstrance à nous faicte par lettres cy-atta-
chez, disant comme au moyen du trafic de la pesche de la
Moluë, plusieurs personnes s'occupent & employent aux
saisons qu'il conuient y aller, dont il arriue vn grand bien &
vtilité au General du Commerce, & que par telle marchandise le Royaume reçoit grande augmentation de viures, &
que comme toutes ces choses qui reçoiuent accroissement ou
diminution ont leurs saisons prescriptes par la nature pour les
receuoir ou recueillir en temps & saisons commodes, & que
en toutes sortes de Pescheries il y à vn ordre limité par ledict
Reglement, lequel ne doit estre surpassé ny enfrainct : Mais
que depuis long-temps, il s'est coullé & introduict vn desordre & degast es voyages de la Pesche des Moluës qui se faict
es bancs

es bancs & Coſtes de terre neufue & ailleurs , & que ont entreprins pluſieurs perſonnes pouſſez d'auarice & temerité,
meſpriſant le temps limité & obſerué en ladite peſche, ils auroient auec le hazart de la vie , de ceux qu'ils y enuoyoient &
perte de biens de ceux auec leſquels ils s'aſſocient & incommo-
dité de tel Commerce , enuoyent hors de ſaiſon leurs hommes
& Nauires en ladite peſche , dont plus grande partie ſeroit
perie , auec perte de pluſieurs familles , outre que ceux qui
retournent deſdits voyages extraordinairement entreprins
hors de ſaiſon , ayant raporté quelque peu de Moluës nouuelles en trouuent la vente prompte , & toutes celles qui ſont arriuez auparauant & en la ſaiſon ordinaire , combien qu'elles
ſoient bonnes, loyalles & marchandes : Neantmoins ſe trouuent meſpriſes , ſur eſperance d'en voir arriuer plus grand
nombre de nouuelles , ce qui auroit tourné à telle incommo-
dité que pluſieurs auroient abandonné ladite peſche au detriment du public : Outre que par tel deſordre les terres neufues
ſe trouuent deſpeuplées de ladite marchandiſe, pour ce que le
fret eſtant deſtourné, l'eſperance des années ſuiuantes eſt ruinée : eſtant nottoire en ladite Prouince que ſes Vaiſſeaux qui
auoient accouſtumé de charger nombre ſuffiſant deſdites Moluës eſt de preſent reduict à n'en pouuoir charger la moitié, ce
qui faict meſmes que les vaiſſeaux ſont reduicts à la moitié
de leur antienne grandeur , au grand preiudice des droicts &
impoſts que ladite Majeſté leuer ſur leſdites Moluës , & auſſi à
la diminution des forces Maritimes du Royaume , s'il falloit
faire Armer leſdits Vaiſſeaux : A ces cauſes deſirant y reme-
dier ſelon le deu de noſtre charge en eſtabliſſant vn bon ordre
pour le temps & la ſaiſon que deuront partir cy-apres, les Vaiſſeaux deſtinez pour la peſche des Moluës nommez terres neufues qui ſont es Ports & Havres de la Prouince de Normandie,
Nous par l'aduis de pluſieurs bons & experimentez perſonna,

Ppp

ges au faict & practique de la Marine & de la Pescherie: Auons faict & faisons par ces presentes tres-expresses inhibitions & deffences à tous Capitaines, Maistres de Navires, Pillottes des Vaisseaux & Basteaux pescheurs & autres, de quelque qualité qu'ils soient: de ne partir des Ports & havres pour entreprendre lesdits voyages en ladite pesche qu'en temps & saison ordinaire, & de ne partir plustost ny en autre saison que depuis le commencement du mois de Decembre iusques en Avril ensuiuant, inclusiuement pour aller querir le Sel pour faire ladite Pesche, & ce sur paine contre les contreuenans de confiscation du nombre des Moluës, dont ils sont chargez & autres peines & amendes arbitraires s'ils y escheent : Comme aussi nous leur deffendons de partir desdits ports & Havres sans prendre nos congez signez de nous & non d'autre, comme ils ont accoustumé pour aller à ladite pesche sur les peines portez par les deffences cy-deuant publiées : Si mandons & ordonnons aux Lieutenants & Officiers du Roy & nostres, au Siege General de l'Admirauté de Normandie à la Table de Marbre du Pallais à Roüen & tous autres Lieutenants & Officiers des Sieges particuliers de ladite Admirauté qu'il apartiendra chacun en droict soy qu'ils façent lire, publier & enregistrer la presente Ordonnances & Reiglements portant les susdites deffences pour estre publiez en la maniere accoustumée, en lieux Ports & Havres de l'estenduë de leurs ressorts & ou besoin sera, leur enioignant de tenir la main à ce qu'il n'y soit contreuenu en aucune maniere : mesmes d'informer en cas de contrauention contre les delinquants, en tesmoin de quoy nous auons à ces presentes signez de nostre main, faict mettre le Sel de nos Armes : A Paris le 20. iour d'Aoust 1612. Signé CHARLES DE MONTMORENCY, & plus bas par Mondit Seigneur de Cire Rouge, auec vn Contre-sel aussi de Cire Rouge.

Le Reglement des Bateaux Pescheurs pour la bouche du
Roy, & autres pour la Drege & maille d'icelles, donné par Monsieur l'Admiral à Paris le dixiesme Fevrier 1612.
fust leu, publié & veriffié le seiziesme desdits mois &
an, en nostredit Siege de l'Admirauté à la Table de Marbre
du Pallais.

Car en outre la pesche des Molluës, laquelle se fait au loing,
aux terres Neufues Bancs & Bancreaux, comme nous auons
dit cy-dessus, il s'en fait encor vne autre plus prochaine qu'on
appelle Macrelaison & Droguerie, de diuerses autres sortes de
poisson.

Entre autres il y a celle de Macreau, pour aller à laquelle
on part ordinairement de Dieppe au mois d'Auril, ou l'on en
va pescher aux Isles de Bas, ou autrement Isles de Vnic ou de
Vnisen, ou ils salent leur macreau en plain Bateau, quelquesfois ils y font deux voyages & viennent à l'vn & à l'autre descharger à Dieppe, & le transportent de la, à Roüen, Paris, Orleans & autres lieux de la France.

On fait encor vne autre pesche de Macreau approchant des
Costes de France, laquelle se fait en plusieurs endroicts par les
Mariniers des Havres, depuis Boulongne iusques au Havre de
Grace, dont la plus grande partie s'aporte frais a Dieppe, &
de la est porté & reparty par tout le pays, ou il est ainsi mangé,
ce qu'on appelle quelquesfois Manne pour la grande abondance qu'il y en a.

Pour ce qui est de la pesche de la Droguerie qui est de Haren, dont il se fait aussi deux voyages desquels le premier part
enuiron le 20. ou 25. de Iuillet, & vont pescher leur Haren,
au Nord d'Escosse & le salent en mer dans des barils, & font
leur retour a Dieppe, à la fin du mois d'Aoust, dont leur Haren se transporte par tout le pays.

En leur second voyage ils partent au mois de Septembre &

vont pefcher aux Coftes d'Angleterre & aux enuirons de Germanie , & le falent en mer dans leurs barils.

Le Haren approchant les Coftes de France , fe pefche en Octobre & Nouembre , fa porte frais à Dieppe dont vne partie , eft fallée en baril & l'autre eft mife aux Rouffables , pour faire du Harenc foret , lequel fe tranfporte comme l'autre par le pays.

Les Seigneurs & Gouuerneurs de la Cofte loüent ordinairement les parcs fur le bord de la mera , des pefcheurs, lefquels par leur marché les entretiennent de fillets & de ce qui leur eft neceffaire, il s'y prend fouuent des Solles, Houmars, ou Efcreuiffes , Saumons , & plufieurs autres fortes de Poiffon grand & petit.

Les pefcheurs dans les plus grands Bafteaux , vont huict ou dix lieuës auant & dans l'eau ietter leurs Rais & Lignes en mer, & attachants vne pieces de bois, flottante fur l'eau , ils reconnoiffent le lieu ou ils font d'autant qu'ils quittent la leurs Rais, & vont pefcher d'autre Poiffon , puis retournent deux ou trois iours apres pour retirer leurs fillets auec lefquels ils pefchent les grandes Rayes, Turbots , & grandes, Barbuës, qu'ils apportent à Dieppe pour vendre aux Marchands de Poiffon.

* * *

POVR CE QVI EST DES DREGEVRS
ou moyens Bafteaux pefcheurs.

LS partent des Haures tant de Dieppe que des enuirons, & vont a certains lieux cinq ou fix lieuës vers l'eau en la mer ou ils cognoiffent la place & le fonds ou eft le Poiffon, & prennent en ces endroislà a la faifon du Carefme grande quantité de viures.

Pour

Pour les autres Batteaux qui pescheurs, auec plusieurs sortes de lignes & filletsils prennent ordinairement quantité de Merlens, Solles, Limandes, Roussettes, Tumbes, Barres & plusieurs autres sortes de Poisson, & estans de retour n'ayant esté que cinq ou six lieuës en mer, le Poisson est vendu en place publicque à Leneam.

Plus se pesche au Riuage sans Batteau, par des Hommes, des Salicoques, auec de certaines Rais attachées au bout d'vn long baston que les pescheurs poussent deuant eux, à 15. ou 20. espaces dans la mer & marchent le long du riuage, d'icelle quand elle est basse.

Les Escalles sont aussi vn bon Poisson dont y en a grande quantité en la basse Normandie, entre autres aux ports de grand camp & autres pres de Bayeux, où il s'en fait & forme de gros Rochers en la mer ou l'on en vient querir grand nombre de diuers endroicts. Pourquoy le peuple ne leur donnant le loisir de se cencrer & former, pour estre exposées au corps humain aux années 1614. & 1615. Nous fismes plusieurs deffenses en nostre Siege General de l'admirauté à la Table de Marbre du Palais, d'y en prendre ny pescher que les Rochers n'en eussent auparauant esté veus & visitez par les Medecins, pour sçauoir si elles estoient assez nourries & formées pour estre exposées au corps humain.

On en apporte grande quantité par Bateaux à Roüen, d'où on les transporte aussi apres à Paris, & est remarquable qu'en les aportant à Roüen par Bateau on les descent ordinairement à Harfleu & autres endroicts pres de la mer, pour leur en faire prendre, & les en nourrir qui les réd aussi bien meilleures encor plus grasses, & sont aussi viues que celle qu'on apporte par somme.

DES
OBLIGATIONS
D'ARGENT
A PROFICT, LETTRES
DE CHANGE ET POLICES
d'Asseurance.

CHAPITRE XII.

ES Obligations d'Argent a profit , different des Polices d'Assurance: Car celles d'Argent a profit se font & se contractent, par la tradition actuelle des deniers qu'on baille aux risques de la mer , pour le fret radoub & Victuailles, auant que le Nauire soit party : & les Polices qui sont des Obligations se font & passent sans Argent , pour l'asseurance des Marchandises desia chargées ou transportées en mer , & quelquesfois peries : par le prix conuenu entre les Contractans, au moyen duquel l'assureur promet baille & assure indemnité. Tellement que si le nauire & Marchandises de l'as-

furé periffent ; où qu'il y arriue de l'empirance, ou groffe perte , l'affeureur la doit porter ; & en matiere d'Argent a profit
c'eft tout au contraire : car fi le Nauire perit fur lequel aura
efté baillé argent a profit , il faut en rendre l'obligation comme
quitte , ne fe trouuant rien en l'antiquité ny en droiĉt de l'vfage des Polices d'affeurance, finon qu'en la *L. 2. C. de Nauel,*
l'on bailloit des affeurances pour le tranfport par mer des chofes publiques des tableaux & figures des Empereurs lors qu'ils
alloient auec leur Cour & attirail en quelque part ou contrée de
leur Empire.

Mais d'autant qu'il y a vn traitté faiĉt exprez des Polices
d'Affeurance, & que la cognoiffance & Iurifdiĉtion en a efté
eneruée de celle de l'Admirauté par l'Ereĉtion de celle des
Prieur & Confeuls fous Henry II. en l'an 1555. nous ny infi-
fterons d'auantage,& parlerons a ce commencement de l'Argent a profit , ce qu'on appelle endroit *Fænus Nauticum,* lequel
eftoit permis par le droit Romain, en faueur de la *Nauigation*
& du Commerce, comme il eft encor à prefent pour la mefme
raifon en France.

Argent à profit eft donc premierement vne auance d'argent qui fe baille pour le fret, ou pour fubuenir au radoub &
victuailles des Nauires, que prennent les maiftres , Compagnons & Bourgeois d'iceux, pour les radouber , avictuailler
& faire leurs voyages , n'ayans moyen eux-mefmes de ce faire. l'en ay veu la practique grandement en vfage aux Villes de
Roüen , du Havre & Dieppe, & mefme de plufieurs de Paris qui y mettoient. Ce qui y fauorifoit grandement la Navigation & le Commerce , au deffaut des Compagnies & Societez qu'on ny à encor peu bien eftablir , ce qui nous feroit neceffaire de practiquer à l'exemple des Hollandois , ou iufques
aux moindres perfonnes & iufques à vn efcu , il eft permis
d'entrer dans les grandes Compagnies & Societez de plufieurs

millions qu'on y faict a present, soit pour l'Est, l'Ouëst ou Oue-
stinde au Brezil , lesquelles sont si puissantes & bien reglées,
que maintenant il ny a plus de risque comme en nos pauures
Nauires particuliers subiects aux risques de la Mer, des Pyrattes & des flottes de telles Compagnies , lesquelles pillent, prennent & rauissent tout ce qu'ils rencontrent , & par tout ou
ils passent comme de puissans torrens.

Il est donc remarquables reprenant le fil de nostre discours
d'argent a profit encor que les Nauires apartiennent aux Bourgeois d'iceux : neantmoins les Maistres ausquels ils en ont donné la conduicte y ont vne telle puissance & authorité, qu'ils les
peuuent vendre & engager aux occasions de leurs voyages, non
seulement iusques a la concurrence du tiers ou de la valeur de
leur fret pot de vin & chasses : mais mesme le total d'iceux
d'autant que les Bourgeois ayants faict Election de leur preu-
d'hommie, experience & suffisance pour telles charges, leur ont
baillé tout pouuoir de la disposition d'iceux, sous l'asseurance de
quoy on contracte auec eux , passe les charte-parties affrete-
ments, cognoissements , carquaisons & a mesme s'en paye le
fret entier qu'ils distribuent apres aux Bourgeois & Victuailleurs selon la part qu'il y ont, par ce que se sont les Maistres
de Nauire & Compagnons lesquels au peril & hazard de leur
vie ayant faict le transport des Marchandises , le fret leur en
est priuilegement acquis , ce qui est tiré de la Loy *huius enim*
D. qui pot. in pignore babeantur , & en l'Escriture Saincte , il
ne falloit laisser coucher le Soleil auant que de payer le salaire
du Mercenaire.

C'est pourquoy l'argent qui est baillé a proffit sur le fret
au Maistre du Nauire & Compagnons est le plus priuilegié
de tous. Mais vient apres celuy qui est baillé pour subuenir au
Radoub & Victuailles a ce propos ie rapporteray les termes
de l'article 95. de l'Ordonnance de l'Admirauté de l'an 1584.
de Hen-

de Henry III. qui porte que pour euiter aux inconueniens qui arriuent chacun iour pour l'argent baillé a profit, & prins par les Mariniers en plus grande somme qui ne leur est requis pour leur voyage, deffendons tant au bailleur que preneur, sur peine de perdition dudit argent, & de dix escus d'amende, apliquable moitié au denontiateur, & le reste à nostredit Admiral, d'en bailler & prendre qu'en la presence & du consentement du maistre du Nauire & du principal Bourgeois, dont sera par eux fait regiltre ; pour y auoir recours si besoin est. Sur quoy nous auons donné plusieurs reglemens par ce que les Maistres de Nauire & Compagnons estoient ordinaires de prendre d'auantage qu'il ne leur reuenoit au retour des voyages : ce qui alloit au grand preiudice des Bourgeois & Victuailleurs.

En quoy nous auons remarqué que plusieurs gens de mer ayans pris Argent a profit, lequel ils auoient consommé ou rongné laissé a leurs femmes & enfans, ou employé à leurs affaires domestiques voyans qu'ils n'auoient leurs pleines charges, ou n'auoient faict bon voyage, ils faisoient perdre a dessein leurs Nauires & Marchandises & se sauuoyent aux petits Bateaux d'iceux, puis venoyent malicieusement auec des attestations fausses ou supposez en faire raport, & redemander leurs obligations comme quittes, voire il s'en est trouué de si meschans qui en auoient tant pris, que sçachans ne le pouuoir rendre, quelque bon voyage qu'ils fissent en partant auoient faict perdre à dessein leurs Nauires en rade, qui fut ce que nous fusmes contrainchs de reiterer non seulement les deffentes portées pour cet article cy dessus par nostre reglement du dernier Ianuier 1605. & plusieurs autres : mais mesme de leur deffendre de prendre argent a profit en plus outre que la moitié de leur loyer & aux Bourgeois & Victuailleurs, que la pate qu'ils ont aux Nauire par autre reglement du 25. Auril 1611.

que nous fismes publier sur le Quay de Roüen, & autres de cette Prouince d'autant que sur le declin de la Nauigation & du commerce qui parut grandement en ce temps là, plusieurs Bourgeois & Victuailleurs à l'exemple des Maistres de Nauire & Compagnons commencerent a prendre de l'argent a profit, beaucoup plus qu'il ne leur pouuoit reuenir d'iceux, au retour des voyages, au moyen de quoy il se trouua grand nombre de Marchands & autres personnes frustrez de leurs esperances, & du profit qu'ils attendoient.

Le priuilege de cét argent a profit soit sur le fret radoub & Victuailles, n'est que sur le voyage pour lequel il a esté baillé: car si le porteur de l'obligation differoit d'en demander le paye-ment sur vn autre voyage il en seroit frustré, & ne viendroit qu'en ordre d'hypothecque: mais en ce cas le demandeur au fret du voyage est si priuillegé qu'encor qu'vne tierce personne en ayant le droict du Maistre quel qu'il fust par cession ou su-brogation de faict ou de droict de son fret, il prefere tous ceux qui ont baillé argent a profit sur le radoub & victuailles com-me il fut Iugé le 10. Mars 1603. en nostre Siege General de l'Admirauté à Roüen, entre Charles le Sueur adiudicataire de la fourniture du Grenier à Sel du Pontaudemer demandeur, pour emporter priuillegement les deniers prouenans du fret de Robert Guerard Maistre de Nauire, pour le voyage par luy faict au Croisi chargé de Sel pour ledit Suéur d'vne part, & Iac-que Deshommets, Claude du Resnel, Iean Supplis, Paschal Horsolle, & autres ayans baillé argent a profit deffendeurs op-posans d'autre fut dit que ledit le Sueur prefereroit sur les de-niers prouenans du fret pour le dechec qui se trouueroit audit Sel mal pris & sustrait par ledit Guerard, sauf ausdits Des-hommets & autres a se pouruoir sur le corps dudit Nauire. Car vn Maistre de Nauire qui faict faute ou fraude a celuy qui l'af-frette ny oblige pas seulement son fret par priuillege, mais mesme le corps du Nauire, & comme nous auons dit cy-deſſus, apres le priuilege du fret vient celuy du Radoub & Victuailles par la diſpoſition de la *L. huius d. qui pot inpign. hab.* laquelle dit *que priuilegio prelationis vtuntur ea quæ in Cibaria nautarum fuerint credita, ſine quibus nauis in portum peruenire non potuiſſet.*

La cauſe pour laquelle on employe nommement aux obligations d'argent a proffit à courir les riſques & fortunes de la mer, ſur tel & tel Navire & en tel voyage, eſt pour auoir ce priuilege & pour empeſcher l'vſure, laquelle ſe pourroit exercer impunement, s'il eſtoit permis d'en bailler autrement en termes generaux : Se fut pourquoy en la cauſe d'entre Guillaume Heruieu Maiſtre de Nauire, & le Procureur du Roy fut dit par Sentence de l'Admirauté en noſtre Siege general de la Table de Marbre du 16. Septembre 1606. qu'il ſeroit informé plus particulierement, ſçauoir ſi les obligations d'argent a profit dont eſtoit queſtion, luy auoient eſté baillez ſur le voyage de terre neufue où le Nauire fut perdu ; & s'y elles n'auoient eſté renouuellez, & qu'elle part ledit Heruieu auoit au Nauire & victuailles; meſmes les autres Capitaines de Nauire qui auoient pris ſur iceux plus qu'il ne leur eſt permis.

Comme auſſi s'y l'on auoit baillé argent a profit ſur vn certain Nauire, pour faire voyage en certain lieu, & qu'il fuſt al' en vne autre ou autre route, s'il faiſoit naufrage fuſt le Mai ou Bourgeois qui auroient pris argent a profit, ne laiſſerë d'eſtre condamnez au payement & par Corps, du princip. l'obligation & d'vn grand inthereſt, approchant a plus p celuy qui auroit eſté ſtipulé par icelle : D'autant que tion de celuy qui baille ſon argent, eſt qu'en riſquan fite dauantage, & auſſi que les Marchands qui bail a profit ſont fauorables, par ce qu'ils aident & l uigation & le trafic aux pays eſtranges, & a Capitaines de Nauire qui y font fraude, c.

fent les routtes & voyages , n'en font pas feulement condamnables en de grands intherefts mais mefmes puniſ-
fables.

L'on prefume auſſi que ſi les Bourgeois ou Maiſtres de Nauire auoient exprimé par leurs obligations d'argent a profit , le
Nauire & le voyage ou il auroit periclite , ils n'auroient baillé
l'argent car lors que l'on void vn Nauire defia vieil & fracaſſé,
on ny rifque pas ſi toſt que dans vn autre : ſtant befoin non feulement pour l'inthereſt des particuliers qui rifquent & baillent
argent a profit, fur des Nauires qu'ils foient bons, forts, bien armez & equippez : mais mefme pour celuy du public comme il
ſe void par toutes les antiennes Ordonnances, pourquoy ceux
qui en prennent fur des Navires qui ne font capables de Na-
viger font puniſſables & condamnables à la reſtituᵒⁿ auec
de grands intereſts , comme il fut Iugé audit Sᵗge à la Table
de Marbre , le 18. Fevrier 1598. Entre ...otes hommes maî-
ſtre Martin le Martineau & Claude l- Mazurier Controolleur
& Treforier des Finances de Mᵒⁿſeur de Montpenfier d'vne
part , & vn appellé Pierre ...utin d'autre lefdits le Martineau
& Mazurier auoient b...te ſix cens efcus a profit audit B...tin a'
...ourir les rifques & ...ortunes de la mer , fur le Nauire nommé
...hcte Mari- du port de 250. Tonneaux, lequel s...ſtant trou-
...capable de nauiger ledic Butin fut condamne a rendre &
...er ladite fomme & aux intherefts du retardement d'icel-
...aifon de quinze pour cent du iour de la reception, pour-
...en fut long-temps detenu prifonnier en la Conciergerie
...ur, la raifon auſſi de ce iugement eſt tirée des termes
... vnique de naut. Tyber. laquelle porte que *merces
...ioſas mercatores , & vectores nauigio veteri ne im-
...ria enim oportet exquirere an Nauigium integra
...um antennas validas , vela & cætera anchiras
... varij generis, Scaphas Nauigium affectan-*
                                                        tes

tes, temones neceſſarios, nautas ſufficientes , ſocios nauales , vigiles latera nauis minime diſſoluta.

S'y l'on auoit auſſi baillé argent a profit a vn maiſtre de Na-uire pour aller en certain voyage, neantmoins qu'il le fiſt faire par vn autre s'il periclitoit ſe feroit à ſes riſques,& ne laiſſeroit au retour du *M*aiſtre qui auroit fait la perte du Nauire, d'eſtre condamné au payement du principal auec vn notable inthe-reſts , pour les meſmes raiſons que nous auons cy-deuant dites, mais ſi depuis l'argent baillé & l'obligation faicte l'on auoit conſenty tacitement ou expreſſement, que le voyage fuſt faict ſans fraude par vn autre Maiſtre ou Capitaine, en ce cas quand periclitation arriueroit,on ne pourroit pas exiger le payement de l'obligatió cóme nous le iugeaſmes en noſtre Siege à la Ta-ble de *M*arbre le 18. Ianuier 1611. entre le Capitaine Thomas Richard d'vne part, & le ſieur Feron de Roüen Secretaire du Roy d'vne autre,ledit Feron auoit baillé argent a profit audit Richard pour le voyage des terres neufues, où le fils dudit Ri-chard pour empeſchement & maladies ſuruenuës à ſon pere, fiſt le voyage auquel le Nauire fut perdu pres l'Iſle de Vic: mais eſtant demeuré conſtant que ledit ſieur Feron en auoit veu fai-re l'embarquement a Saint Valery en Caux,& depuis durant le voyage auoit veu & communiqué auec ledit Capitaine Richard ſans luy auoir faict aucune ſommation ny proteſtation, donna lieu de condamner ledit ſieur Feron de luy rendre & reſtituer ſon obligation comme quitte pour le meſme voyage , & ſur les meſmes raiſons ledit Capitaine Thomas, Richard fut deſ-chargé de la condamnation du payement du principal, & pro-fit d'vne obligation contre luy iugée par le Lieutenant de la marine audit Saint Valery, ſur l'appel qu'il en auoit interietté audit Siege à la Table de *M*arbre par Sentence d'icelle du 16. May enſuiuant 1611, par la *l. fin. §. ſi ea conditione ad leg. R h od. de iaEtu ſi ſine dole , & culpa non tenetur ſed ſi imperite extra tempora*

S s

nauigationis conuenientia periculum susceperit tenetur. L. ᵫuilque. §.
1. D. de rei vind. l item queritur §. 1. D. locati.

Neantmoins a fin de ne desesperer les Bourgeois Capitaines
Maistres de Nauire & Compagnons, lesquels voyans qu'ils
n'auroient faict bon voyage & ne raporteroient leur plaine
charge, auquel cas ils n'auroient de quoy payer le principal &
profit a ceux qui leur auroient baillé argent pour cét effect,
perdoient a dessein leurs Nauires, où quoy que soit ne se ren-
doient assez dilligens à la saluation d'iceux, afin de prendre
occasion par la de se faire rendre a leur retour leurs obligations comme quittes, & afin aussi de ne perdre l'vsage de bailler
ou de prendre argent a profit l'on y a apporté quelque temperament & regardé de pres & exactement s'il y auoit point de
fraude, & que la perte & periclitation fust veritable & sans fraude, ou que lors d'icelle le Nauire fust tellement brisé & fracassé qu'il fust rendu incapable de nauiger : en ce cas en condem-
nant les porteurs des obligations à la restitution d'icelles estoit
à la charge de contribuer au marc la liure des deniers prouenans de la vente des Nauires & marchandises, cordages, agreils
& apareils comme il fut Iugé entre autres en la cause d'entre
Guillaume Tabar maistre du Nauire nommé le Sainct Iean
Baptiste du port de 140. tonneaux d'vne part & Dauid Rousse-
lin Marchand de Paris, faisant pour le sieur Argentier de
Troye lequel luy auoit baillé argent a profit, par Sentence
de nous donnée à la Table de Marbre le 9. Ianuier 1607. il
est aussi remarquable en cét endroit que telles obligations aux
risques de la mer courent aussi celle des riuieres, par ou ils sor-
tent ou entrent la periclitation & perte du Nauire & Marchandises dudit Tabur estant arriuée sur la riuiere de Seine endroit Quilleboeuf, comme il faisoit son retour de la mer : car
depuis que les Nauires sont hors de Quay iusques à ce qu'ils y
soient amarez estans de retour ils sont aux risques de la mer de

ceux qui y ont intherest , soit par mer ou par riuieres. C'est
pourquoy les Ordonnances de l'Admirauté en atribuënt la Iurisdiction & cognoissance aux Iuges d'icelle, non seulement de
ce qui se fait & passe en la mer & grefues d'icelle concernant
la Nauigation : mais mesme par tout ou le grand flot de
mars se peut extendre dans les riuieres ce qui a tousiours ainsi
esté pratiqué : mais si vn Maistre de Nauire ayant fait naufrage, perdu toutes ses Marchandises, & neantmoins sauué le
Corps & Quille de la Nauire, puis vendu icelle quoy que ruinée & fracassée du tout, sans l'auoir auant denoncé a ceux qui
luy auroient baillé argent a profit , il ne laisseroit & le Bourgeois pareillement qui auroit pris , d'estre condamné au payement & profit de l'obligation comme il a esté Iuge audit Siege
à la Table de Marbre le 7. Decembre 1618. en la cause d'entre
Louys Roussel , Dauid Breton & Allexandre Guillemot tous
de Roüen requerans l'emprisonnement de Nicollas Berthelot
Maistre de Nauire pour estre payez des sommes d'argent par
eux baillées a profit sur le voyage des terres nœufues d'vne part
& ledit Berthelot deffendeur & demandeur de sa part d'autre,
pour les faire contribuer à la perte arriuée à sondit Nauire
neantmoins la proclamation de la vente d'iceluy agreils & apareils, quoy qu'il fut tout fracassé fut condamné au payement &
dit a bonne cause ledit emprisonnement par ladite Sentence.
Il se donna aussi autre pareil Iugement en icelle le premier de
Février 1620. entre Claude Martel de Roüen demandeur
ayant baillé trois cents liures d'argent a profit à Bernard du
Martin à la grosse aduenture de la mer sur le Nauire dont estoit
Maistre vn appellé Hacqueuille, ou veu la restitution & deliurance dudit Nauire au pays de Gallice, quoy que brizé & fracassé ce que ledit Martin n'auoit aussi declaré audit Martel il
fut condamné de luy rendre & restituer ladite somme de trois
cents liures dans le mois à la charge de contribuer par ledit

Martel au marc la liure auec les autres intheressez audit voyage aux frais de la restitution.

Il est donc constant que lors que le Nauire est perdu sur lequel l'argent aura esté baillé a profit, & qu'il aura esté iusti-
fié les porteurs d'obligations sont condemnez à la restitution
d'icelles: mais lors que les Victuailles sont perduës voire fusse
des le commencement du voyage, bien que l'obligation soit
cognuë à cause d'icelles neantmoins cela on n'en peut pretendre de descharge, ains les obligez sont condamnables au payement & profit comme il fut Iugé le 4. May 1593. à la Table de
Marbre audit Siege entre Pierre Plantou heritier de deffunct
Pierre Preuost d. Roüen, ayant poursuiuy Iacques Raul Maistre de Nauire pour luy payer cent liures d'argent a profit pris
par ledit Raul aux risques de la mer, dont ledit Raul se des-
fendit disant que ladite somme auoit esté baillee sur les victuailles lesquelles auoient esté perduës faisans le voyage, ledit
Raul y fut condamné.

Il faut bien prendre garde que sous pretexte de priuilege
de telles obligations d'argent a profit on n'y espere de l'vsure.
Car si elles ne sont actuellement sur les voyage dont les porteurs pretendent le priuilege & profit, elles doibuent estre declarez vzuraires, & d'autant que plusieurs l'exerçoient soubs ce
pretexte deffenses furent faictes audit Siege à la Table de Marbre le 19. Aoust 1616. à tous Marchands & autres traficquans
en mer, de bailler à l'aduenir aucun argent a profit que
à ceux qui seroient intheressez aux voyages qui se feront en la
mer.

Au commencement de l'Edict du Controolle publié au Parlement de Roüen en l'an 1603, qui portoit que doresnauant
touttes obligations ne prendroient pied & hypotecque que du
iour qu'elles seroient Controollées, il se trouua diuers iuge-
mens estant audit Siege de l'Admirauté a la Table de Marbre,

que

que iurifdictions inferieures d'icelles tonchant les obligations
d'argent a profit, fuiuant quoy entr'autres la preference auoit
efté iugée contre Dauid *Maynet* Efcuyer pere du Vicontre de
Rotien, à l'eftat du Decret de quatre Nauires de Droguerie appartenant à vn furnommé Defpiné au profit des autres oppo-
fans, qui auoient faict Controoller leurs obligations dont y a-
yant eu appel au Parlement s'y enfuiuit Arreft en l'année 1610.
par lequel fans auoir efgard au Controolle, fut dict que leurs
obligations recogneuës concurreroient, & les obligations
d'argent a profit declarees n'eftre fubiettes à Controole, ce qui
a efté fort a propos car il fe faict vne infinité de telles obligations, pour equipper auictuailler & mettre hors les *Naiures*, ce
qui ne fe feroit ny beaucoup d'autres actes qui fe paffent pour
le fait de la Nauigation & du Commerce eftranger, s'y l'on
eftoit obligé à tant de formalitez contraires au naturel & à
la forme de proceder entre *Marchands-Maiftres* de Nauires
& gens de mer qui n'auoient antiennement que la parole
leurs liures & papiers de Compte pour faire foy de leur
trafic & negotiation, & auffi les antiennes Loix ne leur
en ont point donné, d'autres prenans au point d'honneur
de leur faire recognoiftre à leur faict.

D'ailleurs que les priuileges de telles obligations ne fe pou-
uants pretendre, & demander qu'aux derniers voyages,
furllefquels les deniers auront efté baillez, où il eft a prefumer
qu'vn chacun fe fera payer au retour. Il eft du tout inutil d'en
faire controller les obligations, la fin du Controolle n'e-
ftant que pour rendre les obligations plus authentiques & af-
feurées pour leur hypotecque, & euiter les fraudes principalement en cette *Prouince*, où les obligations nobiliaires
ont trente ans de pourfuitte, ce que n'ont telles obligations
d'argent a profit, comme il a efté Iugé au fit Siege à la Table
de *Marbre* le 2. Aouft 1619. fur la pourfuitte faicte par Iean

Ttt

Alard contre Ieanne Moulin , vefue de feu Iean Millet pour luy payer la fomme de 124. liures comme plege defeu Laurens Monnet Maiftre de Nauire, d'argent a profit baillé audit Monnet,fut dict attendu le decez defdits Monnet des l'an 1606. & dudit Millet des l'an 1611. & que depuis ledit temps, il ne s'eftoit faict aucune pourfuite de la Sentence du 5. Ianuier 1606. par laquelle il eftoit dit que ladite obligation feroit renduë comme quitte en baillant l'inuentaire des Marchandifes, agreils & apareils fauués du naufrage dudit Nauire , bien qu'il ne fuft iuftifié qu'elles euffent efté renduës : neantmoins il fut dit que ladite vefue Millet eftoit defchargée de ladite pourfuite dudit Allard lequel fut condamné de luy rendre ladite obligation comme quitte & vuide d'effect , nonobftant mefme ladite Sentence de 1605. laquelle fembloit auoir execution de trente ans.

Il ny auroit pas auffi d'aparence de demander le payement des obligations d'argent a profit fi long-temps apres le voyage fait,fur lequel ils ont leur priuilege, ny ayant point de profeffion au monde ou les hommes foient fi diligens & exacts pour recueillir leurs effects en temps & lieu que les Marchands, principallement ceux qui traficquent par la mer fçachans bien entr'autres en tel cas d'argent a profit qu'ils le perdroient au premier voyage qui feroit faict apres , ou l'on obferue & pratique telle rigueur que le Nauire eftant affreté & rechargé pour vn autre voyage auffi-toft qu'il à leué l'ancre, & defmaré hors de Quay eftant encor en rade on ny peut plus pretendre de priuilege,comme il a efté Iugé à la Table de Marbre audit Siege le 17. Nouembre 1619. entre Nicolas l'Hofte, & Laurens Meliffent de Roüen , ayans baillé argent a profit a Pierre Gauuain Maiftre de Nauire nommé la Françoife au voyage par luy faict à Sainct Sebaftien en Efpagne, ne s'en eftant faict payer au retour d'iceluy, ny vfé d'arreft fur les deniers du fret ou Marchandiſes d'iceluy s'eſtans aduiſez apres de le faire, comme il eut recommencé vn autre voyage où il eſtoit encor au trauers de la riuiere de Seine il fut dit a tort leur Arreſt.

Ayant parlé amplement des obligations d'argent a profit, nous toucherons ſommairement des lettres Change & Pollices d'aſſeurance, ſur leſquelles nous finirons.

Ce n'eſt pas ſeullement en matiere de marchandiſe Maritime, que l'on baille principalement des lettres de change, pour agir & negotier par tout le monde : mais pour en ſeruir aux principaux Royaumes, & plus importantes parties d'Iceux, & les en ſecourir promptement & à coup de beſoin.

En matiere de Marchands on baille ſouuent de l'argent, par lettres de Change à Lyon, Anvers & Amſtredam, auec benefice, pour faire tenir aux pays Eſtranges, pour la grande correſpondance qu'il y à là, où l'on met ordinairement trois pour cent.

On en baille auſſi à vſance, qui eſt ordinairement vn mois, ou cinq ſepmaines de temps pour Angleterre, Flandre & Hollande, & deux mois pour Italie, Eſpagne & Alemagne.

Les lettres de Change qui ſe baillent en France, à vſance d'vne Ville à autre auec profit eſt reputé vſure, ny ayant de Declaration du Roy, & n'y a que les Banquiers, auec leſquels on en cheuit & accommode, deſquels le profit en eſt tolleré.

Iamais le Roy d'Eſpagne n'a receu de ſi grands effects, en la plus grande neceſſité & deſordre de ſes affaires & mutineries, de ſes garniſons & gendarmeries, que quand Spinola par le credit que la Damoiſelle ſa Mere & luy auoient en Italie & en l'Europpe, ils en leuerent de toutes les banques, telle quantité de millions par lettres de change qu'il en deſira : Au moyen de quoy il le fift General de fon Armée en Flandres , quoy qu'il n'euft iamais tiré l'efpée ny le piftolet à la Guerre tout d'vn coup , cela y remift haut les affaires du Roy d'*Efpagne* , du plus bas qu'elles y euffent oncques efté.

Et auffi telle leuée fift faire la plus grande *Banqueroute* qu'il y eut iamais en *Italie* & en France , n'en ayant rien rendu aux *Italiens* qui auoient demeuré auec eux , par haine mortelle qu'il auoit conceuë contre le Roy , de ce qu'il luy auoit refusé vne grande dignité en France, pour luy rendre de grands effects qu'il luy promettoit en *Italie*, difant que ceux de fa maifon, laquelle à la verité eft fort noble auoient toufiours efté affectionnez & bons amis de la France.

Et auffi en effect les lettres de change ont vn grand pouuoir, ayant des hommes a point & à commandement qui font les Marchands traficquans fur la mer , qui en ont le pouuoir & l'intelligence, defquels le Roy ou le Prince duquel ils defpendent fe veut feruir, Pourquoy le Roy Salomon en auoit toufjours pres de luy de cette forte la , & l'Empereur Augufte pareillement, eftans les refforts qui font mouuoir plus fubtillement & fans bruict , les plus grands effects du monde auec plus d'effect, & de coup, & moins de bruict.

Le Roy permet les lettres de change , pour euiter le tranfport de l'argent aux pays eftranges, lequel eft deffendu en tout eftat bien reglé. C'eft pourquoy elles font fauorables, pourueu que l'on en vfe bien : & les riches & celebres Marchands en peuuent grandement feruir , & eftre vtilles a leurs Roys, Princes , & Republicques. Le Roy Charles VIII. ayant paffé en *Italie* auec vne forte Armée pour l'execution de fes deffeins, il ny peut iamais trouuer d'argent à prefter, quoy qu'il y offrit d'y faire obliger auec fa *Maiefté* des plus grands Princes & Seigneurs de fon Royaume , & Officiers de fa Couronne. Mais

les

les Venitiens luy ayans feulement demandé vne lettre de change de Iacques le Peltier de Roüen Marchand traficquant par
mer, ils luy baillerent tout ce qu'il leur demanda fur icelle, au
moyen dequoy il paffa outre, prift Rome, y rendit Iuftice, &
conquift l'Italie en fix mois.

Et l'Empereur Charles eftant à Paris demanda en quoy
confiftoient les forces du Roy & du Royaume, on luy dit que
c'eftoit en grande quantité de genereufe Nobleffe, de Vaillans
hommes, de grandes Villes, & fortes places, d'vn grand Domaine, de Tailles & d'Impofts tels qu'il vouloit, il refpondit
qu'il luy venoit autant de reuenu annuel de fes flottes des Indes Occidentalles, & que pour celuy dont l'on faifoit eftat de
la bonne volonté de fes fubiects, qu'enfin on fe laffoit de dá-
cer & de fournir à l'apoinctement, furquoy il luy fut reparty
qu'il y auoit plufieurs riches & celebres Marchands en France
lefquels par leur credit en feroient fournir pour le Roy par lettres de change, & fans bruict tant de millions qu'il plaira à fa
Maiefté en quelque part du monde que fe fuft, voire dans Seuille où Madry, ce qu'ayant incontinent verifié il dit lors, qu'il
falloit auoüer que le Royaume de France eftoit le plus puiffant du monde s'il fçauoit fa force & s'il eftoit bien gouuerné.

Y ayant des lettres de Change, & à vfance, lefquelles
fe practiquent entre Marchands, ils en ont auffi qu'ils appellent lettres d'auis ou d'adreffe, qu'ils enuoyent ordinairement en diligence par les Maiftres de Navires, & quelque fois
auffi par terre à leurs Commiffionnaires, Facteurs & Corref-
pondans, par lefquelles ils donnent ordre pour vendre les
marchandifes qu'ils enuoyent, & en achapter d'autres pour
les recharger & raporter à leur retour felon le prix qu'elles val-
lent, ou qu'elles pourront valoir eftant raportées.

En la diligence & aduis defquelles confifte en effect le princi-

V v v

pal poinct & Iugement de leur profeſſion , en l'exercice de
laquelle ils donnent quelque fois d'auſſi bons aduis au Gouuernement de l'Eſtat , que les Ambaſſadeurs y eſtans bien
ſouuent intchereſſez en leur particulier , par ce que s'il y
a quelque trouble ou remuëment , c'eſt le premier effect
par où on commence , que d'y atreſter les leur, où leurs perſonnes.

Mais comme nous auons dict cy-deſſus des Lettres de Change , leſquelles peuuent grandement ſeruir , meſme en l'E-
ſtat , celles d'auis promptement renduës & en temps & lieu,
le peuuent auſſi , dont ie ne puis que ie n'en raporte l'effect
d'vne en cette rencontre , arriué de mon temps aſſez à
propos.

Quelque peu de temps auant le deceds du feu Roy Henry
IV. le meſme Spignola gardant touſiours ſa haine contre ſa
Maieſté , s'aduiſa ſous pretexte de deuotion , qu'il diſoit a-
uoir à vne Chapelle proche du Port de la Hogue en la Baſſe-
Normandie au Bailliage de Coſtentin d'y venir aborder , auec
vn bon nombre de Navires en la Coſte où le feu ſieur du Meſ-
nil-Vité qui en eſtoit le principal Capitaine , & Lieutenant
General pour Monſieur l'Admiral de Dampville , d'où auſſi toſt , il enuoya en poſte aduertir ſa Maieſté , par lettres de cét aduis. Et cependant fiſt amaſſer, Armer &
recueillir promptement plus de huict mil hommes que Spignola vit & trouua en mettant pied à terre, pour y aller faire ſa
deuotion.

Et quand le Courrier enuoyé vers ſa Majeſté fut de retour auſſi en poſte , auec le ſieur de Belingant premier Valet
de Chambre d'icelle , il trouua plus de quatorze mille hommes qu'il y auoit faict rendre en quatre iours par le bon ordre qui y eſt gardé d'antiennité , ſur tous ceux de la demye
lieuë du long de la Coſte qui y ſont ſubiects de garder, pour-

quoy auſſi ils en ont des *Priuileges.*

Ce que Spignola qui vouloit faire diuerſion, ayant veu, puis remarqué ſi toſt la perſonne confidente de Belingant : il ne ſe meſla plus de mettre pied a terre, il fiſt leuer promptement les ancres, & en ſe retirant diſt qu'il ne faiſoit plus bon la qu'il y a-uoit quelque choſe de découuert, & que le Roy d'Eſpagne n'en auroit pas autant fourny par toutes les Eſpagnes en ſix mois.

Auſſi la Reyne *Mere* deffuncte Catherine de *Medicis* com-me, elle eſtoit Regente, apres le decez de ſa *Majeſté* ayant vray ſemblablement recognu quelque choſe du deſſein de telle deſcente, en vn tel port s'y important, elle l'acquiſt & le re-miſt au Domaine du Roy, en intention de le faire fortiffier & bien garder ce qui feroit bien neceſſaire de faire pour l'im-portance d'iceluy, eſtant vn tres bon port & aſſeuré ou les *Nauires* de quelque port qu'ils ſoyent abordent de pleine mer.

S'il plaiſoit à noſtre grande Reyne Regente & Sur-Inten-dante de la Navigation & du commerce, faire reflexion de ſa puiſſance dans la demie lieuë de la Coſte de la *Mer,* depuis celle de Callais en Picardie, iuſques au *Mont* Sainct *Michel* en la Baſſe-Normandie, elle y trouueroit plus de ſoixante & dix mille hommes touſiours bien Armez en temps de Paix & de Guerre, pour le ſeruice de ſa *Majeſté* & d'elle ſuiuant les an-tiennes Ordonnances de l'Admirauté ; ſans luy en rien couſter que la continuation de leurs anciens Priuileges, qui eſt fort peu de choſe à l'égal du bien & aſſeurance qui en peut reuſſir au Royaume : Ce qui ne feruiroit pas ſeulement pour la garde de la Coſte, contre les inuaſions & entrepriſes des Eſtrangers au milieu de la France : mais pour y retenir en deuoir, & faire peur aux Ennemis, s'il y en auoit en icelle ou aux enuirons, qui y ſeroit en effect vne grande Pollice d'aſſeurance, au Corps & Cœur de l'Eſtat.

Mais afin que la Pollice d'Affeurance de l'Eſtat ne nous face

oublier celle des Marchands, nous dirons que ce qu'on ap-
p lle communement Pollice d'Affeurance, entre Marchands,
eſt vn contract , par lequel on affure le tranſport & principal
de quelque Marchandiſe par mer d'vn pays en l'autre , au moyen du prix conuenu a tant pour cent, entre celuy qui ſtipule le
tranſport & celuy qui l'aſſeure.

Antiennement la bonne foy preualloit tellement & eſtoit
s'y grande entre Marchands, que tels contracts ne ſe faiſoient
par eſcrit entr'eux, ains par confiance, que celuy qui aſſeuroit
eſcriuoit ſeulement ſur ſon papier de raiſon, qui eſtoit tenu tel
& conſtant comme s'il auoit eſté eſcrit entr'eux, ou paſſé deuant Tabellions.

Mais depuis la malice des hommes s'eſtant augmentée, &
le Roy Henry II. en l'an 1556. ayant eſtably ſur les Quays de
Rolien , vne Iuriſdiction de Prieur & Conſuls , à la diminution de celle de l'Admirauté pour les affaires & negoces d'entre
les Marchands , la communauté d'iceux ſoubs l'authorité du
Roy, à nommé & conſtitué vn Greffier, pour telles Pollices
d'Affeurance dont les vnes ſe baillent ſur la Marchandiſe , les
autres ſur le corps & quille du Nauire, les autres ſur l'vn & l'autre, & s'en contracte ſeulement pour l'aller, comme auſſi quelquesfois pour le retour, les autres pour tous deux. Et ſe peuuent faire ſur toutes ſortes de Marchandiſes ; dont le tranſport
n'eſt deffendu, & n'eſt requis de ſpecifier aux aſſeurances, la
qualité & quantité des Marchandiſes aſſeurées, s'y ſe n'eſtoient
Armes, Pierreries, Or, Argent, munitions, ou grain.

Le Contract de Pollice doit contenir premierement l'in-
uocation du nom de Dieu , nommer celuy qui ſe faict aſſeu-
rer auec declaration de la Marchandiſe, a qui elle apartient,
le nom du Nauire & du Maiſtre d'iceluy, ſon port, ſa demeure , le lieu ou premierement les Marchandiſes ont eſté char-

                                                    gées, ſoit

gées, foit en des Barques, Bateaux ou Heux ou dans le mefme Nauire , le Haure d'où il part, le Port où il va faire fa defcharge, la Ville où Cité où il va faire fon dernier refte.

L'Affeureur eft tenu indemnifer fon Marchand du principal de fa Marchandife, des frais, mifes, auaries, & empirances qui y furuiennent, depuis quelle a efté chargée, la premiere commune & groffe auarie, eft celle qui aduient pour rachapts ou compofition, pour Cordes, Cables, Voilles, Mafts couppez pour faluation du Nauire & Marchandifes.

Perte arriuant au Nauire & Marchandifes affeurée, le Marchand chargeur doit faire fon debais , par le Greffier ou par vn Sergeant Royal à l'affeureur, luy declarant qu'il s'atend d'eftre payé dans deux moys, durant lequel temps il donnera ordre de retirer & recouurir toutes fes pieces neceffaires, la Charte-partie, cognoiffements, facture ou quarquaifon deument veriffiez, & le raport faict au Siege de l'Admirauté, ou le Maiftre de Nauire fera arriué apres la prife & perte de fon Nauire & Marchandifes.

Ie me contenteray d'en raporter cy-apres vn notable Arreft donné depuis peu de iours au Parlement de Roüen fur le faict & prife d'vn Nauire reuenant chargé de Moluës de la pefche des terres nœufues ainfi qu'il enfuit.

Le Nauire nommé le Thimothée duquel eftoit Maiftre le furnommé Benoifteau, fur lequel Charles Bazile auoit faict affeurer pour compte de   Marchand de Nantes 500. liures pour le voyage de terres Nœufues de retour audit Nantes, & ce fur la Police du fieur le Cheualier de Roüen.

Ledit Maiftre ayant fait fa pefche, fur fon retour d'icelle faict rencontre de Vaiffeaux Turcs, qui l'obligent de faire le largue vers Portugal , & d'aller iufques à Porto, ou eftant arriué eft contrainct par la couftume du pays & de la Ville , de vendre tout fon Poiffon , & le changer en Succre, Citrons & Oranges,

comme il fit fon retour, il eft rencontré par vn grand Nauire
Anglois , qui prend tout ce qu'il auoit dedans, & faict cou ler
bas fon Vaiffeau, ne s'eftant fauué auec qu'vn de fon équipage
à Nantes, où eftant arriué & ny ayant de Siege d'Admirauté il
faict la declaration de ce qui s'eftoit paffé deuant vn Notaire,
laquelle ayant efté enuoyée par ledit *Bazille* audit le Cheualier
affeureur auec delais de pretendre eftre payé de la fomme affeurée dans deux mois du iour de la fignification , lequel temps
eftant venu , ledit le Cheualier eft affigné , pour recognoiftre à
fon faict, auquel il recognoift : mais en empefche l'execution.
Difant que c'eftoit vne fourbe & malice practiquée par le
Maiftre de Nauire Bourgeois , Compagnons & Auictuailleurs aufquels appartenoit tout le Nauire & poiffon. Neantmoins les Confuls Ordonnerent que dans 4. mois feroit aporté
Coppie du Raport faict en Porto, le Cheualier a ce deument
faict appeller. Ce qu'ayant efté faict & les parties oys ledit le
Cheualier fut condamné par aduis vniforme au payement de
la fomme par luy affeurée le   dont s'eftant porté pour
oppellant à la Cour, y fift plaider que lefdits Maiftres Compagnons, Bourgeois & Auictuailleurs tous intherelfez audit Poiffon & Nauire n'en eftoient creables, qu'il falloit encor en oyr
d'autres de l'equipage ou en iuftiffier d'ateftation. Aquoy
ayant efté refpondu par ledit *Bazille* que ne l'ayant allegué
par deuant les Prieurs & Confuls, que les Compagnons eftoient
eflongnez , & peut-eftre en mer a prefent & qu'il auoit iuftif-
fié d'ateftation vallable de ce qui auoit efté par luy allegué deuant les Confuls fuiuant leur Ordonnance.

D'aillieurs qu'il eftoit conftant & notoire que le fieur de
Coquetor Blondel celebre Marchand de cette Ville, ayant
faict faire pour le cópte d'vn autre particulier affeurance fur le
mefme Nauire , le fieur Thuaut fon affeureur, autre notable
Marchand auffi de cette Ville , apres auoir veu l'atteftation &

la perte d'iceluy auoit payé la fomme qu'il auoit affeurée. Partant maintenoit foubs le bon plaifir de la Cour qu'il deuoit eftre dit qu'il auoit efté bien Iugé.

Le 18. iour de May 1649. en Audiance il s'enfuiuit Arreft plaidant Herouet pour l'appellant & Liout pour l'inthimé, par lequel les parties furent enuoyées hors de Cour & de procez.

F I N.

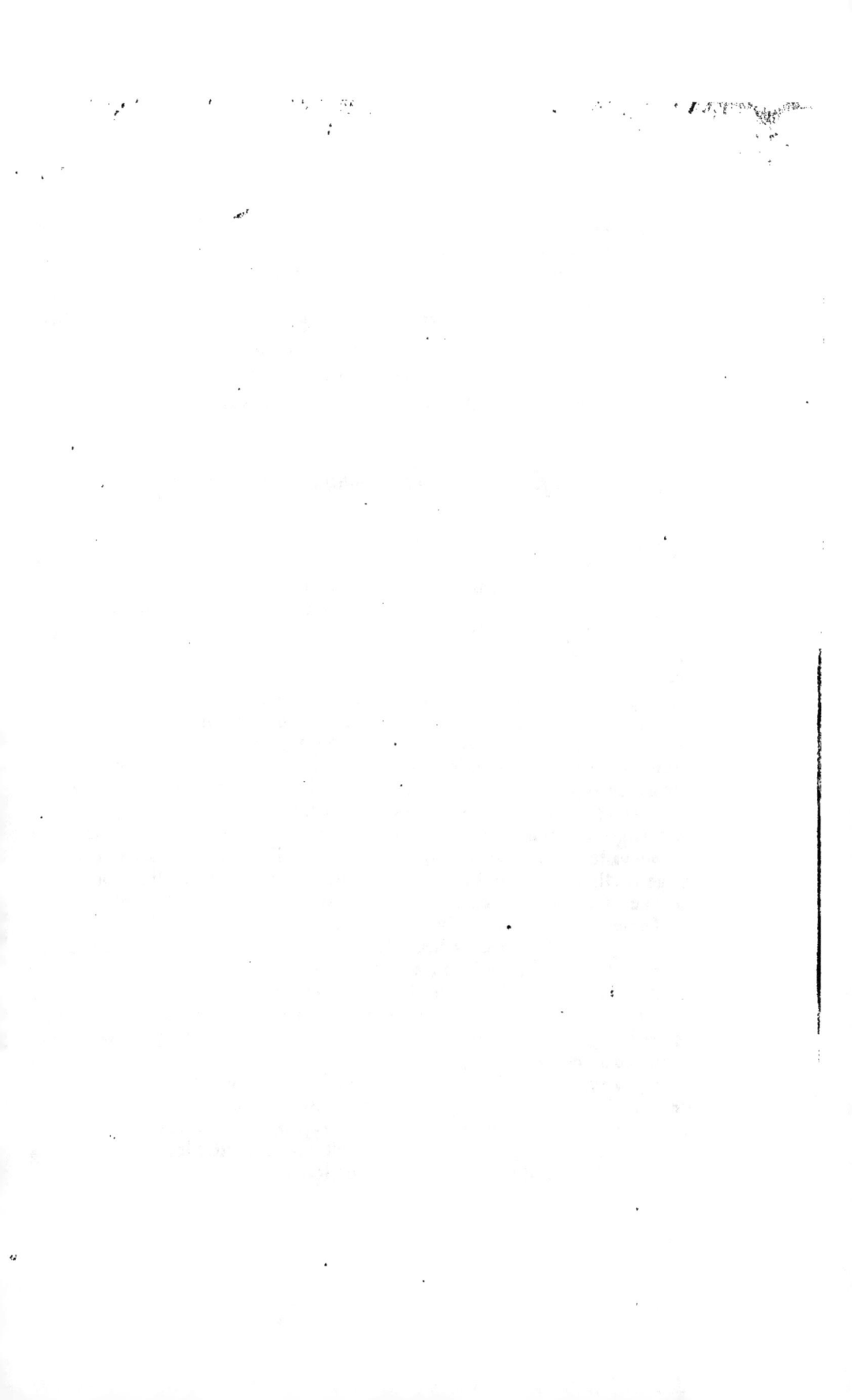

SVr la Requeste prefentee le quatriefme iour de Fevrier1650. il à efté permis à Iulien Courant Imprimer le liure intitulé, Difcours Sommaire de la Nauigation & du Commerce, Iugements & pratiques d'iceux, composé par Thomas le Fevre fieur du Grand-Hamel, par l'efpacede dix ans, & deffences font faictes à tous Imprimeurs & Libraires de l'Imprimer, vendre ny diftribuer auparauant ledit temps, à peine de confifcation des exemplaires & d'amende.Fait à Roüen le 4. iour de Fevrier 1650.

Signé , COVRTIN.

Errat a des fautes qui fe font trouuées obmifes au prefent Liure.

EN la 4. page 18. ligne, au lieu de Pottun faut Pontum. En la 5. page 9. ligneau lieu de Lemon faut Læuem, en la 6. page 14. ligne au lieu de braa faut hras, en la page 7. ligne 12. au lieu d'Athenes faut Athende, & en la 14. ligne au leu de ce, faut vn , en la 9. page 17. ligne au lieu de tenir faut terrir , en la 11. page ligne 30. au lieu de *rube* faut *nubes*, en la 12. page Igne 12. faut ofter cent cinq , en la 38. page 15. ligne au leu de 7500. il faut 75000. en la 48. page 11. ligne il faut ofter par , en la 53. page 12. ligne il faut adoufter fift, en la page 130. ligne 10. faut ofter pefcher, en la page 106. ligne 9. faut adioufter fine terre , en la page 107. ligne 15. faut adioufter plus, en la page 114. ligne 32. au lieu de allez faut mettre allez , en la page 117. en la 14. & 15. ligne Peru, en la page 153. derniere ligne & dernier mot , au lieu de &, il faut mettre à , en la page   derniere ligne au lieu de contracter il y faut contrafter, en la page 171. ligne 3. il y à reueleront au lieu de receleront , en la page 75. derniere ligne au lieu de haue il faut hune , en la page 81. ligne 30. au lieu de voftre il faut vafte , en la page 182. ligne 10. au lieu de i'ay il faut ie , & en la mefme page 20. ligne au lieu de i'aurois il fant i'auois , en la page 18?. ligne au lieu de pleuue il faut plemuë , en la page 189. ligne 26. au lieu de Rugembre il faut Rubempré, en la page 92. ligne 6. au lieu de Mortmorium faut Montmorency, en la page 99 ligne 18. au lieu il faut quarante , en la page 200. ligne 15. au lieu de Mezique faut Mezique , en la page 201. ligne 16. au lieu de veullent faut voulut , & en la 20. ligne d'icelle il faut adioufter y fut , en la page 203. ligne 19. au lieu de quatre faut 44. en la page 204. ligne 21. au lieu de fieffe il faut fieffé, en la page 210. ligne 30. au lieu de imiter faut inciter, en la page 222. ligne 9. au lieu de negres faut neges, en la page 140. ligne 20 faut adioufter eft , en la page 147. ligne 13. & 14 au lieu de *vnis & vnifen* faut *vnic & vnifen.* en la page 248. ligne 1. au lieu de Germanie faut Germuë , en la page 249. ligne 17. au lieu de concrer faut concreer , en la page 253. ligne 17. au lieu de rongné faut y rongné , en la page 164. ligne 8. faut ofter eux & mettre les François , en la page 165. ligne 6. il faut mettre apres Charles, 5.

Pagination incorrecte — date incorrecte

NF Z 43-120-12

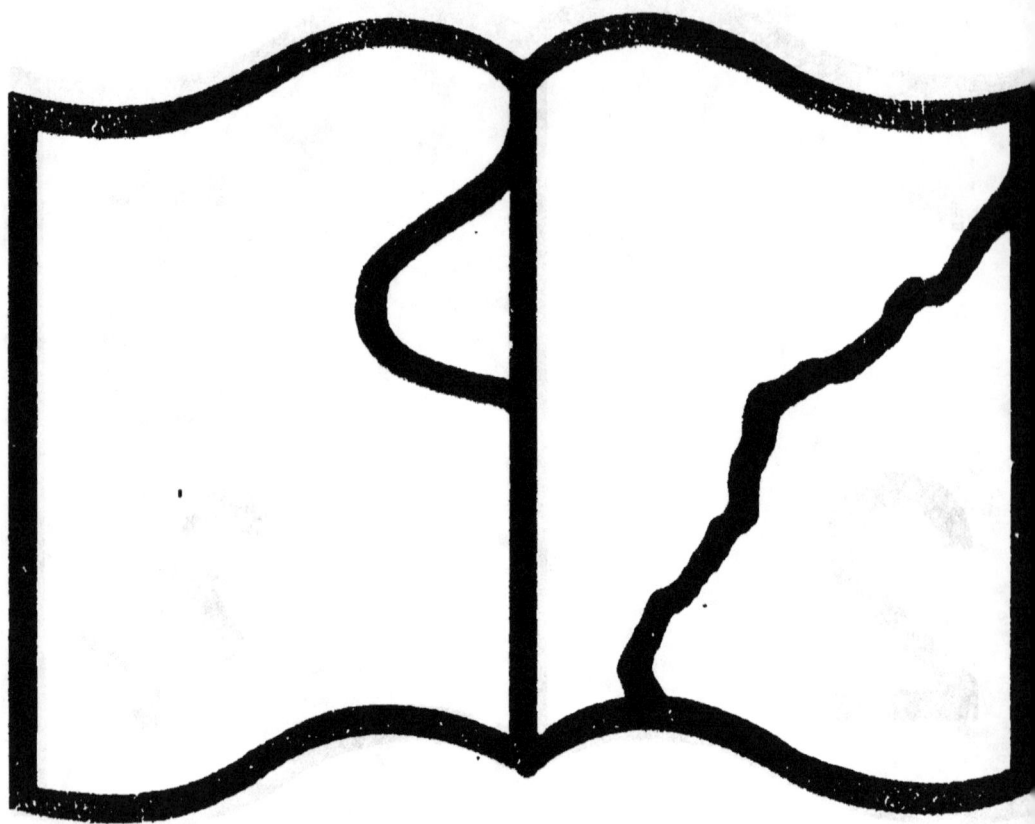

Texte détérioré — reliure défectueuse

NF Z 43-120-11

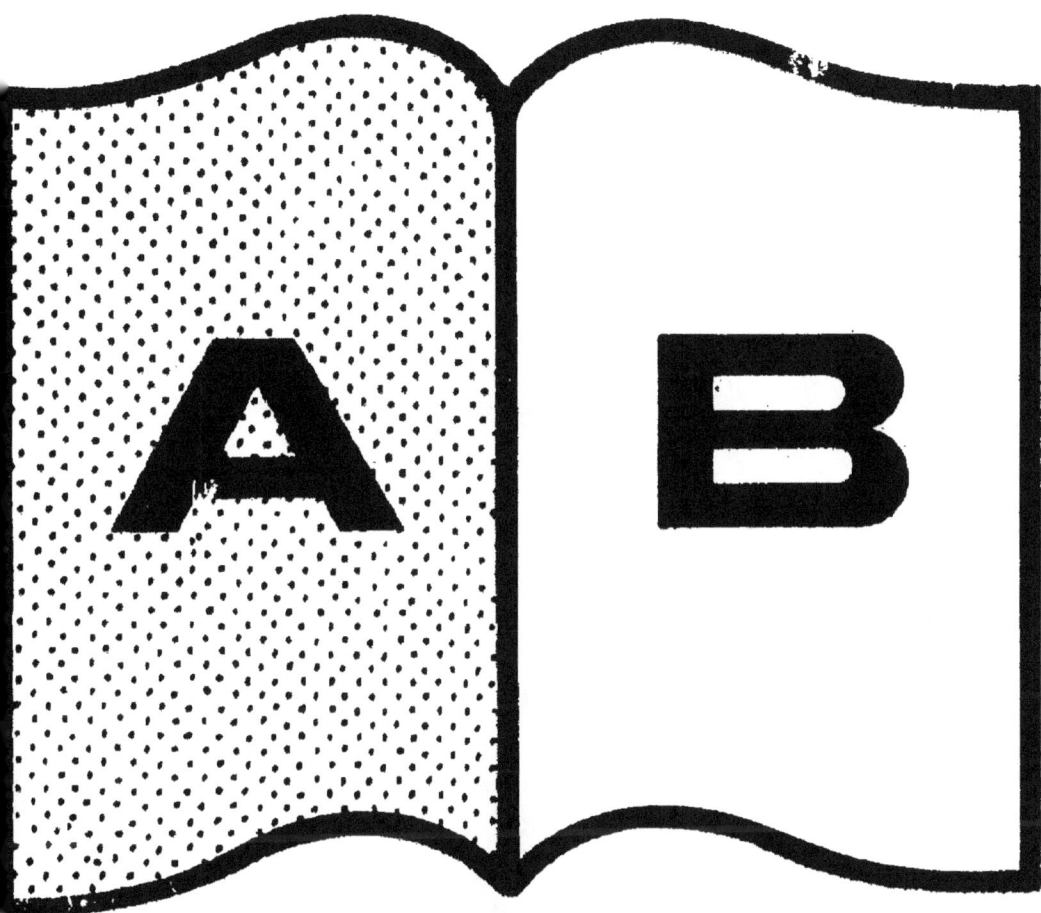

Contraste insuffisant

NF Z 43-120-14

www.ingramcontent.com/pod-product-compliance
Lightning Source LLC
Chambersburg PA
CBHW070245200326
41518CB00010B/1690

9 782012 657274